GLÓRIA
QUEDA
FUTURO

GLÓRIA QUEDA FUTURO

Histórias de uma empresa que foi longe demais

LUIZ CARLOS RAMOS

SÃO PAULO, 2017

Glória, queda, futuro
Copyright © 2017 by Luiz Carlos Ramos
Copyright © 2017 by Novo Século Ltda.

COORDENAÇÃO EDITORIAL
Vitor Donofrio

EDITORIAL
João Paulo Putini
Nair Ferraz
Rebeca Lacerda

GERENTE DE AQUISIÇÕES
Renata de Mello do Vale

ASSISTENTE DE AQUISIÇÕES
Talita Wakasugui

PREPARAÇÃO DE TEXTO
Samuel Vidilli

DIAGRAMAÇÃO
Silvia Janaudis/Nicéia C. Lombardi

REVISÃO
Nathalie Fernandes Peres

CAPA
Augusto Camargo

IMAGEM DE CAPA
Alf Ribeiro/Shutterstock.com

Texto de acordo com as normas do Novo Acordo Ortográfico da Língua Portuguesa (1990), em vigor desde 1º de janeiro de 2009.

Dados Internacionais
de Catalogação na Publicação (CIP)

Ramos, Luiz Carlos
Glória, queda, futuro: histórias de uma empresa que foi longe demais
Luiz Carlos Ramos
Barueri, SP: Novo Século Editora, 2017.

1. Brasil – Política e governo – História 2. Construtora Norberto Odebrecht – História 3. Corrupção na política 4. Lavagem de dinheiro I. Título

17-1541
CDD-320.981
–624.0981

Índices para catálogo sistemático:
1. Brasil – Política – História 320.981
2. Construtora Norberto Odebrecht – História 624.0981

NOVO SÉCULO EDITORA LTDA.
Alameda Araguaia, 2190 – Bloco A – 11º andar – Conjunto 1111
CEP 06455-000 – Alphaville Industrial, Barueri – SP – Brasil
Tel.: (11) 3699-7107 | Fax: (11) 3699-7323
www.gruponovoseculo.com.br | atendimento@novoseculo.com.br

SUMÁRIO

CAPÍTULO 1 19
Obras e políticos,
velho caso de amor

CAPÍTULO 2 29
A matemática
que gera propinas

CAPÍTULO 3 43
Aos 70 anos,
a Odebrecht em trauma

CAPÍTULO 4 49
O germânico Emil,
que iniciou estas histórias

CAPÍTULO 5 57
Nasce a Odebrecht,
com dívidas e dúvidas

CAPÍTULO 6 65
O teatro, o petróleo
e os governos

CAPÍTULO 7 71
Do caixa 2 à conquista
do mundo

CAPÍTULO 8 81
A estreia oficial nos
escândalos

CAPÍTULO 9 89
Expansões e explosões
dos anos 2000

CAPÍTULO 10 97
O avanço da expansão
internacional

CAPÍTULO 11 113
Portugal aperta
o cerco à corrupção

CAPÍTULO 12 121
Angola, guerras, ditadura…
e obras

CAPÍTULO 13 133
Com os Estados Unidos não
se brinca

CAPÍTULO 14 139
O porto quase secreto de Cuba

CAPÍTULO 15 145
Peru cerca três ex-presidentes

CAPÍTULO 16 155
Duas pontes no caos
da Venezuela

CAPÍTULO 17 167
Braskem, a princesinha
que foi feliz

CAPÍTULO 18 179
Pousos e decolagens
na América do Sul

CAPÍTULO 19 191
Um triângulo que
não é das Bermudas

CAPÍTULO 20 203
A monumental
chegada à Amazônia

CAPÍTULO 21 211
O Programa Acreditar, símbolo
do lado bom

CAPÍTULO 22 217
Estádios que meio mundo viu

CAPÍTULO 23 221
Itaquera, a aventura
de um sonho

CAPÍTULO 24 233
Três arenas e seus
diferentes destinos

CAPÍTULO 25 245
No Rio olímpico,
o mar de lama

CAPÍTULO 26 253
Dez derrapadas
num caminho de conquistas

CAPÍTULO 27 269
Marcelo é preso.
E a casa começa a cair

CAPÍTULO 28 277
Decifrado o
"Departamento
da Propina"

CAPÍTULO 29 283
Delações: a Odebrecht
revela seu estilo

CAPÍTULO 30 291
As três vidas de
João Santana

CAPÍTULO 31 297
A Odebrecht pede
desculpas. E a TEO

CAPÍTULO 32 303
O cenário para
a busca de recuperação

CAPÍTULO 33 311
A palavra da
Odebrecht

CAPÍTULO 34 321
O futuro da Odebrecht
e do país

APRESENTAÇÃO

NEM MARKETING NEM DIFAMAÇÃO

Qual é o nome mais repetido nas manchetes da mídia do Brasil de 2015 a 2017 e que também ganhou evidência em outros países?

Temer? Lula? Dilma? Cunha? Renan? Moro? Lava Jato?

Nenhum dos sete. Odebrecht é que tem sido o nome de maior presença nas manchetes de jornais, revistas, TVs, rádios, sites e blogs.

Uma empresa, um grupo empresarial, uma instituição.

Um sobrenome. Uma família.

A palavra Odebrecht, que, por décadas, esteve ligada à qualidade de grandes obras de engenharia, sobressaiu no jogo pelo poder, emergiu com a intensidade de um maremoto, ocupou o noticiário, invadiu as conversas em todas as classes sociais e ganhou sinônimos na opinião pública.

As denúncias de corrupção envolvendo empreiteiras, entre as quais a Odebrecht, com base na Operação Lava Jato, a partir de março de 2014, sacudiram a República, atingiram políticos de vários partidos e demarcaram uma fronteira na história brasileira: antes e depois da divulgação de detalhes sobre a propina negociada com agentes públicos e partidos. Não só no Brasil.

No caso da Odebrecht, o presidente Marcelo Odebrecht foi parar na cadeia em junho de 2015. Em função disso, ele foi substituído no cargo, inicialmente, pelo pai, o engenheiro Emílio Odebrecht, acumulando também a presidência do Conselho de Administração da Odebrecht S.A. As revelações contidas na delação premiada do próprio Marcelo, de Emílio Odebrecht e de 75 ex-diretores e ex-executivos do grupo empresarial ao Ministério Público chegaram ao Supremo Tribunal Federal (STF) em dezembro de 2016 e ao Tribunal Superior Eleitoral (TSE) em fevereiro de 2017. O vazamento de algumas delações no Brasil e as investigações nos Estados Unidos e na Suíça apontaram para uma corrupção recorde.

No decorrer de 2017, têm surgido a cada dia novas informações, ampliando as cifras e engrossando a lista dos envolvidos. O escândalo está longe do desfecho. Mas, enquanto o final não chega, vale a pena conhecer histórias em torno do mundo das empreiteiras e, em especial, de uma empresa que foi longe demais.

Como nasceu a Odebrecht? Como cresceu? Como atingiu a glória? Como começou a queda do império? Até que ponto as relações com políticos foram fundamentais na ascensão e na decadência da Odebrecht? Há chance de recuperação desse grupo empresarial no período pós-implosão, em que o grupo admite erros, pede desculpas, se reestrutura e promete ser ético? Numa tentativa de reconquistar certos conceitos, e por imposição de um acordo com a Justiça, foram divulgadas campanhas através da mídia, em que a gestão da empresa se desculpava com o povo brasileiro, assim como mensagens dirigidas ao quadro de colaboradores.

Este livro busca as respostas.

É um livro que diz respeito aos hábitos de um país de engenharia competente, de grandes construtoras e de operários dedicados – profissionais apaixonados por aquilo que fazem. Estas páginas buscam ser algo além de uma homenagem a esses trabalhadores e aos demais cidadãos do País, que lutam no dia a dia e que pagam impostos na expectativa de receber a justa contrapartida dos governos. Obras públicas, em princípio, propiciam conquistas às comunidades. Na maioria dos casos, são obras de real utilidade. Porém, com preços nem sempre realísticos, como demonstra a Lava Jato.

As empreiteiras de obras públicas do Brasil têm convivido com uma dupla personalidade: anjo e demônio.

Anjo pela utilidade das obras, demônio pelo preço elevado pago pelos cofres públicos. As reformas e construções dos 12 estádios da Copa do Mundo de 2014 são um belo exemplo disso. Houve superfaturamento na maioria das arenas. E algumas se tornaram elefantes brancos.

O grupo Odebrecht, com atuação no Brasil e em mais de 20 outros países, conta e contou com milhares de funcionários competentes, dedicados – alguns com mais de 30 anos de casa e com orgulho de vestir a camisa da empresa. Acostumados a trabalhar, concentrando-se em suas variadas funções nas obras e nos escritórios, muitos deles não atentavam para os bastidores, em que, de acordo com denúncias e confissões, ocorria a distribuição de propinas.

A Organização Odebrecht, nascida a partir da pequena construtora fundada em 1944, em Salvador, pelo engenheiro Norberto Odebrecht, cresceu, multiplicou-se, espalhou-se pelo Brasil e por quatro continentes, diversificando as atividades e gerando outras empresas, entre as quais uma potência mundial da petroquímica, a Braskem.

Nos últimos três anos, o conceito da Odebrecht perante a opinião pública começou a despencar. Despencou no Brasil, nos demais países de sua atuação e nos centros financeiros internacionais.

O futuro tornou-se uma incógnita para o grupo, que perdeu contratos, demitiu grande parte do quadro de funcionários, foi obrigado a se desfazer de empresas e enfrenta rejeição em países anteriormente amigos, onde também houve propina. De alguns deles, a empresa chegou a ser expulsa ou teve de encerrar as atividades. Em outros, a Odebrecht conseguiu acordo, com o pagamento de multas, para continuar a trabalhar. Fatos ocorridos nos bastidores das relações de diretores e executivos do grupo com políticos brasileiros, revelados pela Operação Lava Jato e noticiados pela mídia no Brasil, expuseram o jogo do poder em torno de bilhões de reais em propina e levaram o nome Odebrecht do céu ao inferno.

Em 19 de junho de 2015, o presidente Marcelo Odebrecht foi preso em São Paulo por determinação do juiz Sérgio Moro, do Ministério Público Federal, e levado para Curitiba. Julgado por formação de quadrilha e outros crimes, foi condenado por Moro a 19 anos e 4 meses de cadeia em março de 2016, ano encerrado com desdobramentos de alcance internacional. As delações premiadas de ex-diretores e ex-executivos chegaram ao Supremo Tribunal Federal, depois de parcialmente vazadas pela mídia, com uma lista de apelidos de amigos políticos de partidos grandes e pequenos, possíveis beneficiários pelo autêntico "Departamento da Propina", instalado nas sedes da empresa em Salvador e em São Paulo, denominado "Setor de Operações Estruturadas". Eis alguns deles:

"Angorá", "Avião", "Biscoito", "Bronca", "Caranguejo", "Dentada", "Escritor", "Feia" "Guerrilheiro", "Jujuba", "Maçaranduba", "Navalha", "Princesa", "Solução", "Soneca", "Timão"... e a relação segue em uma lista de mais de 200 apelidos...

Odebrecht e Braskem admitiram nos Estados Unidos, em dezembro de 2016, terem repassado cerca de US$ 1 bilhão – R$ 3,3 bilhões na cotação do dólar na época – em propinas a autoridades, políticos, partidos e empresas no Brasil e em outros 11 países, dos quais 9 da América Latina e 2 da África. E a Justiça americana definiu o escândalo como "o maior caso de pagamento de suborno da História".

Enquanto Marcelo Odebrecht permanecia preso ao longo de 2016, Dilma Rousseff era afastada da Presidência da República por meio do impeachment aprovado na Câmara e homologado no Senado. Denúncias sobre possíveis doações ilegais da Odebrecht às campanhas eleitorais de Dilma e a outros integrantes de seu partido acentuaram uma guerra política que prosseguiu no governo Michel Temer. O próprio Temer sofreu graves acusações, reforçadas em maio de 2017 por outro escândalo, o do grupo J&F. O ex-presidente Luiz Inácio Lula da Silva, citado como provável beneficiário em vários casos, tornou-se réu em seis ações – a sexta em agosto de 2017, um mês depois de sua primeira condenação pelo juiz Sérgio Moro. Em seguidas entrevistas e atos públicos, em romaria pelo Brasil, Lula, autodenominado candidato nas eleições de 2018 pelo PT, insistiu em alegar inocência.

Inocência também foi, por muito tempo, a alegação inevitável da Odebrecht. Quando procurada por jornalistas para dar sua versão diante de cada suspeita ou denúncia, a empresa habituou-se a apresentar uma resposta padrão, mesmo após ter participado da delação premiada: "A Odebrecht não se manifesta sobre o tema, mas reafirma seu compromisso de colaborar com a Justiça. A empresa está implantando as melhores práticas de compliance, baseadas na ética, transparência e integridade".

Tal discurso padrão pode, em princípio, valer como contraponto ou como direito de resposta diante de detalhes deste livro. Mas o autor vai além e reproduz mensagens do atual comando da Odebrecht. Os leitores que tirem as conclusões.

Marcelo Odebrecht insistiu na tese de integridade ao depor perante a Justiça Eleitoral, em 1º de março, a respeito de doações para as campanhas políticas da chapa Dilma-Temer. Quando o juiz relator do Tribunal Superior Eleitoral (TSE), Herman Benjamin, lhe perguntou se, ao fazer tão amplas contribuições, ele se sentia dono do governo, a resposta foi: "Eu não era o dono do governo, eu era o otário do governo. Eu era o bobo da corte do governo". Esse tipo de desabafo, divulgado pela mídia, teve intensa repercussão e faz por merecer reflexões num capítulo deste livro.

O autor faz questão de ressaltar que se trata de um livro independente, sem características de biografia de empresários e sem a pretensão de ser um retrato completo da Organização Odebrecht.

Também não se trata de uma simples peça de ataques. Em vários capítulos, a "Odebrecht do bem" também é mostrada.

Não é um livro de investigação ou de acusação: quem investiga e eventualmente acusa é a Promotoria, o Ministério Público, algo que vem sendo feito principalmente a partir de Brasília e de Curitiba, com ramificações por dezenas de outras cidades.

Não é um livro destinado a sugerir ou provocar prisões: quem prende é a Polícia, com base em suspeitas ou em provas concretas, e também por determinação de juízes.

Não é um livro de condenação: quem condena ou absolve é a Justiça, estudando provas, acusação e defesa.

Escritores escrevem. Tentam resgatar a história da melhor maneira possível.

Leitores leem, refletem. E tiram conclusões.

A pretensão do autor do livro é a de concentrar, num só volume, uma série de histórias dos campos empresarial e político. E também do constante cruzamento entre esses dois campos. Algumas histórias são de domínio público, tendo sido divulgadas pela mídia ao longo dos anos e por publicações oficiais da própria Odebrecht. Outras surgem como resultado de cuidadosos levantamentos por parte do escritor, um experiente repórter, pesquisador e professor, na tentativa de decifrar enigmas.

Nestas páginas, a Odebrecht aparece livre de maquiagem, sem a ficção criativa dos marqueteiros bem pagos, com os quais conviveu, e sem o deplorável tom oportunista, sensacionalista e destrutivo, passível de receber o rótulo de calúnia, injúria e difamação.

Jornalismo investigativo e essencialmente ético: é o estilo praticado neste livro.

Afinal, que empresa é essa? Que empresa é a Odebrecht, que nasceu pequena, cresceu, foi longe demais em tudo e, de repente, desabou, tornando-se o nome mais destacado na mídia em tempos da crise brasileira?

Que empresa é essa, que construiu rodovias, pontes, viadutos, avenidas, ferrovias, metrôs, portos, aeroportos, escolas, hospitais, plataformas de petróleo, usinas de álcool, hidrelétricas, térmicas, nucleares, eólicas, adutoras, saneamentos, shoppings, teatros, igrejas, condomínios de moradias, edifícios residenciais, centros de serviços, prédios de escritórios, estádios, supermercados, indústrias de plástico, refinarias de petróleo, gasodutos, programas agrícolas, produção de diamantes, submarinos e mísseis?

Que empresa é essa, que se orgulha de possuir uma lista de normas de conduta ética, a Tecnologia Empresarial Odebrecht (TEO) – lançada há mais de 50 anos pelo patriarca Norberto Odebrecht – e que, após assinar o acordo de delação premiada e de pagamento de multa, publicou nos jornais um anúncio de duas páginas, com pedido de desculpas ao Brasil, sob o título "Odebrecht errou"?

Errou? Foi um simples erro?

Nestas páginas, o autor evita abusar de adjetivos ao retratar este ou aquele personagem. Nada de julgamentos apressados ou politicamente engajados. A intenção primordial é a de seguir os princípios éticos e o respeito à legislação brasileira. A meta da obra consiste em atender aos interesses dos cidadãos comuns, legitimamente ávidos por conhecer melhor as histórias do grupo empresarial que ganhou as manchetes do mundo.

É um livro de histórias, não um livro da história: a história vai continuar ganhando novos lances no final de 2017 e dos próximos anos. Com o tempo, haverá capítulos adicionais ou novos livros.

O autor, como cidadão brasileiro, apenas deseja que a Justiça prevaleça no desdobrar da história. E que os bilhões de reais usados na atração de políticos e nos casos de superfaturamento de obras – desviados de finalidades em que seriam úteis para o bem-estar do povo do Brasil e de outros países – sejam agora interpretados como o caminho firme contra a corrupção e a impunidade, para corrigir rumos e garantir: recorde mundial de propina, nunca mais!

Luiz Carlos Ramos
São Paulo, Outubro de 2017

O AUTOR

UM TEMA E O VALOR DO CONHECIMENTO

O autor deste livro, Luiz Carlos Ramos, refletiu bastante antes de assumir a missão de escrever histórias em torno da Odebrecht, abordar as demais empreiteiras do País, relembrar o passado e focalizar as ligações entre essas empresas e os políticos. Na virada de 2016 para 2017, com a Lava Jato a pleno vapor, e novos fatos surgindo a cada dia, despertando interesse dos cidadãos do Brasil e de outros países a respeito da origem e dos métodos das grandes construtoras, ficou evidente a tendência de o noticiário da mídia indicar a validade da produção de um livro. Uma obra que viesse a não só amarrar o conjunto dos escândalos como também pudesse favorecer reflexões dos próprios leitores. Mas produzir o livro num período em que o fim dos episódios ainda parecia distante? E quem poderia escrever uma obra com tal fôlego? As respostas estavam na escolha de um profissional de experiência jornalística, de credibilidade, e que, além de tudo, tivesse conhecimento profundo sobre o dia a dia das empreiteiras. Foi com base nisso que Luiz Carlos, repórter e editor, tendo atuado por mais de 40 anos em grandes jornais e rádios, e por quase 30 anos como professor de Jornalismo, autor de seis livros, assumiu o trabalho de recorrer à memória, às pesquisas e ao trabalho de campo para montar um mosaico e produzir estas páginas.

Os primeiros passos estão mesmo ligados ao fator memória. Por uma coincidência típica do destino, foi já aos seis anos de idade que o paulistano Luiz Carlos de Oliveira Ramos começou a ter contato com o mundo da construção civil, das empreiteiras e das obras. Essa condição, ampliada na década seguinte, teria o reforço de produtivas experiências no desenrolar da carreira jornalística. Quando criança, em 1950, Luiz Carlos visitou uma obra pela primeira vez, em pleno centro de São Paulo: ao lado do pai e do irmão, Luiz Roberto Ramos, esteve na fase final da construção do túnel do Anhangabaú sob a Avenida São João, que ficaria conhecido como "Buraco do Adhemar" – em alusão ao fato de o então governador Adhemar de Barros ter determinado a execução daquela passagem subterrânea. Naquela manhã, o dr. Luiz, que era um dos responsáveis pela obra, fazia uma vistoria da fase final dos trabalhos, e havia decidido levar os filhos para acompanhá-lo. Ele era sócio da Construtora Carneiro Vianna, empresa que, sem pagar propina, havia vencido a licitação para concretizar a obra. O túnel foi um sucesso, mas a cidade cresceu. Quase 40 anos depois, o prefeito Jânio Quadros encomendou a demolição do "Buraco do Adhemar" e a construção de um túnel mais extenso, ligando as Avenidas Prestes Maia, 9 de Julho e 23 de Maio. No entanto, Jânio encerrou o mandato sem concluir essa obra e muitas outras. Sua sucessora, Luiza Erundina, interrompeu vários trabalhos do setor viário, mas completou o do Anhangabaú, ao qual a criatividade popular logo aplicaria o apelido de "Buraco da Erundina".

Nos Anos Dourados, década de 1950, num Brasil de transformações, o garoto Luiz Carlos cresceu presenciando constantes lamentações do pai, que, ao voltar para casa depois de representar a empresa em cerimônia de concorrência ou licitação pública de obra, informava à família: "Não deu. Mais uma vez, foi outra construtora que venceu. Ela entrou com bola". Bola era o termo do atual apelido propina. O simples suborno.

Mesmo assim, a Construtora Carneiro Vianna conseguiu executar várias obras de sistemas de água e esgoto em cidades como Pirassununga, Socorro, Lorena, Paraguaçu Paulista, Rancharia, Presidente Bernardes e Adamantina. Nas férias, o estudante Luiz Carlos visitou todas elas e subiu às enormes torres de caixa d'água. No início dos anos 1960, sob o conturbado e abreviado governo do presidente Jânio Quadros, o Brasil entraria numa crise que prosseguiria sob João Goulart e sob etapas do período da ditadura militar. As obras minguaram, e a pequena construtora fechou, em 1962. O dr. Luiz Gonzaga, falecido em 1969, chegou a trabalhar por quatro anos na Construtora Serveng, do Vale do Paraíba, associada à Civilsan, de São Paulo, e teve uma derradeira atividade na Comasp, atuando na construção do Sistema Cantareira, ambicioso projeto do governo paulista sob o slogan "Água para o Ano 2000". Esse conjunto de represas e reservatórios, em evidência nos últimos anos devido à forte estiagem de 2014, à crise hídrica e à recuperação do nível dos reservatórios, foi igualmente observado por Luiz Carlos, nos municípios de São Paulo, Mairiporã e Atibaia.

Na profissão de jornalista, iniciada em 1963, Luiz Carlos viria a conhecer o metrô de 40 cidades das Américas, Europa e Ásia. Entre outras redes, estão na sua lista as de Paris, Londres, Barcelona, Estocolmo, Moscou, Nova York, Washington e Tóquio. Ele também viria a conhecer de perto o crescimento das linhas de São Paulo, desde a pioneira, a Azul Norte-Sul, inaugurada em 1974, e a Vermelha Leste-Oeste. Em 1988, esteve na Zona Leste para fazer reportagem sobre uma das obras iniciadas pelo prefeito Jânio Quadros e completadas por Paulo Maluf: a Avenida Jacu-Pêssego, hoje ligando a região do ABC ao bairro de Itaquera, à Marginal do Rio Pinheiros e à Rodovia Ayrton Senna. Ele verificou que as comunidades recebiam informações sobre os efeitos positivos da obra por meio de boletins impressos mensais financiados pelas empreiteiras, uma natural ação de lobby contra as críticas da oposição.

Dezenas de viagens pelo Brasil e pelo exterior ampliariam a visão do autor deste livro sobre obras válidas e outras, não tão necessárias. Ao longo do território brasileiro, em cidades e no campo, o que não falta são "elefantes brancos", construções inacabadas em que governos enterram enorme soma de dinheiro. Duas ferrovias emperradas são exemplos dessa característica: a eterna Norte-Sul e a Transnordestina.

Luiz Carlos Ramos, bacharel em Direito, 53 anos de atuação em jornalismo e 27 como professor na PUC-SP, foi editor de seções e repórter especial no jornal "O Estado de S. Paulo" de 1969 a 2006, ano em que se tornou coordenador de Jornalismo da Rádio Capital. Como repórter freelancer, acumulou novas experiências sobre o mundo das obras ao ser colaborador da revista "Odebrecht Informa" por seis anos, de 2009 a 2015. Nesse período, observou atentamente dezenas de obras no Brasil e em mais 11 países.

A revista "Odebrecht Informa", cuja publicação bimestral foi suspensa em fevereiro de 2015, após 41 anos de atuação responsável pela difusão das realizações e do empreendedorismo do grupo, com edições em português e versões também em inglês e em espanhol, contou em seus últimos dez anos com jornalistas colaboradores ou contratados de grande experiência em veículos de mídia, como especialistas em textos, fotos e edição.

Luiz Carlos considera uma honra ter trabalhado numa equipe desse peso. E tem saudade de alguns companheiros. Em elaboração de matérias em torno das obras da Odebrecht, ele foi fotografado ao atravessar o Rio Madeira de barco para conhecer a construção de uma usina hidrelétrica em plena Amazônia, visitou áreas do Equador que alguns meses depois seriam atingidas por terremoto, atravessou regiões da Colômbia antes dominadas por guerrilheiros das Farc, recorreu a um poderoso repelente para evitar o mosquito da malária em Angola, conheceu o caos da Venezuela e teve o prazer de rever os Estados Unidos, México, Argentina, República Dominicana, Portugal, assim como a Alemanha, dos ancestrais dos Odebrecht, e o místico Peru.

Foi em território peruano que o repórter teve algumas de suas maiores emoções: percorreu quase toda a Rodovia Interoceânica Sul, a IIRSA Sur, que liga a costa do Pacífico à fronteira com o Brasil, no Acre, passando pela Cordilheira dos Andes e pela Floresta Amazônica. Dois trechos para abertura e pavimentação da estrada haviam ficado a cargo da Odebrecht, que também ganhou a concessão para conservar as pistas e cobrar pedágio. Na ponte sobre o Rio Acre, que une os dois países, a altitude é de 150 metros acima do nível do mar. De dia, a temperatura fica em torno dos 40 graus. O veículo com a equipe da revista – repórter, fotógrafo, cinegrafista, motorista e assessor da empresa – passou pela cidade de Puerto Maldonado, atravessou o Rio Madre de Diós e começou a subir a Cordilheira. Após o pernoite num vilarejo a 2.200 metros de altitude, o grupo retomou o trabalho rumo a Cuzco. No trajeto, lindas paisagens e, principalmente, o contraste em relação ao panorama da véspera: houve uma parada na aldeia de Pirhuayani, ponto mais elevado da rodovia, 4.725 metros acima do nível do mar. Ar rarefeito, capaz de desafiar os jogadores de futebol que dizem não temer os 3.650 metros de La Paz. Temperatura de 5 graus abaixo de zero, neve na cara, lhamas e vicunhas pastando ao lado de uma lagoa, montanhas nevadas no horizonte.

Em 2012, Luiz Carlos esteve nesse trecho da então recém-inaugurada rodovia. Naquela época, estava tudo em paz. O Peru celebrava o aparente sucesso da obra iniciada em 2005 e concluía ter sido válido investir na ligação rodoviária com a malha brasileira, facilitando o transporte por caminhões e beneficiando também o Brasil. Desde 2011, passa por ali uma das mais longas linhas de ônibus do mundo, que une Lima a São Paulo em quatro dias e quatro noites.

A paz terminou. A Lava Jato, que estremeceu o mundo político brasileiro, atingiria o Peru como autêntico terremoto dos Andes. Em 2016, diante das informações sobre delações premiadas em Curitiba, houve repique do outro lado da Cordilheira: o Congresso e o Ministério Público peruanos iniciaram, em Lima, ações para investigar todas as dezenas de obras assumidas pela Odebrecht no país desde 1979. Não foi difícil levantar suspeitas sobre a possibilidade de pelo menos três ex-presidentes terem recebido propina da empresa brasileira. As evidências maiores pesaram sobre a cabeça de Alejandro Toledo, presidente de 2001 a 2006, época da licitação de grandes obras, entre as quais a Rodovia Interoceânica Sul. Eleito presidente do Peru em junho de 2016, Pedro Pablo Kuczynski, conhecido como PPK, não esperou para anunciar duas medidas radicais depois de o antigo diretor da Odebrecht no Peru, Jorge Barata, ter admitido que entregou US$ 20 milhões a Toledo em troca de favores: determinou a saída da empreiteira do país e pediu aos Estados Unidos a extradição de Toledo. O acusado, apesar de ter negado que tivesse recebido dinheiro, permaneceu refugiado em solo norte-americano. Em julho de 2017, o antecessor de PPK, Ollanta Humala, foi preso, juntamente com a esposa Nadine, acusados de receber dinheiro da Odebrecht irregularmente para a campanha eleitoral de 2011.

Para levar adiante este livro, Luiz Carlos Ramos fez acordo de parceria com a Editora Novo Século, contou com o apoio do experiente escritor e editor Elias Awad – responsável por biografias de vários empresários de sucesso – e dedicou-se à elaboração dos capítulos no decorrer de 2016 até outubro de 2017. Um trabalho cuidadoso, com a finalidade de contar histórias ocorridas em torno de uma empresa que chegou às manchetes e também recordar as relações entre empreiteiras e políticos. Na busca de um produto equilibrado, o autor precisou fazer novas viagens de atualização de dados e se concentrou em São Paulo para desenvolver entrevistas, pesquisas, elaboração de textos, revisão de conceitos, checagem de informações e seleção de imagens, usando fotos tiradas nos últimos anos por ele mesmo. As histórias não terminaram, e não vão terminar tão cedo.

Assim, um livro com essa abordagem abre a possibilidade de novas edições, com capítulos de atualização. Por enquanto, a obra resume os vários ciclos da construtora caracterizada pelo sucesso, por oscilações, pela monumental crise do momento e pelas dúvidas a respeito de seu futuro. Há espaço para a prometida recuperação? Ou seu destino será o mesmo dos milhares de funcionários demitidos sob o efeito da Lava Jato?

O Brasil, que passa pelo renascimento, é um país que não se nega a dar chances de trabalho e de crescimento. Resta à Odebrecht, que participou na desconstrução de um "esquema" e "delatou" o "caminho das pedras", enquadrar-se na etapa de reconstrução deste novo Brasil!

CAPÍTULO 1

OBRAS E POLÍTICOS, VELHO CASO DE AMOR

Não se sabe se a construção das pirâmides do Egito teve algum escândalo de propina para nobres da corte do faraó. A História também não menciona superfaturamento nas obras do Coliseu romano. Outros tesouros cercados de lendas, como Acrópole, Taj Mahal e Machu Picchu, estão aparentemente livres de qualquer suspeita. Mas o triângulo construção-política-corrupção é quase tão antigo quanto as clássicas civilizações.

O Brasil, longe de ser exceção no mundo da esperteza, acumula extenso histórico de casos envolvendo corruptos ativos e passivos muito antes dos escândalos divulgados a partir de 2014, cujos desdobramentos nacionais e internacionais conferem ao país o título de recordista em propinas. Este capítulo se propõe a trilhar pelo universo do cartel das grandes construtoras em épocas anteriores à Operação Lava Jato e refletir sobre como se consolidaram as relações entre políticos e empreiteiras.

Uma vez que a carta de Pero Vaz de Caminha relatando a descoberta do Brasil ao rei D. Manuel I embutiu também um pedido do autor para o soberano beneficiar o genro, alguns historiadores estabelecem esse fato como o início de mais de 500 anos de esperteza junto ao poder. Por outro lado, o discurso do jurista e senador Ruy Barbosa pronunciado um século atrás pode ser visto como o indiscutível retrato do avanço da corrupção já nos primeiros anos da República. Em 14 de dezembro de 1914, Ruy foi à tribuna e proclamou: "A falta de justiça, senhores senadores, é o grande mal da nossa terra, o mal dos males, a origem de todas as infelicidades, a fonte de todo nosso descrédito, é a miséria suprema desta pobre nação. A sua grande vergonha diante do estrangeiro é aquilo que nos afasta os homens, os auxílios, os capitais. A injustiça desanima o trabalho, a honestidade, o bem; cresta em flor os espíritos dos moços, semeia no coração das gerações que vêm nascendo a semente da podridão, habitua os homens a não acreditar senão na estrela, na fortuna, no acaso, na loteria da sorte, promove a desonestidade, promove a venalidade, promove a relaxação, insufla a cortesania, a baixeza, sob todas as formas..." A fala de Ruy, que parece atual, tem seu trecho final frequentemente repetido em eventos públicos e em simples conversas sobre ética e sobre o papel dos políticos e dos cidadãos comuns: "De tanto ver triunfar as nulidades, de tanto ver prosperar a desonra, de tanto ver crescer a injustiça, de tanto ver agigantarem-se os poderes nas mãos dos maus, o homem chega a desanimar da virtude, a rir-se da honra, a ter vergonha de ser honesto".

Os últimos cem anos apontam para o constante aprimoramento do estilo brasileiro de assalto aos cofres públicos. No entanto, esta segunda década do século 21 vai superando tudo aquilo de mais assustador que o Brasil já teve a respeito do volume de dinheiro em torno da compra de vantagens. A consolidada sensação de impunidade, que estimulou a cumplicidade entre políticos e empresários na adoção da prática milenar da corrupção, passa por um embate entre a moralização e a resistência aos fatos. Mas, pelo menos, agora ocorrem ações, investigações, comprovações, confissões, delações, prisões e condenações.

O MECANISMO DAS DOAÇÕES

O Brasil dos anos 2000 é bem-vindo ao círculo das nações que colocam em prática a norma de prender, julgar e punir criminosos, sejam quais forem seus cargos e seus poderes políticos e econômicos: com os escândalos do mensalão, do petrolão e ramificações, têm sido presos empresários, ex-ministros, ex-governadores, senadores, deputados e prefeitos. Já houve ex-presidente réu, condenado por corrupção. As ações persistem. A cada dia, uma nova informação sobre escândalos e possíveis condenações. Só resta saber como será o país daqui para a frente, já que cada partido insiste na mesma tese de defesa: "O que nós fizemos, os outros também fizeram".

Uma visita ao passado mostra que empreiteiras e políticos vivem antigo caso de amor. A felicidade de um grupo está ligada à prosperidade do outro. Por seu gigantismo, a máquina das propinas escandaliza o Brasil e o mundo a cada nova revelação do Ministério Público, da Polícia Federal, do Supremo Tribunal Federal e de outras instituições nacionais, às quais se somam informações procedentes de outros países. Os primeiros meses de 2017 foram marcados pela divulgação das delações premiadas de ex-diretores e ex-executivos da Odebrecht, a "Delação do Fim do Mundo", recebidas pela opinião pública como evidência de completo desgaste moral de políticos de quase todos os partidos e das grandes empreiteiras.

Não existiria propina se não houvesse a parceria entre o corrupto ativo (a empreiteira), que acena com dinheiro, e o corrupto passivo (o político, agente público), que recebe. Recebe em troca de algo ou na expectativa de um futuro. Nessa relação, o preço da obra contratada é ampliado de modo fraudulento. A diferença entre o preço justo e o preço inflado pelo superfaturamento garante o volume de dinheiro a ser passado pela construtora ao agente público. Para executar a obra, a empresa enfrenta as naturais despesas com mão de obra, material, equipamento, impostos. E precisa garantir também seu lucro. Portanto, com ou sem licitação, os casos fraudulentos do capital que governos federal, estaduais e municipais aplicam numa obra englobam também uma parcela extra, transformada em propina para o próprio político ou para o partido. É dinheiro sujo, burlando a legislação, a tecnologia da Receita Federal e os demais controles, possibilitando o uso de paraísos fiscais como etapas da lavagem de dinheiro – Suíça, Panamá, ilhas do Caribe, Liechtenstein e outros.

Doações diretamente para políticos, campanhas eleitorais e fundos partidários desembocam num oceano de lama relatado pela mídia nos últimos anos. O noticiário de 2014 a 2016 apresentou o PT, o PMDB e o PP como os partidos mais envolvidos nos primeiros fatos levantados pela Lava Jato. Mas em 2017 as investigações, operações, prisões e delações premiadas apontaram também para outras siglas, entre as quais PSDB, PTB, PDT, PSD, PRB, DEM, PR, PSB, PCdoB. Em tempo de crise, fala-se frequentemente na necessidade de o país promover uma reforma política, que, por sinal, já tem projeto em andamento na Câmara, mas esse tipo de iniciativa esbarra na própria classe política, que não abre mão de criar mecanismos de defesa, como tentar considerar legal o caixa 2, reduzir os poderes do Ministério Público e frear a Operação Lava Jato.

Apesar de serem antigas as suspeitas sobre a existência de jogo de interesses nessas doações de empreiteiras, uma vez que políticos eleitos podem favorecer construtoras no momento de contratá-las para obras, deve ser considerada histórica a confissão de Emílio Odebrecht ao depor ao juiz Sérgio Moro, em 13 de março. Vazou um trecho da conversa, aquele no qual o empresário, de modo tranquilo, admitiu haver o sistema de pagamento de propinas para agentes públicos e políticos: "Existia isso. Sempre foi o modelo reinante no país e veio até recentemente. O impedimento veio a partir de 2014 e 2015, mas sempre existiu, desde a época de meu pai, de minha época e da época de Marcelo". Portanto, sem usar a palavra "propina", ele reconheceu como normal a adesão da Odebrecht ao estilo comum às demais empreiteiras, o hábito de recorrer a "operações não contabilizadas" (caixa 2) e distribuir dinheiro. Podem ter ocorrido doações legais em campanhas eleitorais com base nas regras, mas também sobressai a existência de casos de contrapartida, benefícios aos doadores.

Foi nos anos 1980 que surgiu na política o jargão contábil "caixa 2" ou "dinheiro não declarado", recursos não contabilizados – ao contrário do caixa 1. E os desdobramentos da Lava Jato propiciaram extensas polêmicas. O ministro do STF Gilmar Mendes deu sua contribuição para agitar o debate como presidente do Tribunal Superior Eleitoral (TSE), no início de 2017: "Doar para partidos e campanhas eleitorais por meio do caixa 2 nem sempre é corrupção". Para ele, "só existe ilegalidade se houver benefício à empresa doadora". E mais: "Corrupção pressupõe ato de ofício. Então, alguém pode fazer doação (caixa 2) sem ser corrupção". Já a presidente do STF, Carmen Lúcia, manifestou posição oposta, dizendo que "dinheiro ilícito é sempre crime", seja de caixa 1, caixa 2, caixa 3, e ganhou a adesão de outros ministros, como Luís Roberto Barroso. Uma vez que Gilmar Mendes insistiu na sua tese e criticou o Ministério Público, o procurador-geral da República, Rodrigo Janot, entrou em cena e atribuiu ao ministro uma "disenteria verbal". O juiz Sérgio Moro, da Lava Jato, não faz por menos: "Caixa 2 em eleição é trapaça e um crime contra a democracia".

EXISTEM LICITAÇÕES E "LICITAÇÕES"

Entre as empreiteiras, existe há décadas a prática de cartel. Na disputa por espaço, costumam ficar inimigas, mas frequentemente compartilham informações e fazem pactos para o loteamento de obras entre uma e outra. Nos anos 1980 e 1990, houve vários casos de comprovação de licitações fraudulentas, cujos vencedores eram previamente definidos.

A Lei das Licitações, Lei nº 8.666, de 21 de junho de 1993, sancionada pelo presidente Itamar Franco, trouxe esperança, já que impunha a obrigatoriedade de licitação quando da contratação de empresas para obras, serviços, inclusive de publicidade, compras, alienações e locações no âmbito dos Poderes da União, dos Estados, do Distrito Federal e dos Municípios. Estabelece regras e punições. No entanto, em seus mais de 20 anos de vigência, a lei foi burlada inúmeras vezes.

O jurista Modesto Carvalhosa, com base em fatos da Operação Lava Jato, explicou em artigo para o jornal "O Estado de S. Paulo" aquilo que considera uma contradição: "Suprema ironia. Antes da Lei Anticorrupção, de 2013, as empreiteiras que fraudavam contratos de obras públicas eram imediatamente inabilitadas a partir da instauração do respectivo processo administrativo. Tudo conforme a Lei das Licitações. Veja-se, por exemplo, o caso da empreiteira Delta, de Fernando Cavendish, que ficou afastada de obras em 2013. Agora, não. O Ministério Público Federal, ao firmar acordo de leniência com as empreiteiras arquicorruptas, declara que podem elas continuar as obras em andamento que contrataram com os superfaturamentos conhecidos e ainda podem obter novos financiamentos do BNDES e demais bancos públicos". Carvalhosa pondera que "a Lei das Licitações não foi revogada e muito menos pode ser desconsiderada nos acordos de leniência firmados pelo Ministério Público". Em evento organizado pelo jornal "Folha de S. Paulo", Carvalhosa foi além e defendeu a completa liquidação da Odebrecht e de outras empreiteiras fortemente marcadas pela Lava Jato.

A FELICIDADE DOS MARQUETEIROS

Entre o Brasil dos discursos de Ruy Barbosa e o Brasil da Nova República, na era da democracia, pós-ditadura militar, transcorreu-se um século de crises, escândalos, revoluções, golpes e tentativas de golpe. E, por ironia, a entusiasmada tese de políticos em defesa da honestidade e da moralização aparece em cada campanha eleitoral, como que reproduzindo conceitos de Ruy. Mas os partidos mudam de postura como se trocassem de camisa: chegando ao poder, deixam de lado aquilo que haviam proclamado, aos gritos, nos tempos de oposição.

A época de Ruy Barbosa não tinha rádio, TV, internet e marqueteiros. As campanhas eleitorais se limitavam aos comícios em praça pública e movimentavam pouco dinheiro. Porém, o avanço da tecnologia e as transformações do mundo geraram máquinas de "fabricação de candidatos", o absurdo sistema de predomínio da ficção ao se apresentar candidato. As campanhas eleitorais envolvem milhões e milhões de reais e recorrem a "dinheiro sujo", conforme comprova a Lava Jato. Uma realidade: por trás de candidatos fabricados, estão os marqueteiros criativos, que dizem como o político deve se comportar diante dos microfones e das câmeras e que ajudam e idealizar obras maravilhosas, prometidas nos discursos.

Foi assim, por exemplo, que o publicitário baiano Duda Mendonça ajudou a eleger Paulo Maluf prefeito de São Paulo em 1992 e a fazer o sucessor Celso Pitta – este sob a concepção do "Fura-Fila", mágico veículo de transporte coletivo apresentado na campanha por meio de uma criação artística e que jamais funcionaria na realidade da gestão Pitta. Contra Maluf, já pesavam denúncias de irregularidades em sua passagem pelo governo do Estado, de 1979 a 1982, tempos de eleição indireta. Na época de prefeito, foi acusado de superfaturar obras, como o Túnel do Ibirapuera e a Avenida Águas Espraiadas. Ele negou que tivesse enviado dinheiro para paraísos fiscais, mas está na lista da Interpol, não pode fazer viagens internacionais e foi condenado à prisão na França em 2017, permanecendo deputado federal.

Por sua vez, o petista Luiz Inácio Lula da Silva não teve dúvidas da virada do jogo, já que seu objetivo era chegar ao poder: derrotado nas eleições de 1989, 1994 e 1998 para presidente, em 2002 ele recorreu ao mesmo Duda Mendonça. A identificação de Duda com o antigo inimigo Maluf não seria problema. Para político, nada como uma eleição após a outra. Maluf havia dito que, se o seu candidato à prefeitura, Pitta, não viesse a ter uma boa gestão, o povo não deveria mais votar nele próprio. Pitta fez uma gestão desastrosa e nem tentou a reeleição. Maluf continuou sendo reeleito deputado.

Para ser eleito presidente pela primeira vez, Lula seguiu o modelo Duda, abandonou o tom vermelho das campanhas anteriores, usou ternos Armani e suavizou o discurso, revelando o "Lula Light", atraindo a classe média. Duda, citado nas investigações sobre o escândalo do mensalão por ter recebido pagamento em dólares por meio de paraísos fiscais, foi marginalizado pelo PT em 2006, mas passou a faturar em eleições menores nos Estados e em outros países. Ele voltou ao noticiário em 2017 sob a denúncia de que havia pedido dinheiro diretamente à Odebrecht para atuar na campanha de Paulo Skaf (PMDB) ao governo de São Paulo. Sua saída do ambiente do PT abriu a chance de outro criativo publicitário baiano, João Santana. Diante da possibilidade de ganhar mais dinheiro no marketing político do que na sua original profissão de jornalista em Salvador, Santana já estava voando alto, ao assumir a campanha que reelegeu Lula em 2006, e ganhou a fama de mago ao comandar as milionárias campanhas vitoriosas de Dilma Rousseff em 2010 e 2014. Atuou também como conselheiro, uma espécie de "ministro sem pasta", de Dilma. E, de fato, atingiu os objetivos: ficou rico. Milionário.

Em princípio, deu certo. O marqueteiro Santana ganhou muitos dólares no Brasil e em campanhas eleitorais no exterior, mas foi preso ao lado da esposa e sócia, Mônica Moura, em 2016, pouco antes da queda de Dilma. O casal ficou seis meses na cadeia, foi condenado à prisão em primeira instância e aceitou fazer delação premiada, revelando irregularidades em campanhas do PT e em eleições em outros países, sob o financiamento da Odebrecht. Santana e Mônica disseram, por exemplo, que Dilma sabia da origem do dinheiro, via caixa 2. No dia seguinte, a ex-presidente negou que soubesse, e chamou os ex-parceiros de mentirosos. Na tréplica, João Santana insistiu: "Infelizmente, ela sabia. Infelizmente porque, ao me dar confiança para tratar do assunto, isso reforçou uma espécie de amnésia moral, que envolve todos os políticos brasileiros. Isso aumentou um sentimento de impunidade".

Num retorno ao panorama de cinco anos atrás, poderíamos lançar estas perguntas: Maluf inimigo de Lula? Lula inimigo de Maluf? Resposta: não tanto. Os dois se tornaram aliados, em 2012. Uma foto tirada naquele ano, diante da mansão de Paulo Maluf, no Jardim América, mostrava o candidato petista à prefeitura de São Paulo, Fernando Haddad, abraçado por Maluf e pelo próprio Lula, todos eufóricos. O abraço reproduzido pela mídia a três meses das eleições municipais sacramentou o apoio do PP, partido de Maluf, ao candidato indicado por Lula, garantindo o aumento do tempo da coligação do PT na propaganda eleitoral do rádio e da TV. Haddad venceu a eleição, derrotando José Serra (PSDB). Quatro anos depois, ficou com 16% dos votos válidos, derrotado já no primeiro turno por João Doria (PSDB), que alcançou 53%.

Se político joga com a falta de memória dos eleitores, a História é capaz de resgatar versões. Gravações de entrevistas e de eventos políticos de outras épocas mostram Lula, militante da esquerda, chamando Maluf de "ladrão" e de "filho da ditadura". Na política, vale tudo, sabem os próprios políticos. O povo apenas tenta compreender. História é história, eleição é eleição.

"Maluf ladrão"? Maluf jura que não. E contesta o rótulo que lhe tem sido atribuído por antigos adversários, garantindo que sempre foi honesto. Condenado no Brasil e pela Justiça francesa, sendo procurado por autoridades americanas e pela Interpol, o deputado insiste em negar que depósitos identificados em bancos do exterior tenham sido de dinheiro dele. As acusações ligam esse dinheiro ao provável superfaturamento nas obras do Túnel Ayrton Senna, sob o Parque do Ibirapuera, e da Avenida Águas Espraiadas, atual Jornalista Roberto Marinho, ambas na Zona Sul de São Paulo. "Sou honesto e grande realizador de obras", ressalta o ex-prefeito e ex-governador, que ataca o partido de Lula: "O PT, hoje, é exemplo de corrupção. As empresas que trabalharam para eles tinham um departamento de propina. Um departamento inteiro corrompendo".

CAPÍTULO 2

A MATEMÁTICA QUE GERA PROPINAS

Nem todas as obras envolvem superfaturamento. Mas, sem obras, não há lucro, não existe margem para propina. A matemática financeira é bastante clara. São Paulo, de Adhemar de Barros, Paulo Maluf e Orestes Quércia, teve outros personagens propulsores de obras polêmicas. As demais regiões do Brasil, também. O Paraná conheceu as malandragens do governador Moisés Lupion, nos anos 1940 e 1950. Nos últimos anos, porém, nenhum governador superou o atrevimento de Sérgio Cabral, do Rio, que, apoiado com obras federais dos governos Lula e Dilma, montou uma máquina de corrupção, fez seu sucessor, Pezão, e deixou o Estado em situação de caos.

Adhemar de Barros marcou época nos tempos em que Maluf era criança. Ele surgiu na política paulista como precursor do "rouba, mas faz", pouco mais de 30 anos após o lendário discurso de Ruy Barbosa no Senado ou quase 80 anos antes da Lava Jato. Em 1938, o médico Adhemar, de 37 anos, de uma família de cafeicultores de São Manuel, no Interior paulista, foi indicado pelo ditador Getúlio Vargas para governar o Estado de São Paulo como interventor. Recomendado a Getúlio por Benedito Valadares e Filinto Müller, ele iniciou grandes obras: o Hospital das Clínicas da Universidade de São Paulo, a Via Anchieta – moderna rodovia de São Paulo a Santos – e o Edifício Altino Arantes, do antigo Banespa, um dos símbolos da capital, inaugurado em 1947, além de ter investido em ferrovias. Ficou no cargo até 1951, período em que, no Nordeste, a Odebrecht se aproximava de governantes baianos e começava a crescer.

Eugênio Bucci, professor de Jornalismo na USP e na ESPM, relembrou Adhemar ao publicar no jornal "O Estado de S. Paulo", em 22 de junho de 2017, o artigo "Nunca ocorreu a Lenin transformar o partido bolchevique em máquina de assaltar o erário", em que compara o comportamento moral de duas tendências de esquerda: a do líder da revolução russa, sanguinário, mas sem amontanhar rublos em sua casa, e a do grupo que governou o Brasil de 2003 a 2016: "À custa de golfadas de mau gosto, a República do Brasil se repete não como farsa, mas como paródia. Bordões de antigamente ressurgem regurgitados, com um sentido ainda mais cínico. É o que se dá com a máxima adhemarista do 'rouba, mas faz', um dos fundadores da política pátria... Embora a mística adhemarista pareça, por vezes, viajar de carona em hostes malufistas, a autoria da receita 'rouba, mas faz' é anterior ao condenado de Paris (Maluf)". Em outro trecho, Bucci comenta: "Em governos mais recentes, que acenavam do palanque com a mão esquerda e contavam as cédulas com a direita (não apenas cédulas eleitorais), o 'rouba, mas faz' ganhou nova acepção – 'rouba, mas faz obra social' (PT)".

Em 1945, a queda do padrinho Getúlio não abalou o prestígio político do carismático Adhemar. Por meio da democracia, em 1947 ele foi eleito governador, ao contrário do ocorrido em 1938, quando havia recebido o cargo por indicação. Governou até o início de 1951. Também ganhou a eleição para prefeito de São Paulo em 1957. Terminou o mandato em 1961 e candidatou-se a governador em 1962. Venceu o pleito, assumiu em 1963 e apoiou o golpe de 1964, mas acabaria cassado pelo regime militar por corrupção, em 1966. Em suas três passagens pelo governo paulista, Adhemar somou pouco mais de nove anos – recorde agora superado pelos mais de 11 anos de Geraldo Alckmin – e desenvolveu as obras da segunda pista da Via Anchieta, a construção da Via Anhanguera até Campinas, lançou o plano energético, criou as Centrais de Abastecimento de São Paulo (Ceagesp), ampliou a rede de hospitais públicos e abriu a passagem de nível do Anhangabaú sob a Avenida São João, obra conhecida como "Buraco do Adhemar". Nesse período, enfrentou denúncias na Justiça e ganhou o apelido de "Homem da Caixinha", explorado por seus adversários políticos.

Adhemar foi satirizado em emissoras de rádio pela dupla sertaneja Alvarenga e Ranchinho, formada em 1933 pelo mineiro Murilo Alvarenga e pelo paulista Diésio dos Anjos. Eles ganharam fama como "Milionários do Riso", tendo gravado dezenas de discos de vinil e fazendo constante sucesso em rádios de São Paulo e do Rio. Nos programas, faziam sátiras e paródias aos políticos. Getúlio Vargas, em plena ditadura, foi uma das vítimas da dupla até 1939, quando foram ao Palácio do Catete a convite de Alzira Vargas, filha de Getúlio, e cantaram no aniversário do presidente, com quem os dois acabaram se divertindo e afastando ameaças da censura. Em 1954, em programas na Rádio Record, cujo estúdio ficava no Centro de São Paulo, eles ameaçavam desenvolver, no ar, uma possível música sobre Adhemar, então candidato a governador, mas se limitavam a repetir várias vezes *Dotô Ademá, Ademá Dotô... A Caixinha do Ademá, a Caixinha do Ademá... Ademá Dotô*, e interrompiam, alegando que não queriam ter problemas. Em versão mais leve, para compensar, a dupla também costumava adaptar, entre uma música e outra, o comercial de rádio do comprimido analgésico Melhoral – *Melhoral, Melhoral, é melhor e não faz mal* –, cantando: *Ademá, Ademá, é miór e num fais mar*.

O termo "propina", que vem do idioma espanhol com o significado de "gorjeta", ainda não fazia parte do vocabulário das relações entre políticos e construtoras. Uma palavra usada nos bastidores dos acordos era "comissão". Na gíria, optou-se pelo sinônimo "bola". Dar "bola" a governantes ou a agentes públicos era comprar vantagens, burlando contratações e fiscalizações. Tem havido funcionários públicos de órgãos de fiscalização e de repressão, inclusive da polícia, que são surpreendidos e enquadrados em investigações motivadas por exibirem padrão de vida acima do que seria proporcionado por seus salários.

Em três ocasiões, Adhemar exilou-se no exterior para fugir da Justiça brasileira – na Argentina, no Paraguai e na França. Morreu em Paris, em março de 1969, aos 67 anos. Foi sua última escapada. Três meses depois, o grupo esquerdista de combate à ditadura VAR-Palmares – do qual fazia parte Dilma Rousseff – roubou um cofre numa mansão no bairro de Santa Teresa, no Rio. Lá moravam parentes de Ana Gimol Benchimol Capriglione, amante de Adhemar. No cofre, estavam US$ 2,5 milhões, parte do provável dinheiro da "Caixinha". A história é contada, com detalhes, pelo jornalista Tom Cardoso no livro "O Cofre do Dr. Rui", lançado em 2015. "Dr. Rui" era o nome pronunciado por Adhemar em voz alta quando tinha de interromper reuniões de governo para atender a amante ao telefone. "Agora não posso, Dr. Rui. Vamos conversar mais tarde", dizia o político, que, ao retornar ao Palácio dos Campos Elíseos para jantar com a esposa, dona Leonor, passava pelo apartamento de Ana, num prédio residencial na esquina das Avenidas Ipiranga e São Luís, no centro de São Paulo.

DA "CAIXINHA" À "VASSOURINHA"

No fim da década de 1940, a política paulista começou a revelar outro fenômeno: Jânio Quadros, o "Homem da Vassoura", que se anunciava como defensor da honestidade e prometia varrer a corrupção do "Homem da Caixinha". Jânio nasceu em Campo Grande quando a cidade integrava Mato Grosso. Foi em 1977 que o Estado foi dividido em dois: Mato Grosso, ao norte, mantendo Cuiabá como capital, e Mato Grosso do Sul, tendo Campo Grande como capital. Quando garoto, Jânio estudou em colégios de Curitiba. Mais tarde, em São Paulo, cursou o Colégio Arquidiocesano, na Luz. Com talento para a oratória, formou-se na Faculdade de Direito da USP, no Largo de São Francisco, e estreou na política como vereador em 1948.

Eleito deputado estadual em 1950, Jânio Quadros recorreu ao estilo populista e ganhou força para se lançar para prefeito da Capital em 1953, tendo vencido com 284.922 votos, mais do que o dobro do candidato adhemarista, Francisco Cardoso. "Jânio quebrou a Caixinha", gritavam seus apoiadores, na comemoração: "O tostão venceu o milhão!". Apenas dois anos depois, ele se tornaria governador, tendo exercido o cargo até 1959, com obras rodoviárias e com reformas administrativas. Estava garantido o prestígio de alcance nacional, sempre sob o símbolo da "Vassourinha", que levaria Jânio à Presidência da República em 1960 com pouco mais de 5 milhões e meio de votos. Pela coligação PTN, UDN, PDC, PR e PL, ele deixou para trás o marechal Henrique Teixeira Lott, do PSD de Juscelino, que teve 3,8 milhões, e Adhemar, do PSP, com 2,1 milhões. Empossado em 1961, renunciou apenas sete meses depois, sem apresentar qualquer razão concreta, abrindo margem para suspeitas de que havia tentado um golpe para ampliar seus poderes. Intempestivo, rotulado de "louco" pelos rivais, Jânio havia herdado o temperamento do pai, Gabriel Quadros, com quem brigou, e repassado o estilo para sua filha, Dirce Quadros, Tutu, com quem rompeu. Tutu teve breve passagem pela política.

A rivalidade Jânio-Adhemar era levada para o palanque em cada comício das eleições de 1960 para presidente da República, tempos anteriores à chegada da propaganda eleitoral gratuita ao rádio e à TV. No entanto, havia os jingles, marchinhas veiculadas nas rádios em espaços comprados pelos partidos. O PTN, partido de Jânio, bancou a marchinha de Jânio, composta por Maugeri Neto e Fernando Azevedo de Almeida, de apenas uma estrofe, com estes versos:

Varre, varre, varre vassourinha!
Varre, varre a bandalheira!
Que o povo já 'tá cansado
De sofrer dessa maneira
Jânio Quadros é a esperança desse povo abandonado!
Jânio Quadros é a certeza de um Brasil, moralizado!
Alerta, meu irmão!
Vassoura, conterrâneo!
Vamos vencer com Jânio!

As Praças da Sé e Roosevelt, em São Paulo, eram os principais locais de comícios. Naquela disputa, a cidade paulista de Mogi-Guaçu foi visitada primeiramente por Adhemar, que em seu discurso lançou: "Entre as várias obras que fiz neste Estado como governador, está o hospital de loucos. Infelizmente, não foi possível internar todos. Um desses loucos havia escapado e vem fazer comício nesta mesma praça". O adversário Jânio esteve lá, de fato, dois dias depois. Alertado sobre as palavras ditas pelo inimigo, o "Homem da Vassoura" tratou de dar o troco em seu comício, colocando no alto-falante o jingle de "Varre, varre, vassourinha" e vociferando: "Quando fui governador de São Paulo, construí várias penitenciárias. Mas não foi possível trancafiar todos os ladrões. Um escapou, e fez comício aqui mesmo, nesta praça". Em 1954, Jânio havia sido eleito governador numa disputa apertada, com 660.264 votos contra 641.960 recebidos por Adhemar.

Enquanto Jânio e Adhemar brigavam em São Paulo nos anos 1950, ambos de olho nas eleições para presidente, o cenário do país era dominado por Juscelino Kubitschek, JK, ex-governador mineiro, defensor do desenvolvimentismo. JK venceu em 1955 e assumiu em 1956, incentivando a indústria automobilística, construindo rodovias e usinas hidrelétricas e levando adiante o propósito de erguer Brasília. Fez questão de inaugurar a Capital, em 21 de abril de 1960, cinco meses antes do pleito vencido por Jânio.

Por ter levado adiante tantas obras, Juscelino ficou vulnerável a acusações de opositores, como Carlos Lacerda e o próprio Jânio. Afinal, se JK implantou no meio do mato do Planalto Central não só um edifício, mas sim uma autêntica cidade, com palácios, ministérios e setores residenciais e comerciais, a pergunta que se fazia era: houve "caixinha" das empreiteiras para o presidente e seu grupo? JK negava. E rebatia os comentários de que as empreiteiras Andrade Gutierrez, Constran e Camargo Corrêa eram suas protegidas. Juscelino, que jamais teve vida de ostentação, relatou em seu livro "Por que construí Brasília" sua tristeza com o fato de a oposição, liderada por Jânio, então deputado pelo Paraná, e Lacerda, ter requerido a criação de uma Comissão Parlamentar de Inquérito (CPI) na Câmara dos Deputados para investigar a Novacap, empresa governamental criada para executar as obras de Brasília com várias empreiteiras. A CPI deixou de ser aprovada por apenas um voto. "Fizemos tudo corretamente, sem qualquer motivo para contestações", alegou Juscelino.

Como presidente, Jânio vasculhou as contas de JK. Não foi comprovada corrupção. Juscelino, no entanto, ficou com a fama de ter contribuído para o gigantismo das maiores construtoras iniciando um harmonioso casamento com empreiteiras.

Jânio Quadros, que havia ficado afastado de cargos públicos por mais de 20 anos, viveu uma tentativa frustrada de voltar ao governo paulista em 1982, tendo sido um dos derrotados por Montoro. Mas em 1985 venceu Fernando Henrique Cardoso na disputa pela prefeitura de São Paulo. Sua gestão de três anos foi uma tentativa de reviver o estilo autoritário de "Vassourinha" e de tocador de obras. Assumiu iniciativas arrojadas, como a reforma da Avenida Juscelino Kubitschek, a preparação dos túneis sob o Parque do Ibirapuera e sob o Rio Pinheiros, a abertura da Avenida Jacu--Pêssego na Zona Leste e o tampão sobre o Rio Tamanduateí. As obras pararam em 1989, com a eleição da sucessora, Luiza Erundina. Apenas o túnel do Anhangabaú, versão ampliada do antigo "Buraco do Adhemar", foi levado adiante, já que Erundina suspeitou de possíveis propinas de empreiteiras para Jânio e optou por investimentos na área social. Maluf, que assumiu em 1993, se encarregaria de retomar as demais obras e inaugurá-las. Um dos túneis sob o Pinheiros ganhou o nome de Jânio Quadros; o outro, de Sebastião Camargo, líder da empreiteira Camargo Corrêa. O túnel sob o Ibirapuera ficou sendo Ayrton Senna. Falecido em 1992, Jânio deixou de herança alguns imóveis em São Paulo. Em 2009, a mídia noticiou que a família Quadros tentou descobrir possíveis depósitos do político em bancos suíços, frutos de prováveis propinas. A própria filha de Jânio, Dirce Quadros (Tutu), havia denunciado a existência de contas do pai na Suíça – algo então negado por Jânio. As investigações em Zurique não prosperaram.

DA DITADURA À VOLTA DA DEMOCRACIA

Os governos dos presidentes Jânio Quadros, de curta duração, e João Goulart, de grandes oscilações políticas, tiveram poucas obras. Na época do regime militar, foram construídas a Usina Hidrelétrica de Itaipu – a maior do mundo – e a Ponte Rio-Niterói. Também foram desenvolvidas obras para a jamais concluída Rodovia Transamazônica, por conta da Mendes Júnior e da Camargo Corrêa. Foram 21 anos de ditadura sob cinco presidentes, sem que tivesse estourado algum escândalo de empreiteiras. Houve rigidez das contas naquele regime, mas deve ser levado em conta que a imprensa vivia entre a ação de censores e a prática da autocensura, principalmente de 1968 a 1975, e que havia forte predomínio do partido governista, a Arena, nos três poderes do país. A Rio-Niterói, erguida de 1968 a 1974, ficou a cargo de um consórcio formado pela Camargo Corrêa e a Mendes Júnior. Inaugurada em 1982, Itaipu foi tarefa para a Camargo Corrêa, Andrade Gutierrez e Mendes Júnior.

Em 1985, eleito Tancredo Neves, ainda de forma indireta, no Congresso Nacional, em que derrotou Paulo Maluf, e empossado José Sarney em substituição a Tancredo (hospitalizado na véspera da posse, faleceu em 21 de abril), a chegada de um civil ao Palácio do Planalto iniciou a transição para as eleições diretas, que seriam realizadas somente em 1989. Sarney lutou no Congresso para ampliar seu mandato de quatro para cinco anos e conseguiu. Foi um governo caracterizado por tentativas frustradas de superar a inflação, como o Plano Cruzado, de 1986, e pelo anúncio de obras. Uma das grandes obras, a da Ferrovia Norte-Sul, está até hoje sem ser concluída, depois de ter consumido bilhões de cruzados, cruzeiros e reais. A respeito da ferrovia, o nome de Sarney foi citado em delações da Odebrecht divulgadas em 2017.

O Brasil ganhou nova Constituição em 1988 e escolheu o jovem alagoano Fernando Collor para presidente no ano seguinte. Collor, que derrotou Luiz Inácio Lula da Silva no segundo turno, também havia deixado para trás, no primeiro turno, Leonel Brizola, Mário Covas, Aureliano Chaves, Ulysses Guimarães e Guilherme Afif Domingos. Apresentado como "caçador de marajás", ele procurou impor a imagem de estadista dinâmico e moderno, mas se fechou em seu pequeno partido, o PRN, sem buscar alianças partidárias, e se limitou a fazer de Paulo César Farias, o PC Farias, autêntico "superministro" sem jamais ter sido nomeado ministro. PC envolveu-se em falcatruas com empreiteiras, como a OAS, e surgiram denúncias de corrupção contra o próprio Collor, que acabaria caindo em 1992. O vice-presidente Itamar Franco assumiu, priorizou a criação do Plano Real, que contribuiria para a eleição de seu ministro Fernando Henrique Cardoso em 1994, e entregou a faixa presidencial para FHC sem ser atingido diretamente por escândalos. Havia estourado em 1993 o caso dos Anões do Orçamento, restrito ao Congresso Nacional, um sistema de corrupção pilotado por deputados e senadores que desde os anos 1980 agiam por meio de fraudes. Eram acertos com empreiteiras para a inclusão de verbas orçamentárias para grandes obras em troca de comissões, favorecendo parlamentares, governadores e ministros. O termo "anões" foi usado pelo fato de os envolvidos serem políticos de pouca repercussão nacional. Houve várias cassações de mandatos. A Odebrecht apareceu em jornais, como participante do esquema de benefício às empreiteiras.

A gestão FHC foi citada na Lava Jato, mas os governos Lula e Dilma é que concentraram o maior número de casos levantados pela Polícia Federal e pelo Ministério Público, em especial por conta da Odebrecht, OAS, Camargo Corrêa.

O Estado de São Paulo foi palco de acusações contra os governadores Paulo Maluf (1979-1982), José Maria Marin (1982-1983), Orestes Quércia (1987-1991) e Luiz Antonio Fleury (1991-1995). Já Franco Montoro (1983-1987), do PMDB, e Mário Covas (1995-2001), do PSDB, passaram incólumes. Geraldo Alckmin e José Serra, também tucanos, foram citados em delações premiadas da Odebrecht na Lava Jato.

O CARTEL TENTA MELHORAR A IMAGEM

Os episódios de mais de 50 anos de embates políticos e de obras polêmicas em São Paulo não chegam a ser exclusividade paulista: houve e há ocorrências similares em quase todos os demais Estados do Brasil. O Rio de Janeiro, por exemplo, deparou-se na virada de 2016/2017 com a revelação de escândalos tão volumosos a ponto de o ex-governador Sérgio Cabral ter ido para a cadeia e um antecessor, Anthony Garotinho, ter ficado preso por alguns dias. Esse Estado, beneficiado por inúmeras obras caras para a Copa do Mundo e para a Olimpíada, ficou falido. Um melancólico legado. E surgiram denúncias concretas de que o Brasil comprou votos para garantir votos para o Rio ser sede da Olimpíada.

Em princípio, as obras públicas do Brasil beneficiam a população, o que pode justificar os gastos assumidos pelos governos. Mas, se às vezes as construções são supérfluas ou desnecessárias, surge geralmente a certeza de que as empreiteiras saem ganhando exageradamente. E, na hipótese de haver propina, políticos também ficam felizes a cada contrato assinado.

A Odebrecht disparou nos últimos anos como a maior empreiteira do Brasil. Chegou a ser considerada uma das melhores do mundo para desenvolver grandes obras de infraestrutura, tanto que conquistou espaço em outros países. A partir da Lava Jato, a fama negativa invadiu a positiva, deixando esse grupo empresarial numa encruzilhada entre a reação concreta e o prosseguimento da queda.

Para chegar à excelente condição do início de 2014, a Odebrecht, fundada em 1944 na Bahia, teve ciclos de crescimento nas décadas de 1950 a 1970, até receber dois reforços de peso, que aceleraram seus passos rumo ao gigantismo: adquiriu e incorporou duas empreiteiras de São Paulo experientes em construção pesada – em 1981, a Companhia Brasileira de Projetos e Obras (CBPO) e, em 1986, a Técnica Nacional de Engenharia (Tenenge). O grupo empresarial de Norberto, que ampliou a diversidade de seu trabalho ao entrar para o ramo da petroquímica em 1979, ultimamente disparou em relação às grandes rivais brasileiras, como Camargo Corrêa, Andrade Gutierrez, Queiroz Galvão, OAS, Galvão, Carioca, Mendes Junior, Delta, UTC.

A Operação Lava Jato, interpretada pela maioria dos cidadãos brasileiros como um alentador modo de passar o país a limpo, mas criticada por políticos do PT sob denúncias, levou o setor da construção civil a rever seus conceitos de ética e as práticas a serem aplicadas nos próximos anos. Na verdade, cada uma das empresas já tinha oficialmente seu código de ética, como a Odebrecht – que sempre proclamou seu orgulho da filosofia estabelecida pelo fundador, a Tecnologia Empresarial Odebrecht (TEO), consolidada em livros e palestras. A questão é: depois de tudo o que tem acontecido na Lava Jato, com empreiteiras nacionais desgastadas por denúncias e confissões de envolvimento em corrupção, além de viverem uma situação fragilizada, como será possível sobreviver e voltar a crescer num ambiente em que construtoras chinesas, espanholas e americanas estão de olho em futuras obras brasileiras?

A discussão sobre a correção de antigos erros está presente de modo concreto nas reuniões de entidades do setor da construção. A maior dessas entidades é a Câmara Brasileira da Indústria da Construção (CBIC), com sede em Brasília, presidida por José Carlos Martins. A CBIC tem como filiados mais de cem sindicatos e associações empresariais dos Estados, que, por sua vez, reúnem centenas de pequenas, médias e grandes empreiteiras. A Comissão de Obras Públicas da CBIC, sob a presidência do paulista Carlos Eduardo de Lima Jorge, vem promovendo reuniões internas para debater os efeitos da Lava Jato e organizando palestras nas principais cidades do país. Em junho de 2016, época em que Marcelo Odebrecht completou um ano de cadeia, enquanto dirigentes e executivos de outras empreiteiras tinham seus nomes noticiados no tsunami dos escândalos, a CBIC lançou um boletim impresso de 42 páginas, "Ética & *Compliance* na Construção", com apoio da Confederação Nacional da Indústria (CNI). Nele, a entidade abre o jogo, advertindo as empresas para o risco de incorrer em ações ilegais ou contra a ética.

No item "Quando ocorre o abuso do poder econômico?", na página 17 do boletim, a CBIC apresenta esta resposta: "O abuso do poder econômico ocorre toda a vez que uma empresa ou grupo de empresas utiliza seu poder econômico para prejudicar a concorrência, por meio de condutas anticompetitivas. Esse abuso se refere à utilização desse poder contra concorrentes – potenciais ou efetivos – no intuito de manter ou ampliar posição dominante no mercado em detrimento do bem-estar do consumidor".

"O que é cartel?", pergunta outro item do manual. Eis a explicação da CBIC: "O cartel constitui um acordo entre concorrentes com o objetivo de maximização conjunta de lucro. Assim, em vez de as empresas concorrerem entre si, passam a coordenar suas ações de forma a obter os maiores lucros possíveis em detrimento dos consumidores. Quando ocorre esse tipo de ação concentrada, a quantidade produzida é menor e o preço maior, reduzindo o bem-estar. Sabe-se que cartéis podem ser feitos por meio da fixação de preços, delimitação de territórios de ação dos concorrentes, acertos de condições em concorrências públicas ou privadas, dentre outras condutas. Entre as várias práticas cartelizadoras está a troca de informações estratégicas, que elimina total ou parcialmente a concorrência".

A partir dessas explicações, a entidade nacional da construção dá conselhos por meio da resposta à pergunta "Por que evitar o cartel?". Eis aqui: "Porque o cartel visa, por meio de cooperação explícita ou implícita entre os principais participantes do mercado, uniformizar preços, dividir clientes e acordar outras políticas comerciais, com o objetivo de obter lucros semelhantes aos do monopólio. Se o cartel é combatido, os preços são menores e, consequentemente, há um aumento no bem-estar da sociedade".

José Carlos Martins esteve no evento Summit Imobiliário, em 4 de abril de 2017, em São Paulo, onde participou do painel "Segurança jurídica e *compliance*", definindo que "não há futuro para empresas que não passarem por um programa consistente e sério de *compliance*". E foi mais adiante: "Além de uma questão de sobrevivência das empresas, esse tipo de programa é fundamentalmente uma questão de competitividade. Nenhuma empresa conseguirá competir no mercado se não tiver governança séria e ativa". Martins organizou seminários em várias cidades do Brasil a respeito dos novos rumos em torno de *compliance* e ética, incluindo o principal evento anual da CBIC, o Encontro Nacional da Indústria da Construção (ENIC), realizado em maio em Brasília.

O termo "*compliance*", que ficou na moda nos tempos da Lava Jato, tem origem no verbo inglês "*to comply*", que significa estar de acordo com uma regra, uma instrução interna, um comando ou um pedido. Assim, estar em *"compliance"* é estar em conformidade com leis e regulamentos internos e externos.

As reuniões e eventos externos de empreiteiros, entretanto, não se resumem à CBIC. Há várias outras entidades de peso, entre as quais se destaca uma em São Paulo, existente desde 1947 e que atrai filiados de vários Estados: a Associação Paulista de Empresários de Obras Públicas (APEOP). O nome original da APEOP era Associação Profissional dos Contratantes de Obras Públicas de Engenharia do Estado de São Paulo. A denominação foi mudada várias vezes até chegar, em 1967, à condição de Associação Paulista de Empreiteiros de Obras Públicas. Em agosto de 1993, quando a mídia pós-ditadura começou a divulgar escândalos de licitações fraudadas e de superfaturamento de obras, a entidade optou por deixar de lado o termo "empreiteiros", trocando-o por "empresários", nome mantido até hoje. A explicação oficial da APEOP: "A mudança foi determinada pela necessidade de se incorporar ao nome da entidade o novo perfil das empresas do setor que, sem abandonar o mercado tradicional de obras públicas, estão progressivamente vinculando seus negócios a uma participação, crescente, nos processos de concessões e parcerias público-privadas (PPPs) para construção e exploração de equipamentos e serviços públicos".

Tanto na sede da CBIC, em Brasília, quanto na sala de reuniões da APEOP, no 9º andar do prédio número 126 da Rua Avanhandava, em São Paulo, os encontros entre diretores, conselheiros e associados vêm sendo frequentes. Esses senhores revelam cansaço e preocupação, porém com a certeza na antiga tese de que "quem não deve, não teme". As empreiteiras sofrem com o estigma, que, entretanto, está longe de indicar que 100% das empresas brasileiras responsáveis por obras públicas são corruptas. Mas, se a filosofia contida no boletim da CBIC de 2016, nos seminários sobre compliance e nos antigos manuais de ética das empresas tivesse sido efetivamente colocada em prática nas últimas décadas, não teria existido a Lava Jato. Não haveria este livro.

CAPÍTULO 3

AOS 70 ANOS, A ODEBRECHT EM TRAUMA

Em julho de 2014, a festa dos 70 anos estava pronta e seria completada por uma edição especial da revista bimestral "Odebrecht Informa", com depoimentos de diretores e funcionários narrando a autêntica epopeia da história do grupo. O orgulho de ser Odebrecht. Em 112 páginas, uma completa resenha de sete décadas na construção de pontes, viadutos, rodovias, ferrovias, túneis, metrôs, portos, aeroportos, hidrelétricas, eólicas, adutoras, refinarias, petroquímicas, sucroalcooleiras, estádios, plataformas, mísseis, submarinos.

A marca Odebrecht/Braskem, presente em mais de 20 países, englobava quase 200 mil funcionários. Com a Copa do Mundo, a atenção dos cinco continentes estaria concentrada pela TV nos quatro estádios erguidos pela Odebrecht Infraestrutura.

O destino, porém, cancelaria as comemorações e avisaria sobre os dias de tormenta que estavam por vir. Em 19 de julho, faleceu em Salvador o carismático Norberto Odebrecht, 93 anos, criador da construtora e do grupo empresarial, deixando lições e grandes preocupações. Sua esposa, Yolanda, companheira por 70 anos, havia falecido em fevereiro. Diante da morte do fundador, a edição especial da revista foi retardada e reformulada: saiu somente no fim de agosto, com uma foto de Norberto na capa e com o número de páginas ampliado para receber a detalhada biografia do patriarca. Na mesma época, a Operação Lava Jato, iniciada em março, havia apertado o cerco. Várias empreiteiras de obras públicas estavam na ordem do dia.

A partir de novembro de 2014, foram efetuadas prisões de vários diretores e executivos da Camargo Corrêa, Andrade Gutierrez, Galvão, Engevix, Mendes Júnior, UTC e OAS, acusados pelo Ministério Público Federal (MPF) de envolvimento em crimes de lavagem de dinheiro, corrupção ativa e participação em organização criminosa. As ações da Polícia Federal, que também já haviam levado à cadeia o doleiro Alberto Youssef, antigos dirigentes da Petrobras, membros do governo federal e parlamentares, ajudariam o MPF a decifrar o esquema de corrupção na estatal e atingiriam outros setores.

De acordo com denúncias do MPF, empreiteiras pagavam propina para altos dirigentes da Petrobras em valores que variavam de 1% a 5%

do valor total de contratos bilionários. As licitações eram fraudulentas. O dinheiro era distribuído aos beneficiários por meio de operadores financeiros do esquema ao longo de 2004 a 2012, com pagamentos estendendo-se até 2014. O juiz federal Sérgio Moro, de Curitiba, líder da força-tarefa Lava Jato, apontou que os recursos foram desviados por meio de fraudes em licitações das empreiteiras com a Petrobras. Através de um cartel, as empresas haviam montado um "clube" para fraudar licitações, no qual o caráter competitivo existia somente na aparência. Os preços oferecidos à Petrobras eram calculados e ajustados em reuniões secretas para definir quem ganharia o contrato e qual seria o preço, inflado em benefício daquele grupo.

Com as primeiras prisões de empreiteiros, no final de 2014, uma pergunta rondava os meios políticos, jurídicos, policiais, empresariais e jornalísticos: quando vai chegar a vez da Odebrecht?

A vez da Odebrecht chegou, e de modo arrasador, em 19 de junho. A Polícia Federal amanheceu na casa de Marcelo Odebrecht, em São Paulo, e vasculhou a sede. Presidente do grupo desde dezembro de 2008, Marcelo foi preso e levado para Curitiba. A Operação *Erga Omnes* (expressão do latim que significa "vale para todos") prendeu também outros integrantes da Odebrecht, entre os quais os então diretores Alexandrino Alencar e Márcio Faria da Silva.

Foi o recado: a casa caiu. Marcelo, filho de Emílio Odebrecht e neto de Norberto Odebrecht, permaneceria preso no decorrer de 2015 e 2016, tendo sido condenado pelo juiz Sérgio Moro a ficar na cadeia até o final de 2017 para depois iniciar etapas mais brandas de sua pena. Ele formou, com o pai, a dupla central de denúncias e delações que sacudiram a República. Como imaginar que a Odebrecht, poderosa ao desenvolver obras, viesse a confessar a existência de um bilionário "Departamento da Propina" especializado em comprar vantagens?

A edição especial dos 70 anos, embora compreensivelmente triste pela perda do patriarca, cumpriu sua missão institucional de mostrar a competência e outros fatores positivos da Odebrecht. Afinal, para completar aquelas 112 páginas, houve relatos de cada década do grupo e depoimentos de funcionários de expressiva participação na história de sucesso. Foi localizado pelo repórter Mateus Codes, por exemplo, o primeiro empregado registrado na construtora baiana: Emilton Moreira Rosa, nascido em 1925 em Maracangalha, interior da Bahia, da música de Dorival Caymmi; contratado aos 19 anos, Emilton foi secretário particular do dr. Norberto. Também trabalhou no setor de Pessoas (RH) e tornou-se o primeiro presidente da Fundação Odebrecht, braço fundado em 1965 em Salvador para cuidar de programas sociais e culturais, apoiando as famílias de funcionários e gerando ações de ajuda à população de baixa renda.

"O primeiro salário que recebi, 46 mil réis, levei correndo para casa e entreguei para minha mãe. Ela ficou com a metade e me deu o restante, dizendo que aquilo era para eu iniciar meu pé de meia", disse Emilton. "Desde jovem, aprendi na Odebrecht a importância de servir."

Outros depoimentos de integrantes da força de trabalho da Odebrecht colhidos pelos repórteres da revista insistiram no orgulho de levar adiante a "importância de servir" – estilo lançado pelo dr. Norberto já nos primeiros dias da empresa e consolidado ao longo do tempo.

Norberto Odebrecht já tinha 83 anos em 30 de outubro de 2003, ano do início do governo Luiz Inácio Lula da Silva, quando fez palestra num fórum de líderes empresariais, na Fundação Getúlio Vargas, em São Paulo. Em sua fala, ele definiu as linhas básicas das normas de conduta pregadas oficialmente por meio de sua liderança no grupo, filosofia da qual já se desviavam alguns integrantes da cúpula. O número de itens é cabalístico, sete, enunciados pausadamente diante da plateia:

1 – "A minha educação familiar e a oportunidade de ter iniciado minha vida profissional com os Mestres de Obras da Emílio Odebrecht e Cia. foram circunstâncias que me diferenciaram da maioria de meus contemporâneos, naquela Bahia de forte herança colonial."

2 – "Meus colegas foram educados para serem servidos. Eu fui educado para Servir. Esta foi a circunstância decisiva de minha vida, e que viria a determinar grande parte das minhas escolhas."

3 – "Foi a educação para Servir que em mim fortaleceu o Espírito de Servir. E o Espírito de Servir tem sido o sopro que sustenta as minhas causas e anima as minhas ações."

4 – "Servir, para mim, tem um significado muito amplo: sonhar o sonho do Próximo e realizar este sonho!"

5 – "Assim, Servir é Servir ao Próximo. Seja este Próximo um Cliente, um Parceiro ou os demais Membros da Comunidade em que esteja inserido."

6 – "Servir ao Próximo é buscar, em conjunto, o desenvolvimento e o crescimento que a ambos beneficiem."

7 – "É o real sentido do jogo do ganha-ganha."

Norberto Odebrecht morreu em 2014, em Salvador. Em 19 de julho, não resistiu ao agravamento de seus problemas cardíacos no Hospital Cárdio Pulmonar, em que estava internado. O corpo foi sepultado na manhã do dia 20, um domingo, sob uma chuva de pétalas de rosas lançadas de um helicóptero, no Cemitério Campo Santo. Naquele momento, centenas de pessoas abriram uma salva de palmas. Entre outros, lá estavam o governador da Bahia, Jaques Wagner; o prefeito de Salvador, Antonio Carlos Magalhães Neto, e outros políticos, além de diretores e antigos funcionários da empresa. Marcelo Odebrecht ajudou a carregar o caixão do avô até o túmulo.

A sepultura fica no bairro da Federação, perto da Universidade Federal da Bahia, onde o patriarca estudou, e do Teatro Castro Alves, uma das primeiras grandes obras da construtora, a menos de dez quilômetros da sede baiana do grupo.

À esquerda do saguão de entrada do prédio da sede, na Avenida Luiz Viana, caminho para o aeroporto, há o memorial que Norberto Odebrecht visitava diariamente e ao qual fazia questão de levar convidados ilustres e grupos de jovens. Local aberto para o público. Em três salões, há imensos painéis, que contam a história da Odebrecht e de suas obras, por meio de textos, desenhos, mapas e fotos. As sedes regionais de São Paulo, Rio, Lima, Luanda e outras cidades exibem painéis semelhantes. É a história oficial. Evidentemente, os capítulos mais recentes de tais memoriais de marketing evitam qualquer menção aos temas abordados de modo incansável pela mídia no período de 2014 a 2017 e focalizados neste livro. A era pós-Norberto tem sido menos eufórica nos relatos sobre os 73 anos do grupo. A palavra "Servir" predomina nos painéis. De uma forma ou outra, a Odebrecht, que agora luta para sobreviver ao seu criador, tem mesmo servido. Os bem servidos agradecem.

CAPÍTULO 4

O GERMÂNICO EMIL, QUE INICIOU ESTAS HISTÓRIAS

As raízes da Odebrecht estão na Alemanha. Para se compreender o estilo aguerrido de Norberto Odebrecht, de seu filho Emílio e de seu neto Marcelo, é preciso mergulhar em mais de 160 anos de história, começando por uma viagem imaginária à cidade de Greifswald, no Reino da Prússia, em meados do século 19. Ali, naquelas ruas de construções medievais, junto ao Mar Báltico, o lar de August e Albertha Odebrecht, um casal de formação luterana, foi surpreendido pela decisão do filho Emil, de 20 anos, de trocar a Europa pelo quase desconhecido Brasil. Quem diria? Não é que o jovem atravessou o Atlântico, manteve o alemão como seu idioma do dia a dia, mas amou a nova pátria e se tornou tão brasileiro que acabou até lutando na Guerra do Paraguai? Logo ele, que não gostava de guerras, um dos motivos para deixar a terra natal rumo à América do Sul, pegou em armas ao lado de alguns conterrâneos.

Numa manhã das últimas nevascas do início de 1855, Emil relatou aos pais os seus planos ambiciosos. Disse estar cansado de ouvir falar da sequência de guerras do Norte da Europa, um processo que levaria à formação do Império Alemão, ao qual a Prússia se integraria em 1871. E explicou que pretendia ser construtor num país sul-americano mais tranquilo. O casal não contestou a decisão: apenas recomendou a Emil um pouco de paciência, para que completasse, em dois anos, seu curso de engenharia na Universidade de Greifswald. Sugestão recusada. Havia obsessão pela busca de outro lugar.

Os Odebrecht tinham quatro filhos e uma filha. Emil, nascido em 1835 em Jacobshagen, cidade que hoje faz parte da Polônia, afirmou a August e Albertha que não havia desistido de se tornar engenheiro, mas que estava entusiasmado com o potencial do Brasil, relatado por viajantes germânicos. Ir para os Estados Unidos? Não. Ao descartar a possibilidade de migrar para o país mais evoluído da América, ele mencionou uma região brasileira, Santa Catarina, que despertava sua curiosidade. Situada no sul do Império do Brasil, é terra de bom clima e com ambiente que favorece oportunidades para migrantes, explicou Emil. Para tranquilizar os pais, explicou que não viajaria sozinho, mas sim com dois amigos, Gustav Mellenthin e Heinrich Kreplin, para procurar o doutor Blumenau, criador de uma colônia só de prussianos.

Um ano depois, na primavera de 1856, Emil se despediu dos pais e dos irmãos. Juntamente com os amigos Gustav e Heinrich, foi para Hamburgo, onde embarcaram num navio rumo à América. Um mês de navegação até o Rio de Janeiro, com escalas na África e em Salvador. No Rio, eles se impressionaram com a bela paisagem, mas logo seguiram para o Vale do Itajaí, em Santa Catarina, à procura da colônia de Blumenau.

ESPERANÇA E OPORTUNIDADES NO BRASIL

Ao pisar em solo brasileiro, Emil se tornou o primeiro Odebrecht a aceitar os desafios do jovem país de tantas terras, de inúmeros problemas e de muita esperança. Esperança e oportunidades também para os que chegam de fora.

O patriarca Emil Odebrecht viveu até 1912, sempre na região de Blumenau. Emil foi pai de Edmund Odebrecht, que foi pai de Emílio Odebrecht, que foi pai de Norberto Odebrecht, que foi pai de Emílio Alves Odebrecht, que é pai de Marcelo Bahia Odebrecht.

Na colônia de Blumenau, os três amigos de Greifswald foram bem recebidos pelo fundador, Hermann Bruno Otto Blumenau, um vibrante filósofo, administrador e químico farmacêutico natural de Hasselfelde, na Prússia, e que havia chegado ao Brasil em 1846. Logo após migrar, recebeu permissão do governo para criar uma vila. Em 1850, nasceu o núcleo que seria a cidade de Blumenau, uma das principais de Santa Catarina.

Quando do desembarque de Emil, o dr. Blumenau tinha 36 anos e era um verdadeiro líder, no núcleo de quase 800 moradores, onde a língua predominante era a alemã. Após uma conversa com os recém-chegados, ele aconselhou: "Sim, vocês terão oportunidade aqui, mas têm de se preparar melhor. Fiquem pouco tempo nesta região, voltem para a Prússia, estudem na excelente Universidade de Greifswald, na cidade de vocês, e retornem para cá em melhores condições. Estas comunidades precisam de especialistas de boa formação".

Os três jovens gostaram do lugar, apesar de terem se assustado com histórias sobre os ataques de serpentes venenosas e os conflitos entre imigrantes e os índios nativos. Portanto, a primeira estada de

Emil Odebrecht no Brasil não foi além de alguns meses. De volta a Greifswald, no começo de 1857, o jovem Odebrecht prestou o serviço militar, em que aprendeu regras de sobrevivência em situação de guerra e o uso de armas. Retomou a matrícula na universidade local. Estudou geodesia, astronomia, cartografia e novas técnicas de construção, formando-se engenheiro em 1861. Diploma na mão e conhecimentos na cabeça, Emil preparou a segunda viagem ao Brasil, desta vez somente com Heinrich, já que Gustav havia desistido. Além de um baú com roupas, o jovem Odebrecht levou equipamentos apropriados para a medição de áreas e para a elaboração de mapas.

Paralelamente aos estudos na Prússia, Emil já havia comprado um lote de terras em Blumenau e pedido a naturalização brasileira ao governo de seu futuro país. Sempre rápido em tudo, ele começou a trabalhar no Brasil em 1862, explorando e demarcando o entorno de Blumenau e de outras partes do verde Vale do Itajaí. Na vida social, ele conheceu uma bonita moça, a também prussiana Bertha Bichels, que havia migrado com os pais e os irmãos em 1857. Os dois se casaram em 1864, dando origem ao clã que ajudaria Santa Catarina a se desenvolver e que espalharia os descendentes por várias regiões do Brasil.

Mais de 150 anos depois, em 2017, Blumenau é uma cidade de cerca de 330 mil habitantes, com elevado índice de qualidade de vida, conservando grande parte dos costumes germânicos, atração turística, promovendo a Oktoberfest nos moldes da famosa festa de Munique.

E o que mais aconteceu com Emil Odebrecht em cinco décadas de vida no Brasil?

TENENTE NA GUERRA DO PARAGUAI

Mesmo sem perder hábitos e sotaque alemães, Emil se engajou pelas causas do Brasil e não hesitou em lutar na Guerra do Paraguai – conflito armado, de dezembro de 1864 a março de 1870. Em 1865, encarregado pelo dr. Blumenau, ele organizou o contingente de voluntários germânicos da colônia e tornou-se militar oficial, tenente Odebrecht. O grupo de 72 voluntários foi até a capital da Província de Santa Catarina, Nossa Senhora do Desterro, antigo nome de Florianópolis, para apresentar-se ao comando militar. Emil chegou a aportuguesar seu nome no ambiente de guerra, virando Emílio.

Blumenau tem hoje um monumento em homenagem aos chamados Voluntários da Pátria. Entre outros, foram à guerra Günther Tranche, Franz Ewald, Eugen Kurz, Ludwig Hoffmann, Wilhelm Mohr, Hermann Echelberg, Heinrich Kriegel e três jovens de apenas 18 anos, Conrad Kriegel, Ernst Richter e Karl Sieber.

No início de 1866, o grupo de Emil juntou-se aos de Joinville e Brusque para atuar na lendária canhoneira "Araguari", sob o comando do 1º tenente Antônio Luiz von Hoonholtz, o Barão de Tefé. Depois, atuou no combate à resistência paraguaia na ilha de Cerrito, no Rio Paraná, perto da foz do Rio Paraguai, em território argentino, mas precisou voltar às pressas para Blumenau ao ser acometido por malária. A doença exigiu longo tratamento.

Afinal, em 1870, com a morte em combate do líder paraguaio Francisco Solano Lopez, terminou o maior conflito da história da América do Sul, vitória da Tríplice Aliança – Brasil, Argentina e Uruguai –, cuja história de heróis é contada de um modo nas escolas brasileiras e, no Paraguai, de outro.

PERFIL DE OUSADO EMPREENDEDOR

Em tempos de paz, Emil recebeu boas notícias também da Europa: havia sido criado o Império Alemão e a paz estava de volta. Com a saúde recuperada, ele retomou os trabalhos, por meio de expedições a várias regiões de Santa Catarina. Alguns pontos das margens do Rio Itajaí eram povoados por índios nada amistosos, mas o engenheiro alemão soube recorrer à diplomacia para lidar com os nativos, sem qualquer choque. Sua atividade prosseguiu com sucesso até a chegada ao planalto, onde a paisagem lembrava a da Pomerânia, terra natal. Ao usar seu equipamento com precisão, Emil foi decisivo para eliminar dúvidas sobre a divisa entre as terras de Blumenau e as de moradores do sul do Paraná. Tornou-se respeitado pelo governo da Província de Santa Catarina. Em 1877, ele foi chamado à capital da província catarinense para ser nomeado diretor da Colônia Azambuja e Urussanga, mais ao sul. Ficou um ano naquela região, com a família, e depois dedicou-se à instalação de linhas telegráficas, chegando ao cargo de inspetor da Repartição dos Telégrafos.

Blumenau continuava crescendo, mas já não tão prussiana. Começaram a chegar imigrantes italianos, católicos, dando origem à rivalidade com os pioneiros germânicos, evangélicos. Emil, porém, recorria à habilidade política para evitar confrontos. O dr. Hermann Blumenau voltou para sua Alemanha natal em 1884 e fez questão de elogiar o discípulo, que continuou evoluindo, diversificando as atividades para a construção de ferrovias, estradas e pontes. Em 1900, foi ele quem presidiu a comissão das comemorações dos 50 anos da fundação da cidade, tendo inaugurado um monumento ao dr. Blumenau, o líder falecido alguns meses antes das festas. Conciliador, decidiu até sobre a unificação da hora oficial do lugar, em 1902, ao promover um acordo entre as duas igrejas, pois cada uma batia o sino em hora diferente.

NO LEGADO, UMA ENORME FAMÍLIA

Aos 68 anos, Emil Odebrecht viveu a emoção de rever a terra natal. Juntamente com a filha Hedwig, viajou para a Alemanha e reencontrou os irmãos Rudolph e Anna. Caminhou pelas ruas de Greifswald, visitou a universidade, observou o horizonte no Mar Báltico, percorreu as planícies de sua juventude. Era a despedida. Voltou ao Brasil e ainda permaneceu ativo, estimulando os filhos a seguir o firme estilo Odebrecht.

Emil morreu aos 76 anos, em 6 de janeiro de 1912, em Blumenau, dois anos após o falecimento da companheira Bertha. Na bela cidade, há várias referências ao seu trabalho. Um marco de granito expressa a gratidão dos descendentes a esse pioneiro. Em 2006, a família Odebrecht comemorou os 150 anos da migração de Emil, reunindo no lugar mais de 300 pessoas do clã.

Bertha e Emil tiveram 15 filhos. Dois morreram ainda bebês. O primeiro dos outros 13 foi Edmund, que, nascido em 1864, casou-se com Cäcilie Altenburg e teve 11 filhos, entre os quais Emílio Odebrecht (1894--1962), que viria a ser pai de Norberto Odebrecht e bisavô de Marcelo.

GLÓRIA, QUEDA, FUTURO

Os 12 irmãos de Edmund foram, pela ordem, Mathilde, August, Oswald, Rudolf, Helene, Clara, Auguste, Waldemar, Edgar, Adolf, Anne Marie e Hedwig. A maioria deles e de seus descendentes se dedicou ao empreendedorismo, procurando seguir a garra e a criatividade de Emil, porém todos descobrindo encruzilhadas no caminho para o sucesso. Houve a crise dos primeiros anos da República, os casos de corrupção denunciados por Ruy Barbosa, a 1ª Guerra Mundial. A glória pode não resistir aos riscos de queda, mas é um dever lutar pela reação.

"Um Odebrecht não pode admitir o fracasso, nesta terra de grandes perspectivas", dizia Emil aos filhos diante da chegada do século 20, o século em que a palavra Odebrecht se tornaria sinônimo de sucesso.

CAPÍTULO 5

NASCE A ODEBRECHT, COM DÍVIDAS E DÚVIDAS

A empresa de Norberto Odebrecht nasceu pequena e com dívidas, mas tendo uma valiosa equipe de trabalho, transferida pelo pai, e uma tradição familiar de muita garra. Em 1941, Norberto tinha apenas 21 anos e ainda era estudante de Engenharia Civil na Escola Politécnica da Universidade Federal da Bahia, quando ouviu o emocionado apelo de seu pai, Emílio Odebrecht, neto de Emil:

– Não tem outro jeito, Norberto. Cansei. Agora a missão é sua.

Aos 47 anos, Emílio aparentava saúde e poderia prosseguir por muito tempo no comando de sua empresa de construção, criada havia 22 anos. Mas tinha sido atingido pelo desânimo e pela depressão – consequência dos problemas trazidos às empresas desde o início da 2ª Guerra Mundial, em 1939.

Em época de conflito, o material de construção tornou-se raro, principalmente os produtos importados, já que a Europa se concentrava na guerra. Os portos ficavam bloqueados, proprietários de navios da marinha mercante evitavam colocar suas frotas para atravessar o Atlântico, sob o risco de torpedeamento por submarinos. Subiram os preços do ferro, do cimento, das instalações hidráulicas, da louça sanitária, e não era possível a construtora mexer nos preços definidos em contratos com os clientes. Resultado: prejuízo. Com as dívidas se multiplicando e surgindo o risco de falência, Emílio pensou em seguir o conselho de diretores de bancos – fechar sua empresa e levar à fundação de outra, em nome de Norberto, seu único filho homem. Ele admitiu encerrar a carreira de empresário em 1941 e não via dificuldades em convencer o filho a assumir o comando dos negócios na antiga firma e preparar uma nova empresa, que seria aberta somente em 1944.

Norberto, cuja educação ficou por conta da mãe, Hertha, e do pastor luterano Otto Arnold, constante defensor da "saúde moral como base para a saúde material", conversava só em alemão nos tempos de criança, até entrar na escola, onde aprendeu português. Aos 15 anos, começou a frequentar a empresa do pai. Gostava de trabalhar como pedreiro, carpinteiro e marceneiro, enquanto buscava conhecer a atividade dos engenheiros nas obras. Portanto, diante do pedido de Emílio, assumiu os negócios da família quando ainda procurava equilibrar seu tempo entre os estudos na Politécnica e o serviço militar obrigatório para ser tenente do C.P.O.R., Centro de Preparação de Oficiais da Reserva do Exército Brasileiro.

Em 1942, haviam surgido mais problemas. Os Odebrecht, por serem de origem alemã, sofreram as consequências das restrições impostas pelo Brasil, que naquele ano aderiu às Forças Aliadas contra o Eixo, declarando guerra à Alemanha, à Itália e ao Japão. Por conta disso, a ditadura Getúlio Vargas impôs restrições aos imigrantes desses países e aos seus descendentes. Antigas instituições ligadas à economia, à cultura e ao esporte de alemães, italianos e japoneses, por exemplo, tiveram de mudar de nome, abandonando denominações em seus idiomas. Foi o caso de dois grandes clubes de futebol: Palestra Itália – o de São Paulo, transformado em Palmeiras, e o de Belo Horizonte, no atual Cruzeiro. Outro antigo clube, o Germânia, fundado em São Paulo para atividades sociais e esportivas entre alemães, passou a ser o Esporte Clube Pinheiros. Até mesmo falar aqueles idiomas em público tornou-se proibido no Brasil, mas os Odebrecht haviam praticamente abandonado a língua língua-mãe muito antes da guerra, mesmo em casa, já que o português era o idioma da terra em que pretendiam permanecer.

O estudante Norberto, apesar das previsões de que o conflito armado estava chegando ao fim, sabia que a simples criação de uma empresa em seu nome para substituir a do pai não significaria o fim dos problemas. Mesmo assim, no dramático diálogo com Emílio, ele não vacilou em aceitar a proposta. Para isso, houve algo além da solidariedade familiar: levou em conta sua vocação para a engenharia, suficientemente testada não só no decorrer do curso de Salvador como muito antes de entrar na faculdade, pois aos 16 anos havia começado a auxiliar Emílio e a conhecer o ritmo das obras.

– Pai, a história de nossa família mostra que os Odebrecht não se entregam. Vou levar adiante tudo aquilo que aprendi com o senhor e vamos vencer – disse um aparentemente convicto Norberto ao ouvir a proposta de abrir uma nova construtora.

A Construtora Norberto Odebrecht Ltda. nasceu, portanto, com dívidas e com a obrigação de honrar contratos perante os clientes da antecessora, mas também com a certeza de que o estilo aguerrido e persistente do patriarca Emil seria fundamental para o possível sucesso da empresa num Brasil em época de paz. Em 1945, com a morte de Adolf Hitler e com a rendição alemã, a guerra acabou. Tudo começou a melhorar no mundo. No Brasil, quase simultaneamente, acabou também a ditadura Getúlio Vargas. Norberto se formou engenheiro em dezembro de 1943, entregou o diploma ao pai e viu que o panorama logo melhorou também a partir de seu acanhado escritório.

As obras foram sendo concluídas, com o fim dos problemas de importação. Mas ainda havia dívidas para liquidar e dúvidas quanto ao futuro: como conseguir novos clientes, em especial dos governos em época de redemocratização do País?

O VALOR DOS CONSELHOS DE EMÍLIO

Emílio Odebrecht (1894-1962) retornou a Santa Catarina, ficando fora dos negócios da Bahia, mas não deixou de ser um sábio conselheiro. Nos anos 1950, aceitou o convite de Norberto para assessorá-lo em Salvador. Voltou a frequentar canteiros de obras, orientando equipes e atuando como calculista de projetos. Quando faleceu, aos 68 anos, ele costumava comentar com os amigos sobre o orgulho pelas conquistas do filho: a Odebrecht já era famosa em todo o Nordeste e tinha chegado ao ambicionado Sudeste. Havia dívidas, sim, porém menores que os lucros. Equilíbrio e prosperidade.

Quem foi, de fato, Emílio, pai de Norberto? Quais seus valores, assimilados pelo filho?

Responsável pela migração daquele ramo do clã Odebrecht da Região Sul para o Nordeste, Emílio mostrou-se desde cedo ser um menino prodígio, visionário, estrategista. Foi estudar engenharia no Rio de Janeiro, onde percebeu horizontes favoráveis em Pernambuco e na Bahia. Uma vez formado, deu uma guinada e se estabeleceu em Recife, a mais de 3 mil quilômetros de Blumenau, para depois adotar Salvador como a terra dos seus sonhos. A prematura retirada dos negócios, em 1941, não foi confissão de incompetência: na verdade, como engenheiro, ele se revelou um grande inovador na indústria da construção e teve fundamental influência na formação do filho. Norberto sempre destacou a herança do aprendizado transmitido por Emílio, fator valioso para superar o peso das dívidas dos tempos da 2ª Guerra.

Rio de Janeiro, 1914. Aos 20 anos, Emílio chega à cidade grande para estudar, deixando para trás os amigos de Blumenau. Por influência do avô Emil e do tio Adolf, agrimensor e engenheiro conceituado, ele opta pela carreira de construtor, e consegue vaga na Escola Politécnica do Rio, enquanto a Europa inicia o conflito que se tornaria a 1ª Guerra Mundial. O jovem catarinense se aplica nos estudos por completo, apesar de também experimentar as delícias da vida carioca. Em 1917, recebe um grande incentivo: por se destacar nas experiências de fazer cálculos de estruturas e executar obras de concreto armado, é escolhido pelo professor Lambert Riedlinger para ir a Recife e participar da construção da bonita Ponte Maurício de Nassau, uma das ligações entre as margens do Rio Capibaribe. Missão cumprida, com sucesso. Ele se entusiasma com a cidade e com o estilo de vida de Pernambuco.

Uma vez formado, Emílio casa-se em 1919 com Hertha Hinsch, também descendente de alemães, e decide morar em Recife, onde logo se torna empresário, constituindo empresa com um sócio, Isaac Magalhães de Albuquerque Gondim: nasce a construtora Isaac Gondim e Odebrecht Ltda. E, em 1920, nasce o filho Norberto.

Os negócios vão bem, surgem clientes, mas, em 1923, Emílio resolve encerrar a parceria com Gondim e criar a empresa Emílio Odebrecht & Cia. As atividades deslancham de uma vez. Em apenas dois anos, a construtora, tendo dois sócios minoritários, Gustavo Adolpho Schefer e Benedito Ximenes de Souza Neves, passa a ser pioneira no uso do concreto armado no Nordeste, assumindo obras de edifícios e pontes em Pernambuco, Alagoas, Ceará e Bahia, e tendo pequenas filiais em Blumenau, João Pessoa e Maceió.

Apesar de apaixonado por Recife, Emílio se sente atraído por Salvador, levando em conta a evolução da economia da Bahia em torno da produção de cacau e de fumo para exportação. Assim, 1925 é ano de novas mudanças: ele transfere a sede para Salvador e faz uma troca de sócios, com José Cândido de Morais Nascimento e Armando Campei substituindo Schefer e Neves. As indústrias de veículos crescem nos Estados Unidos e na Europa. O Brasil vai deixando de lado carroças e charretes, e amplia a importação de automóveis e caminhões. Emílio percebe a possibilidade de se dedicar a obras governamentais, a construção de rodovias e pontes, mas sem abandonar clientes da iniciativa privada para erguer edifícios. Em 1929, por exemplo, o evangélico Emílio inclui em seu currículo o orgulho de construir uma catedral católica, a de Petrolina, junto ao Rio São Francisco, em Pernambuco, divisa com a Bahia.

A ARRANCADA PARA O SUCESSO

Norberto Odebrecht completou a década de 1940 exibindo a alegria de ver cumprida a missão transmitida pelo pai. Com o fim dos problemas de importação, as obras foram concluídas. Fim da Guerra, fim da ditadura.

No meio disso tudo, havia tempo para o amor. Norberto estava apaixonado por uma linda moça, Yolanda Ballalai Alves de Carvalho. O casamento, sob a aprovação de Emílio e Hertha, aconteceu em 1944. Em 25 de janeiro de 1945, nasceu o filho Emílio Alves Odebrecht, que viria a ser também engenheiro e dirigente na empresa.

A segunda metade daquela década propiciou uma incrível evolução às construtoras. Norberto não fez por menos. Ele contrariou a forma clássica da administração empresarial, tendo implantado um sistema de trabalho descentralizado, baseado na parceria com os mestres de obras responsáveis pelo alcance das metas, a qualidade das obras. Em 1948, as antigas dívidas estavam todas liquidadas. A construtora revolucionava o empresariado da Bahia, com seus métodos de execução de projetos. Foram construídos o prédio do Círculo Operário, o estaleiro fluvial da Ilha do Fogo e o cais de Canavieiras.

Octavio Mangabeira, que havia sido ministro de Relações Exteriores do presidente Washington Luiz, tendo sido perseguido na ditadura Vargas, ganhou apoio popular na redemocratização, venceu a eleição para governador da Bahia em 1947 e teve uma produtiva gestão de quatro anos. Defensor da educação e do desenvolvimento, Mangabeira levou adiante importantes obras públicas. Para isso, precisava de construtoras competentes. Foi aquilo que Norberto Odebrecht precisava para levar sua empresa, de uma vez, ao campo das obras para governos. Em seguida, viriam trabalhos para a Petrobras e para a Superintendência de Desenvolvimento do Nordeste (Sudene). Estava garantida a entrada, de corpo e alma, no relacionamento com políticos. E estes já gostavam de algum agrado por parte das empreiteiras. Agrado no qual a Odebrecht se especializaria a ponto de se tornar "referência" mundial nesse estilo.

CAPÍTULO 6

O TEATRO, O PETRÓLEO E OS GOVERNOS

O Teatro Castro Alves, o maior e mais importante centro artístico de Salvador, uma das primeiras grandes obras da Odebrecht, teve o governo baiano como cliente e seria fundamental para a conquista de contratos fora da Bahia. Foi construído duas vezes pela jovem empresa de Norberto: antes de ser usado, destruído por um incêndio em 1958, ressurgiu em 1967. No destino, havia também a encruzilhada com outra jovem empresa, a estatal Petrobras.

As décadas de 1950 e 1960 marcaram o avanço da construtora rumo às valiosas parcerias com o governo federal e com Estados, consolidando sua condição de autêntica empreiteira de obras públicas. A criação da Petrobras, no governo Getúlio Vargas, o ciclo de desenvolvimento do período Juscelino Kubitschek e a ditadura militar favoreceram os sonhos de expansão de Norberto Odebrecht: conquistar o Brasil, mas sem abandonar as raízes na Bahia.

A primeira usina hidrelétrica da Odebrecht, entre tantas que viriam a seguir, foi a de Correntina, implantada em 1952 na divisa da Bahia com Goiás. Em 1953, ocorreria o início da parceria responsável por grande parcela na evolução do grupo empresarial – com a recém-fundada Petrobras, que tinha no litoral baiano um promissor campo de exploração de petróleo e para a instalação de refinarias. A obra pioneira, simples, ficou restrita à construção do acampamento dos operários responsáveis pelo assentamento de tubos do projeto do Oleoduto Catu-Candeias, para o transporte do óleo extraído no novo campo de Catu da Refinaria de Mataripe. Mas os negócios com a estatal cresceriam. Ao perceber que a Petrobras e os governos estaduais estavam em seu promissor horizonte, Norberto transformou sua empresa em sociedade anônima: Construtora Norberto Odebrecht S.A.

Foi em 1957 que surgiu a chance de desenvolver uma obra de grande visibilidade perante o povo baiano, a construção do Teatro Castro Alves. A ideia do teatro havia sido lançada em 1948 pelo então deputado estadual Antonio Balbino, que, eleito governador em 1955, recorreu à Odebrecht para erguer a sonhada estrutura de linhas modernistas, na praça do Campo Grande, homenagem ao "Poeta dos Escravos" e incentivo às artes. Em 1958, o teatro já estava

GLÓRIA, QUEDA, FUTURO

pronto. Construído em apenas um ano, teve a inauguração programada para 14 de julho, por coincidência duas semanas depois da conquista da Copa do Mundo pelo Brasil de Pelé e Garrincha. Em 30 de junho, Norberto Odebrecht, preparando-se para a abertura oficial, levou ao governador Balbino um livro com fotos, desenhos e plantas do Teatro Castro Alves, com esta mensagem: "Vimos com o relatório anexo fazer entrega a Vossa Excelência da obra, para uso e gozo do povo baiano, a partir de sua magna data, o 2 de julho". No entanto, na madrugada de 9 de julho, a cinco dias da festa, um misterioso incêndio destruiu o teatro. A causa teria sido um curto-circuito. Desolação total em Salvador.

Os escombros ficaram intocados por bom tempo. Uma vez que Juracy Magalhães (1959-1963), sucessor de Balbino, era da oposição, os restos do incêndio permaneceram abandonados por cinco anos, até que outro governador, Lomanto Junior (1963-1967), decidiu pela reconstrução do teatro. A Odebrecht voltou a faturar. Lomanto comandou a inauguração em 4 de março de 1967, dez dias antes de deixar o cargo para Luís Viana Filho. A fita foi cortada pelo marechal Castello Branco, o primeiro presidente da época da ditadura militar. Castello Branco, que passou a presidência para Costa e Silva 11 dias após voltar da Bahia, morreu num acidente aéreo em seguida, em 18 de julho.

A programação cultural de lançamento do Castro Alves durou um mês: Companhia Nacional de Ballet, Quinteto Villa Lobos, a peça teatral "Oh, Que Delícia de Guerra!", o show "Rosa de Ouro", com Clementina de Jesus e Paulinho da Viola, e uma noite especial do cantor e compositor baiano Dorival Caymmi. Ampliado em 1991, na terceira gestão do governador Antonio Carlos Magalhães, o teatro teve períodos de crise, mas receberia outras reformas. Nestes 50 anos, tornou-se o palco de famosos cantores baianos, como Caetano Veloso, Gilberto Gil, Maria Bethânia, Gal Costa, Ivete Sangalo e Margareth Menezes, além de ter recebido a atriz Fernanda Montenegro, o ator Paulo Autran e o Ballet da Rússia. A sala principal tem capacidade para 1.550 pessoas. O conjunto ganhou em 2016 uma concha acústica que comporta 5.100 espectadores.

LUIZ CARLOS RAMOS

OSCILAÇÕES E ASCENSÃO NOS ANOS 1960

Assim como o Teatro Castro Alves, a Odebrecht cresceu, passou por turbulências e reagiu, tanto nos Anos Dourados, da década de 1950, quanto nos agitados anos 1960.

A construção de Brasília, a partir de 1956, sob o governo de Juscelino Kubitschek, beneficiou as maiores empreiteiras da época, que se uniram em cartel. Mas era cedo demais para Norberto entrar naquele clube, mesmo porque sua preocupação básica era construir e reconstruir o Castro Alves, simultaneamente com obras mais modestas no Nordeste. O governo Jânio Quadros, que durou apenas sete meses, e o período de João Goulart, de dois anos e meio, tiveram oscilações e tensões políticas, com pouco trabalho para as construtoras.

Sob a ditadura militar, a partir de 1964, houve cassação de políticos e um fechamento ainda maior do regime em 1968, mas, ao ser lançada a semente da propaganda do "Milagre Brasileiro", o "Brasil Grande", já sob os presidentes Emílio Garrastazu Médici e Ernesto Geisel, viriam obras de impacto. Norberto Odebrecht não fez por menos e conseguiu se impor na Região Sudeste, chegando ao Rio de Janeiro para conquistar espaço que lhe daria a chance de participar da construção de três obras monumentais, a começar pela construção do edifício-sede da Petrobras. Ernesto Geisel, também descendente de alemães, era presidente da estatal e simpatizou-se inicialmente com Norberto, que levaria adiante também o novo terminal do Aeroporto Internacional do Galeão e o campus da Universidade do Estado da Guanabara (atualmente Universidade do Estado do Rio de Janeiro).

A obra da Petrobras começou em 1967 e terminou em 1974, com 1.500 operários, na Avenida República do Chile, na esplanada surgida com o desmantelamento do Morro de Santo Antonio. Sua estrutura monolítica, uma das maiores do mundo, provoca controvérsias entre arquitetos: para alguns, simboliza a grandeza do País; para outros, é um projeto de mau gosto. De qualquer modo, a empresa daquele prédio representaria novos negócios para a Odebrecht e estaria no centro das denúncias iniciais em torno da Operação Lava Jato. Na esplanada do centro do Rio, há dois outros grandes edifícios governamentais – o do BNDES e o do antigo Banco Nacional da Habitação (BNH) –, ao lado da Catedral Metropolitana.

O Aeroporto do Galeão era o portão de entrada da maioria dos visitantes estrangeiros no Brasil, mas suas instalações de passageiros se limitavam a um imenso e desconfortável barracão. O governo militar, que em 1969 proibiu as atividades de construtoras estrangeiras no Brasil, incumbiu a Odebrecht de construir os dois terminais circulares e ampliar as pistas na Ilha do Governador, providência que se fazia necessária com a evolução da aviação mundial por meio dos jatos. São Paulo, ainda sem Cumbica, que surgiria em 1985, fazia do Galeão ou de Campinas (Viracopos) a ligação com o exterior.

O historiador Pedro Campos define que "quando a Petrobras começou a crescer, a Odebrecht foi junto", tendo se transformado numa das empreiteiras favoritas dos militares e dos políticos alinhados com o regime. As relações Odebrecht-governo entraram nos anos 1970, de Médici e Geisel, com entusiasmo por parte de Norberto. Mas, segundo alguns historiadores, Geisel, que assumiu a Presidência da República em 1974, irritou-se com as ambições do empresário baiano em seu governo, referindo-se a ele como "aquele nordestino mal-educado". Tal opinião não afetou os avanços por novas conquistas de Norberto na Praça dos Três Poderes e na Esplanada dos Ministérios, em Brasília.

E a ética?

Norberto, disciplinado seguidor de doutrinas luteranas, idealizou, já nos anos 1960, os fundamentos básicos daquilo que seria o conjunto de normas para nortear a Odebrecht e seus diretores e funcionários, a Tecnologia Empresarial Odebrecht (TEO). "Sobreviver, Crescer e Perpetuar" constituem os verbos centrais da TEO, que levariam o líder da empresa a escrever vários livros sobre o tema e aplicar as regras no Brasil e nos demais países em que assumiria obras. Tal filosofia destaca a educação pelo trabalho e a necessidade de se privilegiar a ética e o respeito pelo cliente. Um mergulho nas décadas que se seguem propicia a percepção da distância entre a teoria e a prática, assunto para os próximos capítulos.

CAPÍTULO 7

DO CAIXA 2 À CONQUISTA DO MUNDO

Emílio Odebrecht, em depoimento perante a força-tarefa da Lava Jato como testemunha de defesa do filho Marcelo, em abril de 2017, liberado pelo Supremo Tribunal Federal (STF) e divulgado pelos veículos de comunicação, chocou e revoltou o Brasil.

Gravações em vídeo mostradas pela TV e pela internet, reproduzidas por jornais e revistas, mostraram Emílio, sucessor de Norberto no comando da empresa, diretor-presidente de 1991 a 2002, revelando alguns fatos do relacionamento promíscuo que enorme parcela do país acreditava já existirem, mas que adquiriram enorme contundência por terem saído da boca de um grande empreiteiro. Diante da pergunta do juiz Sérgio Moro sobre o uso de caixa 2 na máquina de propinas, ele contou, de modo tranquilo: "O que nós temos no Brasil não é um negócio de cinco, dez anos. Estamos falando de 30 anos atrás. Desde a época de meu pai, a minha época, e também a do Marcelo. Então, tudo que está acontecendo era um negócio institucionalizado, era uma coisa normal, em função de todo esse número de partidos. Eles brigavam era por cargos? Não. Era por orçamentos gordos. Ali, os partidos colocavam seus mandatários com a finalidade de arrecadar recursos para o partido, para os políticos. Há 30 anos que se faz isso". E ainda tentou dar uma aula de jornalismo, dizendo que a imprensa já deveria saber daquilo, algo tão natural.

Isso mesmo. Uma sequência de pelo menos 30 anos do Brasil na condição de autêntico paraíso de propinas, com o uso do caixa 2 no relacionamento entre empreiteiras e políticos. A confissão do Odebrecht da segunda geração repercutiu intensamente e ganharia reforço com a divulgação de outros vídeos, os dos depoimentos de delação premiada do Odebrecht da terceira geração – o filho Marcelo – e de outros ex-diretores e ex-executivos do grupo. Portanto, o tal sistema, interrompido em 2014 e 2015, época da Lava Jato, vigorou intensamente na década de 1980, de grande evolução do grupo empresarial, em sequência aos também produtivos anos 1970.

Essas duas décadas foram caracterizadas por um avanço na empresa no plano internacional, enquanto se firmava no plano nacional em diferentes etapas da ditadura militar, assim como na transição para a democracia e na chegada da primeira eleição direta para presidente da República desde 1960. Foram 20 anos que levaram a Odebrecht a um extraordinário crescimento não só no âmbito da construção civil – e não exclusivamente no Brasil – sempre sob o cordial relacionamento com os governos. Na sequência dos presidentes militares Emílio Garrastazu Médici (1969-1974), Ernesto Geisel (1974-1979) e João Baptista Figueiredo (1979-1985), inúmeras conquistas foram festejadas na sede de Salvador e nos escritórios da Odebrecht em Brasília, Rio e São Paulo.

Além do âmbito federal, obras estaduais de rodovias, metrô e hidrelétricas estavam entre as metas de Norberto, já que as eleições diretas para governador foram retomadas em 1982. Entre outros, assumiram, em 1983, Franco Montoro em São Paulo, Leonel Brizola no Rio de Janeiro e Tancredo Neves em Minas Gerais. Em 1984, a emenda pela proposta de "Diretas Já", defendida em grandes manifestações nas ruas, não obteve no Congresso Nacional a necessária maioria de dois terços para que as eleições presidenciais de 1985 já tivessem participação popular. E coube ao próprio Congresso votar, elegendo Tancredo Neves contra Paulo Maluf, em 15 de janeiro. Quem assumiu, em 15 de março, foi o vice, José Sarney, diante de inesperada cirurgia do eleito. A morte de Tancredo, em 21 de abril, levou à efetivação de Sarney, que logo se empenhou em duas lutas: **1)** ampliar seu mandato de quatro para cinco anos no Congresso, uma vitória; **2)** superar a crescente inflação, uma derrota. Fernando Collor, eleito por meio das diretas em 1989 e empossado em 1990, impôs planos econômicos drásticos, mas também seria derrotado pelo dragão da inflação, acompanhado do monstro da corrupção. Com inflação alta ou baixa, as empreiteiras continuaram vencendo. Obras não faltaram. E, a julgar pelas revelações e confissões na Lava Jato, também não faltaram propinas nos tempos da nova democracia. A Odebrecht, a OAS, a Camargo Corrêa e tantas outras que o digam.

AS TRANSFORMAÇÕES DOS ANOS 1970

A construtora de Norberto, responsável pelas estruturas da segunda usina nuclear do Brasil, a primeira com base no acordo de transferência de tecnologia firmado entre o Brasil e a Alemanha em 1975, prosseguiu em Angra dos Reis a marcha de sua expansão. Angra 2 foi uma obra difícil e arrastada, mas gratificante para a empresa em todos os sentidos. Antes do fim dos anos 1970, o grupo Odebrecht avançou suas pedras no jogo de xadrez e foi conquistando posições, especialmente em 1979, quando atravessou a fronteira para assumir, no Peru, sua primeira obra internacional; intensificou negociações para a compra de duas outras grandes construtoras nacionais; criou a Odebrecht Perfurações, que ampliaria as ligações com a Petrobras; aderiu ao promissor ramo da petroquímica. Era hora de mudar a estrutura empresarial, o que ocorreu em 1981 com o agrupamento das atividades numa holding, a Odebrecht S.A.

Naquelas duas décadas, a Odebrecht ficou consolidada com o perfil de autêntica potência. Na verdade, apesar das antigas suspeitas sobre o uso de caixa 2 entre empreiteiras, políticos e marqueteiros, admitidas como situação real e normal por Emílio Odebrecht em 2017, os primeiros escândalos da empresa estourariam somente em 1993. Já os detalhes dos bastidores da compra de vantagens são bem mais recentes, revelados no advento da Lava Jato. Ações, prisões e delações expuseram o "lado demônio" daquele "anjo" construtor de maravilhosas obras e gerador de empregos. Deve ser lembrado que, antes de ser conhecido como sinônimo de propina, o grupo Odebrecht havia conquistado respeito pela inegável qualidade de seus trabalhos de engenharia ao longo do tempo, utilizando o talento e a dedicação de ótimos engenheiros, mestres de obras, administradores e operários. Os fatos recentes demonstraram que essa corporação de profissionais ignorava o que ocorria no "Departamento de Propinas" para que a conquista de novos contratos pudesse ser festejada entre todos os funcionários.

Nas décadas de 1970 e 1980, a sempre mencionada TEO, Tecnologia Empresarial Odebrecht, que Norberto transformou numa série de livros – cada um com cerca de 200 páginas – já estava em pleno vigor, impondo os conceitos como verdadeira bíblia para ser seguida pelos integrantes da corporação. A TEO, oficialmente, impõe respeito entre os funcionários e dedicação aos clientes, com destaque para a evolução e a ética. Sim, a ética.

"Sobreviver", "Crescer" e "Perpetuar" são verbos permanentes na filosofia da TEO, levando o grupo empresarial a fazer constantes projeções de evolução, com ambiciosas metas para o futuro: dos anos 1970, para os anos 2000. Da chegada dos anos 2000, para os anos 2020. Não se imaginava que, no caminho, haveria a Lava Jato.

As normas do patriarca estão basicamente definidas neste texto: "A TEO, filosofia de vida centrada na educação e no trabalho, provê os fundamentos éticos, morais e conceituais para a atuação dos integrantes da Organização Odebrecht. Valoriza as potencialidades do ser humano, em particular a disposição para servir, a capacidade e o desejo de evoluir e a vontade de superar resultados".

USINA NUCLEAR REFORÇA O CURRÍCULO

Na bela região de Angra dos Reis, no Litoral Sul do Estado do Rio, estavam avançadas as obras da usina Angra 1, em 1976, quando engenheiros e operários da Odebrecht invadiram a Praia de Itaorna para desenvolver o estaqueamento de Angra 2 para a Nuclebrás. Persistia a polêmica em torno da opção por essa fonte de energia: se o Brasil, tão rico em grandes rios, favorece a construção de usinas hidrelétricas, por que aderir a um sistema adotado por países de economia evoluída, mas de limitadas bacias hidrográficas? Os governos militares insistiram em impor o projeto Angra, mas também levaram adiante, paralelamente, a obra da maior usina hidrelétrica do mundo, a de Itaipu, no Rio Paraná, na região de Foz do Iguaçu, fronteira com o Paraguai.

Após vários adiamentos, o início da construção da estrutura de Angra 2 ocorreu somente em setembro de 1981, no governo de João Baptista Figueiredo. Mas, com a limitação dos recursos financeiros diante do fim do "Milagre Brasileiro", os trabalhos ficaram mais lentos a partir de 1983. Um novo impulso, no governo Fernando Collor (1990-1992), assegurou à Odebrecht o capital para tentar concluir a estrutura, e deu certo. Já em 1995, sob o governo Fernando Henrique Cardoso (1995--2003), houve licitação para a contratação da montagem eletromecânica da usina. O vencedor foi o UNAMON, Consórcio Montagem Nuclear de Angra, formado por várias empresas. A usina Angra 2 entrou em operação em 2001. Em 2014, a Odebrecht aderiu a um consórcio com outras empreiteiras para tentar concluir mais uma usina da série, Angra 3, que, entretanto, continuou uma novela na crise dos últimos anos.

LUIZ CARLOS RAMOS

A PRODUTIVA ADESÃO À PETROQUÍMICA

Foi em 1979 que a Odebrecht entrou no ramo da petroquímica, ponto de partida para criar aquela que seria a gigante internacional do setor, a Braskem. A semente foi plantada por Norberto na própria Bahia, ao adquirir uma participação acionária de um terço no recém-criado polo da Companhia Petroquímica Camaçari (CPC) e formar parceria com a Petrobras Química e com a Mitsubishi Chemical. Foi um lance arrojado e de grande visão futurista do líder empreendedor, beneficiado pela simpatia junto à Petrobras e ao governo militar, que precisavam de um novo acionista. A sociedade foi produtiva, pois o plástico, um dos produtos obtidos na industrialização de derivados do petróleo, estava evoluindo no Brasil, com múltiplas aplicações, em substituição a madeira, vidro, papel, couro, metal e cimento em casas, edifícios, automóveis, aviões, computadores, brinquedos, estádios, piscinas, embalagens, na cidade e no campo.

Nas plantas industriais, as principais matérias-primas usadas pela CPC original na Bahia (como o eteno e o propeno) e pelas demais unidades mais tarde incorporadas ao grupo são fabricadas e depois transformadas nas resinas termoplásticas polietileno, polipropileno e PVC. A terceira geração da cadeia produtiva é constituída pelas indústrias de artigos de plástico – de simples saquinhos de supermercado a componentes de carros da Fórmula 1.

No enorme Polo Petroquímico de Camaçari, na região metropolitana de Salvador, uma placa metálica à entrada da unidade de PVC da Braskem é a lembrança da chegada da Odebrecht a esse setor da economia, com menções ao então presidente Ernesto Geisel e ao governador da Bahia, Antonio Carlos Magalhães. Em 35 anos de evolução, o braço da petroquímica do grupo de Norberto jamais parou de crescer, até a crise do grupo em 2014, ampliada nos três anos que se seguiram. Sem abandonar Camaçari, houve um salto da Odebrecht para o município de Triunfo, no Rio Grande do Sul, um salto de 3 mil quilômetros. O polo gaúcho recebeu o novo investidor, que, uma vez instalado, logo agiu como um rolo compressor e acabou incorporando os vizinhos Ipiranga e Copesul – uma jogada de estilo monopólio, despertando denúncias de compra de interesses do governo. Os demais avanços ficaram por conta da chegada ao Estado de São Paulo, com a compra de 28,3% das ações da Polielefinas, no complexo de Capuava, em Santo André, no ABC, e com a construção do polo de Paulínia, na região de Campinas. Em Alagoas, houve a compra de ações da Salgema e a instalação do Polo Cloroquímico, em Marechal Deodoro. Duas importantes aquisições ocorreram em 2010: a da Quattor, no Brasil, e a da Sunoco, nos Estados Unidos, início da internacionalização do grupo, que em 2011 também colocaria os pés na Alemanha, dos ancestrais de Norberto, na compra de uma planta na região de Colônia e uma perto de Leipzig.

Também no movimentado ano de 1979, Norberto criou a Odebrecht Perfurações, ramificação capaz de acentuar ainda mais as ligações com a Petrobras, por meio da tarefa de perfurar o solo para poços de petróleo, condição que daria ao grupo um avanço ainda maior no setor, passando a fabricar enormes plataformas marítimas de petróleo. Ligadas na alegria e na tristeza, também foi em conjunto que Odebrecht e Petrobras entraram no noticiário nos anos 2000, tanto em novas expansões quanto por ocasião das denúncias de corrupção em diferentes fases da Lava Jato.

O VULCÃO PERUANO E A ERUPÇÃO DE OBRAS

Arequipa, a segunda maior cidade do Peru, jamais chegou a ameaçar a grandiosidade de Lima, a capital. Mas, de 1970 a 2017, sua região metropolitana saltou de 300 mil habitantes para quase um milhão e meio, tudo a ver com o desenvolvimento econômico das últimas décadas, favorecido pela ampliação das fontes de energia elétrica. E a Odebrecht faz parte da história dessa transformação, assim como Arequipa tem um lugar especial na trajetória da Odebrecht. Foi lá que, em 1979, a empresa de Norberto levou adiante sua primeira obra fora do Brasil, iniciando uma progressiva internacionalização.

Fundada em 1540 pelos invasores espanhóis, a "Ciudad Blanca" – apelido justificado por suas inúmeras casas de sillar, pedra branca típica da região –, fica a 2.325 metros acima do nível do mar, no extremo sul peruano, entre o Oceano Pacífico e os picos nevados dos Andes. A paisagem é dominada pelo Misti, vulcão cuja cratera, a 5.822 metros de altitude, às vezes fumegante, relembra que está pronta para repetir antigas erupções. E foi lá, junto ao enorme vulcão, que a Odebrecht aplicou a tecnologia brasileira para construir a Usina Hidrelétrica Charcani V. Uma obra muito difícil, um importante desafio, que deu certo. A geração de energia só começou em 1989. Hoje, essa usina e as demais centrais da região são operadas pela empresa Egasa. Existem seis hidrelétricas Charcani; a construída pela Odebrecht foi a quinta. Também há três centrais térmicas. Com esse potencial de energia, Arequipa se transformou, instalando shoppings, indústrias e hotéis, recebendo trabalhadores de outras regiões. O turismo deslanchou e também contribui para produzir renda local, melhorando a qualidade de vida dos moradores.

O Misti atravessou épocas de quietude. Os terremotos, porém, são frequentes. A Odebrecht, não só por coincidência da paisagem vulcânica, passou a ser beneficiária de uma autêntica erupção de obras, que se espalharam muito além dos Andes e da sede de Salvador. O ímpeto de assumir missões na construção avançou rumo ao vizinho Chile e, com o tempo, chegou a outros países da América Latina, além dos Estados Unidos, Europa, Ásia e África. Para tanto, havia a inegável capacidade de engenharia, mas também as imprescindíveis negociações políticas, a serem mostradas em outros capítulos deste livro.

A GUERRA DE ANGOLA ACABOU; A CORRUPÇÃO, NÃO

Cinco anos após a chegada ao Peru, a Odebrecht partiu para mais um lance ousado, mais uma hidrelétrica, desta vez do outro lado do Atlântico, na África. Em 1984, Norberto negociou uma parceria na conturbada Angola para participar da construção da Usina Hidrelétrica de Capanda. Após a conquista da independência contra o domínio português, ocorrida em 1975, o jovem país havia entrado em outro conflito, uma prolongada guerra civil entre facções de direita e de esquerda. Prevaleceu no poder o partido MPLA, adepto do marxismo-leninismo. Mas a UNITA, de direita, resistia em luta armada, na qual se metiam outros países.

A Odebrecht enviou para Angola alguns de seus mais experientes engenheiros e mestres de obras para compor equipe com operários angolanos. Enquanto o Brasil vivia a abertura política, que levaria um civil ao poder em 1985, a poderosa União Soviética experimentava a Perestroika, versão light do comunismo, que favoreceria a queda do Muro de Berlim e o posterior fim do seu próprio regime, além do desmembramento do seu território. Naquele panorama, os soviéticos tratavam de investir na América Latina e na África. Foi aí que surgiu a chance da Odebrecht, que seria impensável nos anos 1970, quando a ditadura brasileira se fechava aos contatos com o bloco socialista da Europa Oriental.

A empresa soviética Technopromexport havia ficado com a tarefa de construir a usina de Capanda, no Rio Kwanza, no interior de Angola, mas precisava de um parceiro. Sorte da Odebrecht. O presidente do país era, desde 1979, o engenheiro José Eduardo dos Santos, do MPLA, que em 2017 completaria 38 anos seguidos no poder, destaque no ranking mundial dos políticos adeptos do continuísmo. Com população pobre e governantes ricos, Angola tem na produção de petróleo seu maior potencial econômico. Parte do dinheiro do petróleo é aplicada em obras contratadas a empresas brasileiras, russas e chinesas.

Por causa de conflitos entre as forças rivais, as obras de Capanda só foram aceleradas a partir de 1989. E foram frequentemente truncadas por ataques de soldados da UNITA. A guerra civil angolana acabou em 2002, a usina passou a operar em 2004. A Technopromexport desapareceu de Angola, mas a Odebrecht ficou, disputando espaço com outras grandes empreiteiras do Brasil e com as construtoras da China, que, de modo competitivo, aceitam preços mais baixos pelas obras ao recorrerem à mão de obra barata, arregimentada entre os chineses.

A persistência estratégica da família Odebrecht e a eleição de Luiz Inácio Lula da Silva presidente do Brasil em 2002 foram decisivas para que o governo angolano, abastecido com financiamentos do brasileiro BNDES, se tornasse um dos maiores clientes do grupo baiano. Angola terá mais adiante um capítulo especial, principalmente pelos desdobramentos das ligações entre a política, as numerosas obras e a corrupção.

LUIZ CARLOS RAMOS

NORBERTO AVANÇA NO TABULEIRO DE XADREZ

A evolução da Odebrecht na conquista de obras no exterior, posterior à chegada ao Peru em 1979, só foi possível com o fortalecimento do grupo a partir da compra de duas outras grandes construtoras, a CBPO, em 1980, e a Tenenge, em 1986. Diante do tabuleiro de xadrez, Norberto foi avançando suas peças: a conquista das duas expressivas rivais, ambas de São Paulo, teve um papel decisivo para o gigantismo empresarial idealizado pelo líder.

A CBPO, Companhia Brasileira de Projetos e Obras, criada em 1967, como sucessora da construtora do engenheiro Oscar Americano de 1931, era a sexta do Brasil em faturamento quando de sua incorporação. Os caminhos da Odebrecht e da CBPO já haviam se cruzado, como parceiras, nas obras dos novos terminais do Aeroporto do Galeão, no Rio. A empresa paulista especializou-se também em hidrelétricas, tendo participado da gigantesca usina de Itaipu nos anos 1970, além de Xavantes, Capivara, Nova Anhandava e Rosana, e em rodovias do porte da Imigrantes (São Paulo-Santos), Castello Branco (São Paulo-Avaré) e Ayrton Senna (São Paulo-Taubaté).

Por sua vez, a Tenenge, Técnica Nacional de Engenharia, fundada em 1955 por Antônio Maurício da Rocha e José Diniz de Souza, destacou-se por desenvolver a tecnologia brasileira de construção pesada em siderúrgicas, petrolíferas e hidrelétricas. Foi responsável por obras como as hidrelétricas de Ilha Solteira e São Simão, siderúrgicas em Volta Redonda e Cubatão, refinarias de petróleo para a Petrobras e montagem de polos petroquímicos.

Nos primeiros anos após as incorporações, a CBPO e a Tenenge mantiveram marcas próprias, mas na década de 1990 adotaram por completo o nome Odebrecht, enquanto finalizava o processo de integração das equipes. O time estava pronto para a virada do milênio.

CAPÍTULO 8

A ESTREIA OFICIAL NOS ESCÂNDALOS

Manchete da primeira página da edição de 2 de dezembro de 1993 do "Jornal do Brasil", do Rio de Janeiro: "CPI desvenda esquema de corrupção envolvendo empreiteiras e políticos". O parágrafo inicial do texto explica a manchete, atraindo curiosidade para a reportagem nas páginas internas: "Com base em documentos recolhidos pela Polícia Federal na residência de um diretor da empresa Norberto Odebrecht, a CPI do Orçamento começou a desvendar um esquema de poder paralelo conduzido pelas empreiteiras".

Em 1993, época das denúncias, o diretor-presidente da Odebrecht era Emílio Odebrecht, que havia assumido em 1991, ano em que Norberto cedeu o comando ao filho e passou às funções de presidente do Conselho.

O escândalo de 24 anos atrás, destacado pelo "JB", foi noticiado por toda a mídia. A Odebrecht se defendeu na ocasião, utilizando a fórmula que aplica na época da Lava Jato: garantiu que não cometeu nenhuma irregularidade.

Em 1991, o patriarca continuava com saúde, aos 71 anos, mas decidiu que era hora de levar adiante a sucessão. Com o habitual terno de linho branco, ele passou a presidência a Emílio, assumiu o Conselho e continuou discutindo o dia a dia na sede de Salvador, onde se deliciava ao receber políticos e empresários no Núcleo de Memória Odebrecht, duas grandes salas de narrativas e fotos da história da empresa. Nos fins de semana, tratava de ir para seu recanto isolado, a ilha Kieppe, na baía de Camamu, entre Salvador e Ilhéus. Por concessão do governo federal, Norberto assumiu a administração desse lugar paradisíaco, cuja mansão era usada pela família e por convidados selecionados. Emílio, nascido em Salvador, adotou a pronúncia e os hábitos baianos. E também frequentava Kieppe, com os filhos.

LOTEAMENTO PRÉVIO NA FERROVIA NORTE-SUL

Na verdade, a estreia oficial da Odebrecht no mundo dos escândalos, pelo menos quanto ao âmbito das divulgações, havia ocorrido seis anos antes do episódio de 1993. O repórter Jânio de Freitas publicou com antecedência, no jornal "Folha de S. Paulo", em 1987, o resultado da licitação feita no governo José Sarney para a Ferrovia Norte-Sul – obra de 4.155

quilômetros para ligar Belém do Pará ao Centro-Oeste e ao Sudeste, que deveria custar 2,5 bilhões de dólares, mas que já custou muito mais, não está totalmente concluída e não funciona, três décadas depois.

De acordo com a reportagem da "Folha", houve loteamento prévio da obra entre as principais empreiteiras do Brasil: um acordo entre as rivais, em vez de cada uma oferecer o menor preço possível, optou-se pelo cartel. E, com isso, as vencedoras ficaram definidas antes de os envelopes das propostas serem abertos no Ministério dos Transportes. Com legítimo faro de repórter experiente, Jânio de Freitas suspeitou da possibilidade de a licitação ser fraudada, e obteve nos bastidores os nomes das empreiteiras a serem anunciadas como "vencedoras".

Assim, alguns dias antes da data prevista para divulgação do resultado pelo governo, Jânio publicou no caderno de anúncios classificados da "Folha" um pequeno anúncio em código, mencionando cada uma das empresas do possível esquema. Uma vez denunciado o acordo pelo jornal, a concorrência foi anulada. Houve inquérito policial que, sem chegar a uma conclusão, acabou arquivado. Além de funcionários do governo Sarney, a denúncia de fraude atingiu quatro empreiteiras: Odebrecht, Camargo Corrêa, Andrade Gutierrez e Queiroz Galvão.

NOS BASTIDORES DO GOVERNO SARNEY

Em abril de 2017, graças às delações premiadas da Odebrecht na Lava Jato, surgiram detalhes esclarecedores. Pedro Augusto Carneiro Leão Neto, um dos principais executivos da Odebrecht nos últimos 30 anos, afirmou ao Ministério Público Federal (MPF) que o grupo empresarial participou de um "acerto de mercado" nos processos de licitação da Norte-Sul em 1987, terceiro ano do governo José Sarney. Tal acerto foi levado adiante, mesmo depois da denúncia da "Folha". De acordo com Pedro Leão, o objetivo da Valec – empresa governamental que viria a conduzir as obras – era "viabilizar o cronograma e evitar confusão". Ele explicou que, na época, como diretor de Contratos, representou sua empresa na licitação. No depoimento, afirmou que a concorrência era iniciada com um acordo prévio de quem a venceria. O valor máximo era dado pela Valec e as empresas combinavam qual desconto dariam. Ficava já definido o desconto para quem viesse a levar o lote. A Odebrecht ganhou os lotes 6, 9 e 10, mas concluiu a construção apenas do lote 6.

Pedro Leão relatou ao MPF: "Não participamos mais porque, ao longo da execução dos contratos, nós tivemos problemas e decidimos sair do cliente, a Valec". De acordo com ele, o Tribunal de Contas da União (TCU) acusou a Valec de praticar superfaturamento nos preços unitários e impôs uma retenção cautelar de 10% sobre tais preços. "Nós chegamos a fazer a metade do lote 9. Tivemos de sair porque, além dos custos que assumimos em função dos repasses, o TCU determinou a retenção cautelar", disse o executivo. Detalhe: "custos em função dos repasses" seria o rótulo elegante para "propina". Segundo versão oficial da Odebrecht, não havia superfaturamento. "Apenas caímos fora, não havia condições", contou Pedro Leão, completando que não teve conhecimento da prática de superfaturamento naquelas concorrências.

Chegou a R$ 5 milhões o total de propinas pagas pela Odebrecht a dois grupos políticos durante as obras da Norte-Sul, segundo o ex-executivo da empresa: R$ 660 mil para o do ex-presidente José Sarney e R$ 4,3 milhões para o ex-deputado federal Valdemar Costa Neto (PR-SP), que seria condenado por participar do escândalo do mensalão (2005-2006) e citado também na Lava Jato. O próprio Pedro Leão, sob ameaça de retaliações, teria levado o dinheiro exigido pela Valec para distribuir aos políticos.

E OS APELIDOS COMEÇAM A APARECER

Somente nos dois últimos anos, graças à Lava Jato, é que foi possível não apenas descobrir detalhes complementares à primazia do trabalho do repórter Jânio de Freitas. Com a prisão da secretária Maria Lúcia Tavares na Lava Jato, os nomes foram aparecendo. Antiga funcionária da Odebrecht, ela trabalhou no "Departamento da Propina" e delatou o esquema que Marcelo, ao ser preso, tentou esconder. Por sua vez, Conceição Andrade, que atuou na empresa de 1979 a 1990 e foi chefe de Maria Lúcia, participou da fase precária do "departamento", época em que não havia internet. Conceição confidenciou a amigos que os políticos e agentes públicos apareciam na sede de Salvador para receber, das mãos do diretor Antônio Ferreira, envelopes com dinheiro sacado por ela na agência bancária existente no prédio. Em alguns casos, era feita remessa por meio de transferência para as contas dos beneficiários em diferentes bancos. Foi nesse cenário que surgiram apelidos ou codinomes para os políticos amigos da Odebrecht. O clã do presidente Sarney, por exemplo, estava registrado como "Filhão" (Fernando), "Filhote" (Zequinha) e "Princesa" (Roseana). O aliado Jader Barbalho era "Whisky"; Edison Lobão, "Sonlo" (união da última sílaba do prenome com a primeira do sobrenome); Antônio Imbassahy, "Almofadinha".

Era uma época em que Luiz Inácio Lula da Silva e o PT começavam a crescer, mas sem alcançar o poder, sem merecer constar da lista dos amigos da Odebrecht. Os poderosos José Sarney e Antônio Carlos Magalhães raramente compareciam na sede de Salvador, onde eram recebidos por Norberto e Emílio nas salas de reunião do quarto andar.

O EPISÓDIO DOS "ANÕES DO ORÇAMENTO"

Depois de José Sarney (1985-1990), o Brasil foi governado por Fernando Collor (1990-1992), Itamar Franco (1992-1995) e Fernando Henrique Cardoso (1995-2003). Portanto, houve quatro presidentes nos anos 1990, período caracterizado por oscilações políticas e econômicas, que influíram na decisão de Norberto e Emílio de ampliar as atividades internacionais, já desenvolvidas em países como Peru, Estados Unidos, Portugal e Angola. Nas eleições diretas de 1989, Norberto torceu pelo alagoano Collor e não se decepcionou com seu sistema centralizador, que se fechava no conterrâneo Paulo César Farias, o PC, fiel tesoureiro da campanha eleitoral e conselheiro presidencial. PC Farias foi alvo de inúmeras denúncias, que em 1992 forçariam o processo de impeachment de Collor. A Polícia Federal apurou informações de que PC teria atuado como intermediário para a concessão de financiamento do Banco do Brasil à Odebrecht para obras em Angola.

Com a queda de Collor, assumiu o vice, Itamar Franco, em cujo governo de pouco menos de dois anos e meio seria implantado o Plano

Real, responsável pelo tão esperado controle da inflação. Itamar acalmou o país e entregou a faixa presidencial ao seu ex-ministro Fernando Henrique Cardoso em 1º de janeiro de 1995 sem que tivesse sofrido denúncias concretas de corrupção. Ao contrário, ele recebeu elogios pelo modo com que evitou sequelas na crise dos "Anões do Orçamento" em 1993, cuja CPI foi tema da manchete do "Jornal do Brasil".

A reportagem do "JB" explicou que "uma *holding* formada por 12 construtoras, comandadas pela Odebrecht, garantia a divisão equitativa, entre as empreiteiras, das obras realizadas com recursos do Orçamento". Ainda de acordo com o tradicional jornal carioca, cujas edições diárias impressas deixaram de circular em 2010, as licitações eram fraudadas ou previamente acertadas: "A vencedora repassava 36% do valor da obra à holding. Os parlamentares encarregados de incluir emendas no Orçamento eram comissionados com 3% de um valor antecipadamente estipulado. Numa etapa anterior, governadores e prefeitos eram induzidos a aceitar as obras sugeridas pelas construtoras. O comprometimento se dava em três níveis – pagamento de propinas, ajuda para as campanhas políticas e presentes, como obras de arte de alto valor".

Antes de divulgar a existência dos documentos que indicaram o papel das empreiteiras no escândalo, a CPI do Orçamento consultou o presidente Itamar Franco e ministros militares. Foi o auge do caso dos "Anões do Orçamento" – políticos de limitada expressão, "anões do poder" ou do "baixo clero", que agiam desde o fim dos anos 1980 para fraudar recursos do Orçamento, tendo sido descobertos em 1993. A CPI investigou 37 parlamentares, mas o relatório final pediu a cassação de 18. Destes, seis foram cassados, quatro renunciaram ao mandato e os demais, inocentados. As empreiteiras não foram punidas.

Itamar Franco saiu por cima em duas etapas da crise. Na primeira, seu amigo e então chefe da Casa Civil, Henrique Hargreaves, antigo funcionário do Senado, foi apontado como envolvido no esquema dos "anões", o que o levou a assumir atitude rara entre políticos – a de afastar seu auxiliar até que tudo fosse esclarecido. A segunda foi levar Hargreaves de volta ao governo, três meses depois do afastamento, uma vez que havia sido provada sua inocência.

Antes disso, houve outras polêmicas em torno do escândalo dos "anões", como a ação da Polícia Federal noticiada pelo "JB" e outros jornais. Os policiais foram à casa de um diretor da Odebrecht, Ailton Reis, e apreenderam mais de dez caixas de documentos com nomes de políticos e cifras. Os documentos indicavam a possibilidade de serem pedidos de propina por parte de dezenas de parlamentares em pleno decorrer da CPI. Alguns dias depois, o senador gaúcho José Paulo Bisol (PSB) examinou o material apreendido e convocou os jornalistas para uma entrevista coletiva. Disse que havia detectado provas de que algumas empreiteiras formavam um cartel para controlar as obras públicas e conseguir verbas do Orçamento, recorrendo a propinas. Ele chegou a definir o cartel como "uma estrutura de poder, paralela e secreta, formada pelas empreiteiras". Bisol citou mais de cem nomes de políticos, exigindo que eles fossem investigados.

Era o momento de Emílio Odebrecht agir. Naquela época, em que havia completado apenas dois anos na presidência do grupo, ele precisava provar ao pai sua capacidade para enfrentar crises. E decidiu que a resposta a Bisol teria de ser rude. A Odebrecht distribuiu nota oficial, criticando o "caráter político da apreensão". Em seguida, Emílio concedeu entrevista coletiva para rebater Bisol, dizendo que o senador não havia compreendido o conteúdo do material recolhido pelos policiais. Ele relatou que sua empresa nunca escondeu o hábito de contribuir para campanhas eleitorais e de usar o direito de acompanhar a atuação do Congresso Nacional nos debates sobre o Orçamento de cada ano. Bisol entrou com a tréplica, mas suas denúncias caíram no vazio. Em 2015, alguns dias depois de Marcelo Odebrecht ter sido preso, a Polícia Federal descobriu no celular do empresário uma referência a "Bisol", provável alerta à possibilidade de a empreiteira sofrer ataque parecido com o do senador gaúcho. Naquela altura da Lava Jato, não haveria senador ou deputado para atacar, mas, sim, um juiz, Sérgio Moro. E a confirmação da existência de um cartel semelhante ao apontado por Bisol em 1993 foi exposta abertamente, em detalhes, por meio de depoimentos do próprio Emílio e de Marcelo, divulgados em 2017.

CAPÍTULO 9

EXPANSÕES E EXPLOSÕES DOS ANOS 2000

LUIZ CARLOS RAMOS

O 11 de Setembro, que em alguns minutos em Nova York explodiu o mundo, desdobrando-se em guerras, novos atentados e mudança de hábitos, marcou o início do Terceiro Milênio. Nada seria igual após aquela manhã de 2001. Os Estados Unidos partiram para represálias no Oriente Médio, os sistemas de segurança foram reforçados, o perigo e o medo passaram a rondar pessoas, aeroportos, edifícios e obras em quase todos os países. Na mesma década, também ocorreram grandes crises econômicas. O Brasil, de expressivas transformações, não ficaria imune ao lado assustador da entrada em cena dos anos 2000. Apesar de ter usufruído ciclos de crescimento, o país viveu depressão e corrupção. O panorama, acentuado nesta década por fatos revelados sob os efeitos da Operação Lava Jato, desembocou na mais grave crise política, econômica e moral da República.

Para o grupo Odebrecht, que também se transformava na virada do milênio, espalhando equipes de trabalho por quatro continentes, não bastariam os capacetes de proteção dos operários e os cartazes de avisos sobre precauções com equipamentos nos canteiros de obras. Num mundo conturbado, o perigo das missões de engenharia estava muito além da possibilidade de queda de uma viga ou de um pilar de concreto. A construtora havia aprendido a avaliar riscos, mas continuava com sede de conquistas. Uma imensa sede. Só precisaria adotar práticas adequadas ao assumir tarefas em áreas de elevado perigo. Para uma construtora que já havia sobrevivido aos tiroteios, granadas e campos minados na guerra civil de Angola, não seria problema aceitar contratos até mesmo sob as ditaduras de Saddam Hussein, no Iraque, e de Muammar Khadaffi, na Líbia, ou se meter em áreas da Colômbia controladas pela guerrilha das Farc. Governos populistas da Argentina e da Venezuela, mesmo sem garantia de equilíbrio financeiro, faziam brilhar os olhos dos Odebrecht. Todos esses desafios foram encarados de modo competente, reconhecido por revistas internacionais especializadas que levaram a construtora brasileira ao ranking das melhores do mundo.

GLÓRIA, QUEDA, FUTURO

A VEZ DE MARCELO: A SORTE ESTÁ LANÇADA

A família Odebrecht mexeu mais duas vezes na liderança do grupo em apenas uma década: em 2002, o presidente Emílio, que em 1991 havia sucedido a Norberto, passou o principal cargo da dinastia a um "plebeu", o amigo Pedro Novis, também baiano. Mas Novis, amante da música, fã dos Beatles, amigo de Caetano Veloso e autor do sucesso "Relance", gravado por Gal Costa, sabia que seu papel seria apenas de fiel interino, à espera do amadurecimento do escolhido da terceira geração da realeza odebrechtiana para desenvolver uma expansão ainda maior: Marcelo Odebrecht. Aos 34 anos, o filho de Emílio vinha trabalhando no grupo desde 1992, mas parecia jovem demais para posto de comando. Por isso, a validade da Fórmula Novis. É verdade que Norberto fundou a Odebrecht quando tinha apenas 24 anos. Os tempos, porém, eram outros. E empresas familiares são sempre empresas familiares – uma geração nunca é igual a outra. Além disso, nem sempre se transmite talento por meio do DNA. Lançada a sorte, em dezembro de 2008: a tradicional festa de fim de ano do grupo Odebrecht apresentou a novidade. Diante de diretores e executivos, Pedro Novis passou a presidência para Marcelo, sob aplausos de Norberto e Emílio.

Em artigo publicado na revista "Odebrecht Informa" quatro anos depois dessa cena, o presidente Marcelo destacou as conquistas ocorridas em sua gestão. Entre outras marcas importantes, salientou o crescimento do número de funcionários, incluindo os da Braskem, criada em 2002 com a expansão na petroquímica: "Em 2009, éramos 87 mil integrantes. No segundo semestre de 2012, somos quase 180 mil, de 60 nacionalidades, exportando produtos e serviços para 60 países". Esse total subiria ainda mais: em 2015, quando Marcelo foi preso, a Organização Odebrecht estava perto de completar 200 mil empregados.

A primeira década do milênio e do século, marcada por explosões que derrubaram as Torres Gêmeas do World Trade Center, em Nova York, e por implosões na economia mundial – as crises globais de 2008 e 2009 – deixou sequelas tanto nos países em desenvolvimento, caso do Brasil, quanto nos mais ricos e nos mais pobres. A Odebrecht, animada em descobrir caminhos para novas expansões até naquela época difícil, também seria personagem ativa em autênticas explosões, que não se limitariam a atingi-la e deixá-la no caminho das incertezas. O "tsunami" mundial e seus desdobramentos tiveram reflexos na economia brasileira e na maioria dos países em que a construtora havia fincado sua bandeira. Neste e nos próximos capítulos, são focalizados os fatos dos últimos 18 anos, entre os quais algumas histórias não tão românticas quanto a da vinda de Emil para o Brasil e a da coragem de Norberto ao assumir os negócios fracassados do pai.

O PLANO REAL, FHC, LULA E...

Episódios revelados em 2017 por meio das delações dos grupos J&F e Odebrecht sobre o envolvimento de empresários e políticos em escândalos que sacudiram a República comprovaram que, enquanto o Brasil crescia no meio das crises, a corrupção também se expandia, tendo suas facetas amplamente expostas a partir de ações da Lava Jato e da Polícia Federal. Apesar das oscilações e dos acidentes de percurso, o país realmente cresceu e se transformou nos oito anos do presidente Fernando Henrique Cardoso (1995-2003) e nos oito de Luiz Inácio Lula da Silva (2003-2011). Dilma Rousseff (2011-2016) é outra história. Michel Temer também.

Os 16 anos de Fernando Henrique e Lula atravessaram períodos tensos, como a crise econômica de 1999, mas também etapas de desenvolvimento. A evolução ficou acessível a partir do Plano Real, lançado em julho de 1994 na gestão de Itamar Franco e consolidado sob o governo FHC. Até então, a inflação vinha sendo um dos grandes males do país. Governantes eram derrotados, e a população sofria a cada ida ao supermercado. Após o fracasso de planos econômicos lançados por José Sarney e Fernando Collor, o Plano Real vingou e sobreviveu, provocando alívio. O índice de inflação do final do governo Sarney chegou a incríveis 83% ao mês, e as mudanças impostas por Collor, insuficientes para controlar o aumento dos preços, precipitaram a recessão. Sob FHC, houve períodos de estabilidade, sob uma política econômica que seria parcialmente mantida por Lula.

A Odebrecht estava de olho no desenvolvimento nacional, sem desviar a atenção sobre os outros países que lhe garantiam obras. Para tanto, eram vitais as negociações em gabinetes do poder. O partido de FHC, o PSDB, neoliberal, vinha mantendo constante rivalidade com o PT, de Lula, de tendência de esquerda. Políticos brigam e, quando necessário, se acertam entre eles. Empreiteiros sempre tentam se acertar com os políticos do poder, seja qual for o partido. Por isso mesmo, a Odebrecht de Norberto, Emílio e Marcelo navegou no mar brasileiro com vento a favor nos anos 1990 e na primeira década do Terceiro Milênio, fazendo planos ambiciosos para 2020. As obras públicas estavam garantidas, assim como a progressiva parceria com a Petrobras. Se alguma turbulência econômica viesse a atingir o Brasil, a exemplo da crise cambial de 1999, era tempo de a Odebrecht redobrar sua atenção ao potencial de trabalho no cenário internacional. Em 2003, o Iraque, alvo de ataques armados dos Estados Unidos de George W. Bush e de forças aliadas, sem qualquer adesão do Brasil, recebeu a ousada ajuda de engenheiros da Odebrecht.

Habilidoso, Emílio Odebrecht aproximou-se de FHC em 1995, num almoço no Palácio da Alvorada, três meses após a posse. Eles se encontrariam várias vezes em cerimônias e em viagens oficiais. Num de seus livros de memórias, Fernando Henrique registrou os amigáveis contatos com o empresário baiano: "Veio trazer sugestões, nada para ele, só a respeito de vários temas de interesse nacional. É curioso. Tem um nome tão ruim a Odebrecht, e o Emílio tem sido sempre correto, e há tantos anos".

Houve poucas obras federais a cargo da Odebrecht nos dois mandatos de FHC. Sem escândalos. Em 2017, quando das delações premiadas na Lava Jato, Emílio Odebrecht revelou que sua empresa doou dinheiro por meio do caixa 2 para as campanhas eleitorais de Fernando Henrique de 1994 e 1998, da mesma forma que fez doações para campanhas de Lula, Dilma e outros políticos.

A cordialidade de Emílio marcaria também os contatos com o sindicalista Luiz Inácio Lula da Silva, eleito em 2002. Os dois se conheceram em 1992. Emílio, apesar de ter deixado a presidência do grupo alguns meses antes da posse de Lula no Palácio do Planalto, continuou na liderança do Conselho, atuando como produtivo lobista da Odebrecht, e entusiasmou-se com os primeiros anos do governo petista. Na época, chegou a afirmar ao jornal "Folha de S. Paulo" que "Lula nunca foi de esquerda". Na entrevista, o empreiteiro foi além, explicando que os empresários, antes preocupados com o risco de haver decisões radicais sob a gestão Lula, passaram a ser mais otimistas com o presidente: "Ele sabe perfeitamente o que quer e a estratégia para conseguir o que quer. Não tem nada de inocente". Marcelo, ao contrário, revelou em sua gestão que jamais teve o talento do pai para recorrer à cordialidade na busca de conquistas.

OS PAÍSES CONQUISTADOS PELA ODEBRECHT

As comemorações dos 50 anos da Odebrecht, em 1994, foram realizadas no Teatro Castro Alves, em Salvador, uma das primeiras grandes obras da empresa. A festa dos 60 anos, também. No entanto, as confraternizações anuais entre diretores e executivos do grupo ganharam um novo local nos anos 2000: a Costa do Sauípe, no litoral baiano, junto a uma praia, 76 quilômetros ao norte da capital. Construído pela Odebrecht numa parte da área de 13 milhões de metros quadrados comprada por Norberto em 1969, esse complexo turístico de cinco resorts administrados por cadeias internacionais, com campo de golfe, quadras de tênis, piscinas, lojas e aeroporto, foi financiado pelo Fundo de Previdência Privada do Banco do Brasil (Previ). Os primeiros hotéis ficaram prontos em 2001. Em 2004, um braço do grupo, a Odebrecht Realizações Imobiliárias, começou a investir em condomínios de luxo e em casas populares em outra parte da antiga fazenda.

Às vésperas da chegada da segunda década do milênio, a logomarca da Odebrecht e a da Braskem já estavam espalhadas pelo mundo inteiro. A conquista dos Estados Unidos havia sido difícil, mas rendeu bastante, com obras na Flórida e no Texas e, a seguir, com a compra da Sunoco, empresa americana de petroquímica, que assimilou a dominante marca Braskem em seus três polos industriais. Num lance arriscado, que surgiu na tentativa de agradar ao presidente Lula, a Odebrecht aceitou construir o porto de Mariel, em Cuba, dos irmãos Castro, deixando irritado o governo conservador da Flórida.

Na América Latina, desde a chegada ao Peru, em 1979, a Odebrecht fez obras também na Argentina, Bolívia, Peru, Equador, Colômbia, Venezuela, Panamá, Guatemala, México e República Dominicana. Na Europa, Portugal tornou-se o destaque, com a incorporação de uma empresa local, a Construtora Bento Pedroso, mas houve também atividade no Reino Unido, num consórcio para a construção de plataformas de petróleo no Mar do Norte. A Alemanha, dos ancestrais de Norberto, recebeu a Odebrecht, nos anos 1990, para um rápido projeto de moradias e também a Braskem, em 2011, quando da aquisição e incorporação de duas plantas petroquímicas do grupo americano Dow.

A África, livre do colonialismo europeu, mas não dos ditadores nativos, abriu amplo espaço para a Odebrecht e outras empresas brasileiras, como Vale e Camargo Corrêa, além das construtoras chinesas. Angola tem sido a mais pródiga em obras, mas outros países africanos também contrataram a Odebrecht nos últimos anos: Líbia, Moçambique, Djibuti, Gana, Libéria. Na Ásia, houve atividades nos Emirados Árabes Unidos e, por pouco tempo, no Iraque.

CAPÍTULO 10
O AVANÇO DA EXPANSÃO INTERNACIONAL

A brasileira Odebrecht não precisou esperar o 500º aniversário da chegada de Pedro Álvares Cabral à Bahia. E festejou por conta própria, refazendo o caminho de Cabral no sentido inverso: desembarcou em Lisboa, em 1988, para fincar um novo marco de conquistas ao comprar uma das maiores empreendedoras portuguesas, a José Bento Pedroso & Filhos, mais tarde Bento Pedroso Construções S.A. Com isso, efetivou sua presença na Europa e acelerou a expansão internacional, iniciada na hidrelétrica no Peru e nas obras das empresas brasileiras CBPO e Tenenge do período anterior à incorporação. Entre os trabalhos iniciais nos Andes peruanos, em 1979, e o começo da Lava Jato, no fatídico 2014, o grupo de Norberto viveu 35 anos de prosperidade. Tumultos, trapalhadas e polêmicas à parte, esses tempos favoreceram o avanço em direção a outros importantes mercados.

Foi mesmo histórico o desembarque da Odebrecht em Portugal, dois anos após a integração do país à União Europeia, na época que precedeu as comemorações pelos cinco séculos do ciclo dos grandes navegantes. A empresa chegou a tempo de entrar na construção de uma parte da extensa Ponte Vasco da Gama, sobre o Rio Tejo, mas sem que seu nome aparecesse nos consórcios da empreitada, pois subsistia a marca da parceira Bento Pedroso, depois totalmente incorporada. Portugal tornou-se um cliente constante e diversificado. Espanha, França e Itália foram alvos que não se transformaram em negócios efetivos.

AS MISSÕES DE EXPERIENTES FUNCIONÁRIOS

O Chile entrou na lista de clientes da Odebrecht pelos braços da Tenenge, comprada em 1986. O paraibano Francisco das Chagas Lopes Souza, Mestre Pará, que vestiu os dois uniformes, é um exemplo de evolução profissional, de coragem nos desafios e de harmonia na integração entre empresas. Aos 15 anos, ele deixou a pequena cidade de Sousa, no sertão nordestino, para tentar a sorte em São Paulo. Contratado como auxiliar de pedreiro pela Tenenge em 1973, participou da construção da Usina Hidrelétrica de Capivara, no Rio Paranapanema, na divisa de São Paulo com o Paraná, e da ampliação da fábrica da Volkswagen, em São Bernardo do Campo. Em 1979, partiu para sua primeira missão internacional, no Chile: uma obra para o desvio do Rio Maule, ao sul de Santiago, de preparação para a futura Usina Hidrelétrica de Colbún-Machicura. Ficou na Cordilheira dos Andes por dois anos, enfrentando frio de até 18 graus abaixo de zero e sustos com terremotos. Tendo evoluído, ele foi para Portugal pela Odebrecht/Bento Pedroso para atuar na linha Vermelha do metrô de Lisboa. De volta a São Paulo, estudou Engenharia da Universidade Mackenzie, mas as viagens o obrigaram a trancar a matrícula no terceiro ano. Francisco passou a ser chefe de equipes, especializou-se em segurança no trabalho e ganhou o apelido de Mestre Pará. Atuou recentemente nas obras do estádio do Corinthians e de linhas de metrô de São Paulo. Sua carreira de mais de 40 anos é citada na Odebrecht como uma história a ser seguida pelos mais jovens. Um cidadão disposto a partir para o desconhecido, com entusiasmo. Se não obteve diploma universitário, hoje é um requisitado contador de casos e se orgulha de seus três filhos terem se formado engenheiros; a filha é enfermeira.

Em 1991, enquanto Mestre Pará trabalhava em Portugal, a Odebrecht entrava no mercado norte-americano ao vencer, em Miami, a licitação para a ampliação da rede do Metromover, uma modalidade de metrô elevado. Foi a primeira construtora do Brasil a conquistar uma obra pública nos Estados Unidos. Em 1995, quando da gestão de Emílio Odebrecht, a empresa já fazia ou havia feito obras em mais de 20 países: Alemanha, Angola, Argentina, Bolívia, Brasil, Chile, China, Cingapura, Colômbia, Costa Rica, Equador, Estados Unidos, Malásia, México, Paraguai, Peru, Portugal, Reino Unido, Uruguai e Venezuela. Mais tarde, em 2012, os Emirados Árabes Unidos, ricos produtores de petróleo, especialistas em modernizar cidades no deserto, também receberam a Odebrecht Engenharia & Construção Internacional, que ficou responsável pelo projeto Pump Station PS 01, em Abu Dhabi, perto de Dubai. Foi uma enorme estação de bombeamento de esgoto, com a instalação de oito bombas. As obras foram concluídas em 2015, quando a Odebrecht já havia incluído cinco países africanos em sua lista: Gana, Libéria e Djibuti, para pequenas missões; Moçambique e Líbia, para projetos maiores.

As obras fora do Brasil já representavam expressiva parcela no faturamento. A empresa, inicialmente restrita à família, havia aberto seu capital em 1981, transformando-se em Odebrecht S.A., holding que apostou na diversificação dos negócios, principalmente nos setores de petróleo e da petroquímica. A chegada de Marcelo Odebrecht ao comando, no fim de 2008, injetaria ambição ainda maior ao grupo, com os riscos que se evidenciariam no decorrer da Operação Lava Jato, confirmados por ocasião dos depoimentos nas delações.

A AJUDA DO BNDES A OBRAS NO EXTERIOR

Nos anos 2000, com a chegada de Lula e do Partido dos Trabalhadores ao poder (2003), seguida da ascensão de Marcelo Odebrecht, multiplicaram-se as obras da Odebrecht no exterior. Países de governos com afinidades políticas com Lula, como Venezuela, Cuba, Equador, Argentina e Angola, se abriram para ações da construtora brasileira, cujas obras eram financiadas, em parte, pelo Banco Nacional de Desenvolvimento Econômico e Social (BNDES), do governo brasileiro. Tanto nos oito anos de Lula quanto nos cinco anos e meio de Dilma Rousseff, a oposição levantou suspeitas sobre critérios do BNDES quanto aos financiamentos para outros países, mas somente a partir da Operação Lava Jato, em 2014, é que começaram a aparecer números concretos. Mesmo assim, na visão de alguns parlamentares, faltava "abrir a caixa preta".

Em 2016, após o impeachment de Dilma e a posse de Michel Temer na Presidência da República, o presidente do BNDES, Luciano Coutinho, foi substituído pela experiente executiva Maria Silvia Bastos Marques, que tentou reformular a instituição. Ela acabou pedindo demissão em maio de 2017, no meio do agravamento da crise política do Brasil, em que haviam sido expostos antigos benefícios do banco ao grupo JBS, parecidos com os que incentivaram obras do grupo Odebrecht. O sucessor de Maria Silvia, Paulo Rabello de Castro, empossado em 1º de junho, no Rio, elevou o tom nas entrevistas e disse que enfrentaria o caso J&F com rigor, frisando que algumas empresas eram tratadas pelo governo anterior como "princesinhas" e que as gestões de Lula e Dilma fizeram uma "lambança".

Em seu discurso de posse como 35º presidente do BNDES, Paulo Rabello de Castro destacou o papel fundamental do banco no financiamento dos investimentos de longo prazo necessários ao desenvolvimento do país: "Precisamos de uma visão de longo prazo e esse Banco de Desenvolvimento é casado com o longo prazo". Ele disse que assumiria como prioridade a ampliação do acesso de micro, pequenas e médias empresas (MPMEs) ao crédito do BNDES.

Os ex-presidentes da República e Luciano Coutinho se defenderam em seguida, dizendo que todos os financiamentos de suas gestões foram legais e contribuíram para intensificar atividades de empresas brasileiras, em benefício da economia nacional.

ODEBRECHT EXPÕE SEUS ARGUMENTOS

Assim como políticos integrantes dos antigos governos, a Odebrecht articulou sua defesa e partiu para o contra-ataque. Em 2017, por vontade própria e por imposição de acordos com a Justiça, o grupo passou a apresentar em seu portal da internet e nas redes sociais – Facebook, Twitter, LinkedIn, Instagram e YouTube – explicações sobre seu papel de prestadora de serviços de alcance internacional e detalhes a respeito do relacionamento com o BNDES.

O texto de defesa do grupo Odebrecht entrou numa seção do site sob o título de "Odebrecht esclarece".

Eis o texto:

O "Odebrecht Esclarece" é um espaço dedicado a informar ao público sobre assuntos que estão na ordem do dia, de forma transparente e direta. O primeiro deles é Exportação de Bens e Serviços, programa de extrema importância para a economia brasileira. Em breve, novos temas serão apresentados. Acompanhe!

Exportação de Bens e Serviços. *Entenda como funciona o crédito à exportação de serviços de engenharia e descubra como a economia brasileira é beneficiada pelo programa.*

A exportação de bens e serviços de engenharia é estratégica para as maiores economias do mundo. O Brasil é um dos poucos países com empresas capacitadas para realizar esses serviços, por conta da complexidade dos projetos e da competitividade do mercado global. Desde 1979 atuando no exterior, a Odebrecht é uma das principais exportadoras de bens e serviços do país.

Para promover as companhias brasileiras do setor, o BNDES concede financiamentos para tais projetos, por meio do BNDES EXIM. Os créditos do programa ficam 100% no Brasil e sustentam mais de 1,5 milhão de empregos na cadeia de fornecedores dos exportadores, com milhares de pequenas e médias empresas. Essas companhias não seriam capazes de exportar sozinhas, sem o apoio da empresa âncora.

Além de gerar empregos e renda no Brasil, as exportações de serviços de engenharia impulsionam investimentos em produção e em inovação para as empresas atuarem além da fronteira brasileira.

Sem essa iniciativa, quem ganha são os concorrentes estrangeiros. A redução da linha de financiamento causaria a transferência de empregos no Brasil para países como China, EUA, Itália e França, que disputam o mercado de exportação de serviços de engenharia e usam o instrumento de crédito oficial à sua disposição. Atualmente, o Brasil possui apenas 2,4% desse mercado, que somou US$ 543 bilhões em 2014.

A Odebrecht Engenharia e Construção (OEC) é a maior empresa do setor de construção na América Latina. É também a construtora brasileira há mais tempo atuando no exterior e presente em maior número de países (21). No entanto, apenas 7% de sua receita total em 2014 (de US$ 14 bilhões) provêm da exportação de bens e serviços financiados pelo BNDES EXIM.

De 2007 a 2014, apenas 9% da receita total da Odebrecht Engenharia e Construção (OEC) vieram de financiamentos contratados com o BNDES, e tais financiamentos representaram apenas 14% da receita da OEC no exterior.

As demais fontes de financiamento a clientes compreendem, majoritariamente, aportes de bancos privados e agências multilaterais de crédito, como: BID (Banco Interamericano de Desenvolvimento), IFC (International Finance Corporation), CAF (Corporação Andina de Fomento), MIGA (Multilateral Investment Guarantee Agency), COFACE (Compagnie Française d'Assurance pour le Commerce Extérieur), CABEI (Banco Centroamericano de Integración Económica), SACE (Servizi Assicurativi del Commercio Estero), NAFIN (Nacional Financiera) etc.

Dos 246 contratos conquistados pela OEC nesse período, 48 foram financiados pelo BNDES. O valor total dos contratos corresponde a US$ 119 bilhões. O valor de participação do BNDES e outras fontes foi de US$ 19 bilhões.

Este capítulo do livro também reproduz, a seguir, importantes dados oficiais da Odebrecht que constam das novidades do site do grupo: a lista de relação de obras e dos respectivos valores em dólares, ano por ano, de 2007 a 2015, sendo que algumas obras tiveram várias operações do BNDES, caso dos gasodutos da Argentina, das construções de Angola e do Porto de Mariel, em Cuba.

2007

Empresa	Descrição do Projeto	País	Valor da Operação em Dólares
Construtora Norberto Odebrecht S.A.	Exportação de bens e serviços de engenharia, destinados à construção de um aqueduto na República Dominicana	República Dominicana	71.258.178
Construtora Norberto Odebrecht S.A.	Exportação de bens e serviços de engenharia, objetivando dar continuidade a construção da Central Hidrelétrica de Pinalito	República Dominicana	20.000.000
Construtora Norberto Odebrecht S.A.	Exportação de bens e serviços para a 4ª fase do projeto de reabilitação e requalificação da Estrada da Samba, em Angola	Angola	61.657.584
Construtora Norberto Odebrecht S.A.	Exportação de bens e serviços para a 2ª fase de construção e apetrechamento do Centro Integrado de Formação Tecnológica, em Angola	Angola	28.645.241
Construtora Norberto Odebrecht S.A.	Exportação de bens e serviços para a 5ª fase do projeto de reabilitação e requalificação da Estrada da Samba	Angola	30.053.077
Construtora Norberto Odebrecht S.A.	Exportação de bens e serviços para a 2ª fase das obras de Aproveitamento Hidrelétrico da Usina de Capanda, em Angola	Angola	15.657.457
Companhia de Obras e Infraestrutura	Exportação de bens e serviços para a construção da Autoestrada Periférica de Luanda – trecho Viana/Cabolombo e ligação Cabolombo/Futungo	Angola	72.832.985
Construtora Norberto Odebrecht S.A.	Exportação de bens e serviços para a expansão da capacidade de transporte de gás natural das malhas dos gasodutos operados por TGS e TGN, a ser implementado pela distribuidora Cammesa	Argentina	636.884.286
Construtora Norberto Odebrecht S.A.	Exportação de bens e serviços para a construção da Estrada Viana/Kikuxi – trecho Estrada do Zango/Autoestrada Periférica de Luanda	Angola	13.872.000
Construtora Norberto Odebrecht S.A.	Exportação de bens e serviços para a construção da Estrada do Golfe – trecho Gamek/Antigo controlo	Angola	28.998.154
Construtora Norberto Odebrecht S.A.	Exportação de bens e serviços para a construção da Via Expressa Luanda-Viana – Trecho 3	Angola	28.126.533
Construtora Norberto Odebrecht S.A.	Exportação de bens e serviços de engenharia destinados à ampliação da capacidade de transporte da rede de gasodutos troncais de TGS e TGN, na Argentina	Argentina	436.396.969
Construtora Norberto Odebrecht S.A.	Exportação de bens e serviços para a construção do reforço da capacidade de abastecimento de água ao Polo Industrial de Viana – Pacote 3	Angola	26.484.759
Construtora Norberto Odebrecht S.A.	Exportação de bens e serviços para a construção do reforço do Sistema 3 de Abastecimento de Água da cidade de Luanda – Pacote 1	Angola	53.014.500

2008

Empresa	Descrição do Projeto	País	Valor da Operação em Dólares
Construtora Norberto Odebrecht S.A.	Exportação de bens e serviços para a construção da Via Expressa Luanda/Kifangondo (Pacote 1)	Angola	37.244.791
Construtora Norberto Odebrecht S.A.	Exportação de bens e serviços para o Programa de Desenvolvimento Integrado das Infraestruturas da Província do Kwanza Sul – 1ª etapa, em Angola	Angola	40.671.888
Construtora Norberto Odebrecht S.A.	Exportação de bens e serviços para a 1ª etapa do Programa de Desenvolvimento Integrado das Infraestruturas da Província de Benguela (2ª linha de crédito)	Angola	64.302.500
Construtora Norberto Odebrecht S.A.	Exportação de bens e serviços para a 2ª etapa da construção da Estrada do Golfe – trecho Gamek/Antigo controlo (2ª linha de crédito)	Angola	1.959.165
Construtora Norberto Odebrecht S.A.	Exportação de bens e serviços para a 2ª etapa da construção da Via Expressa Luanda/Viana trecho 3 (2ª linha de crédito)	Angola	31.324.633
Construtora Norberto Odebrecht S.A.	Exportação de bens e serviços para a 2ª etapa do Sistema de Abastecimento de Água Potável às cidades de Benguela, Lobito, Catumbela e Baía Farta (2ª linha de crédito)	Angola	64.660.955
Construtora Norberto Odebrecht S.A.	Exportação de bens e serviços para o Sistema de Transporte de Energia Elétrica Lucala-Pambos de Sonhe-Uige	Angola	134.880.203
Construtora Norberto Odebrecht S.A.	Exportação de bens e serviços para a 2ª etapa da construção da Via Expressa Luanda/Kifangondo – Pacote 1	Angola	36.777.377
Construtora Norberto Odebrecht S.A.	Exportação de bens e serviços para a construção da 2ª etapa da Autoestrada Periférica de Luanda – Fase 2, no trecho Viana/Cabolombo e ligação Cabolombo e ligação Cabolombo/Futungo (2ª linha de crédito)	Angola	82.952.638
Construtora Norberto Odebrecht S.A.	Exportação de bens e serviços de engenharia, objetivando dar continuidade à construção da Central Hidrelétrica de Pinalito – Fase III	República Dominicana	68.096.279

Empresa	Descrição do Projeto	País	Valor da Operação em Dólares
Companhia de Obras e Infraestrutura	Exportação de bens e serviços de engenharia destinados à 1ª etapa das obras de ampliação e modernização do Porto Mariel e de sua infraestrutura de acesso	Cuba	43.435.000
Construtora Norberto Odebrecht S.A.	Exportação de bens e serviços de engenharia, destinados à construção de um aqueduto na República Dominicana	República Dominicana	50.286.572
Construtora Norberto Odebrecht S.A.	Exportação de bens e serviços de engenharia destinados à construção da UHE Palomino, na República Dominicana – Fase II	República Dominicana	50.663.060
Construtora Norberto Odebrecht S.A.	Exportação de bens e serviços para as obras da 6ª fase do Programa de Saneamento Básico para Luanda, em Angola	Angola	145.063.435
Construtora Norberto Odebrecht S.A.	Exportação de bens e serviços para construção de Aeroporto Internacional em Catumbela, província de Benguela, em Angola	Angola	110.500.000
Construtora Norberto Odebrecht S.A.	Construção de dois viadutos e uma passagem inferior, referentes à primeira etapa do projeto Corredor Viário Duarte, em Santo Domingo, República Dominicana	República Dominicana	48.743.918
Construtora Norberto Odebrecht S.A.	Exportação de bens e serviços de engenharia destinados à construção da Linha V do Metrô de Caracas, na Venezuela	Venezuela	219.342.333
Construtora Norberto Odebrecht S.A.	Apoio financeiro à exportação de bens e serviços de engenharia destinados à construção da Linha II do Metrô de Los Teques, na Venezuela, com 12 km de extensão e 6 estações em seu percurso	Venezuela	527.847.704

2010

Empresa	Descrição do Projeto	País	Valor da Operação em Dólares
Construtora Norberto Odebrecht S.A.	Exportação de bens e serviços de engenharia para construção da Planta de Tratamento e do Sistema de Distribuição de Água de Paraná de Las Palmas, Argentina	Argentina	293.866.532
Construtora Norberto Odebrecht S.A.	Exportação de bens e serviços de engenharia destinados à construção de quatro viadutos referentes à segunda etapa do Projeto Corredor Viário Duarte, em Santo Domingo, República Dominicana	República Dominicana	52.785.122
Companhia de Obras e Infraestrutura	Exportação de bens e serviços de engenharia destinados à 2ª etapa das Obras de Ampliação e Modernização do Porto Mariel e de sua infraestrutura de acesso	Cuba	108.715.000
Construtora Norberto Odebrecht S.A.	Exportação de bens e serviços de engenharia ao novo Projeto de Ampliação do Gasoduto San Martin, em operação pela Concessionária TGS	Argentina	226.058.182

Empresa	Descrição do Projeto	País	Valor da Operação em Dólares
Construtora Norberto Odebrecht S.A.	Exportação de bens e serviços para a 3ª etapa do Sistema de Abastecimento de Águas às cidades de Benguela, Lobito, Catumbela e Baía Farta (3ª linha de crédito)	Angola	82.726.250
Construtora Norberto Odebrecht S.A.	Exportação de bens e serviços para o Projeto de Impacto Imediato no Abastecimento de Água à Luanda, Pacote 1 – obras ligadas ao sistema 3 (3ª linha de crédito)	Angola	36.982.022
Construtora Norberto Odebrecht S.A.	Exportação de bens e serviços para o Projeto de Impacto Imediato no Abastecimento de Água à Luanda, Pacote 3 – obras ligadas ao sistema 3 (3ª linha de crédito)	Angola	16.111.114
Construtora Norberto Odebrecht S.A.	Exportação de bens e serviços para construção de barragens, visando controle de cheias e regularização das margens de 3 rios	Angola	36.731.899
Construtora Norberto Odebrecht S.A.	Exportação de bens e serviços para construção da 2ª etapa da Autoestrada Periférica de Luanda – Fase 2C – Viana/Cabolombo e ligação Cabolombo/Futungo (3ª linha de crédito)	Angola	49.624.511
Construtora Norberto Odebrecht S.A.	Exportação de bens e serviços para construção de Via Expressa Luanda/Kifangondo (Pacote 1) – 3ª tranche de financiamento	Angola	37.218.028
Construtora Norberto Odebrecht S.A.	Exportação de bens e serviços para construção da 2ª etapa da Via Expressa Luanda Viana – pacote 3 (3ª linha de crédito)	Angola	26.132.944
Construtora Norberto Odebrecht S.A.	Exportação de bens e serviços para ampliação da linha de transmissão de Lucala/Pambos de Sonhe – Uige (3ª linha de crédito)	Angola	60.288.575
Construtora Norberto Odebrecht S.A.	Exportação de bens e serviços de engenharia destinados à construção do Aeroporto Internacional de Nacala, na Província de Nampula, em Nacala, capital de Moçambique	Moçambique	80.000.000
Construtora Norberto Odebrecht S.A.	Exportação de bens e serviços para as obras de melhoria da Rodovia Bavaro-Uvero Alto-Miches-Sabana de La Mar, na República Dominicana	República Dominicana	185.000.000
Construtora Norberto Odebrecht S.A.	Apoio financeiro à exportação de bens e serviços de engenharia destinados à reconstrução da Rodovia El Rio – Jarabacoa, na República Dominicana	República Dominicana	50.000.000
Construtora Norberto Odebrecht S.A.	Exportação de bens e serviços destinados à reconstrução e ampliação do aqueduto Hermanas Mirabal, localizado na província Hermanas Mirabal	República Dominicana	50.000.00
Construtora Norberto Odebrecht S.A.	Exportação de bens e serviços destinados à construção de 3.000 unidades habitacionais e infraestrutura necessária à habitabilidade de 20.000 unidades habitacionais, para Angola	Angola	281.031.372
Companhia de Obras e Infraestrutura	Exportação de bens e serviços de engenharia destinados à 3ª etapa das obras de Ampliação e Modernização do Porto Mariel e de sua infraestrutura de acesso	Cuba	150.000.000

2012

Empresa	Descrição do Projeto	País	Valor da Operação em Dólares
Construtora Norberto Odebrecht S.A.	Exportação de bens e serviços para a construção das obras de arte da Via Marginal Sudoeste (4ª linha de crédito)	Angola	21.538.674
Construtora Norberto Odebrecht S.A.	Exportação de bens e serviços para a construção da Central 2 do Aproveitamento Hidrelétrico de Cambambe (4ª linha de crédito)	Angola	190.946.653
Construtora Norberto Odebrecht S.A.	Exportação de bens e serviços de engenharia para o projeto, denominado Adequações de Cammesa Módulo III, de ampliação do Gasoduto San Martín, na Argentina	Argentina	67.793.881
Construtora Norberto Odebrecht S.A.	Exportação de bens e serviços para a construção da Autoestrada Periférica de Luanda – Fase 2C – Viana/Cabolombo e ligação Cabolombo/Futungo (4ª linha de crédito)	Angola	49.624.511
Construtora Norberto Odebrecht S.A.	Exportação de bens e serviços para construção da Via Expressa Luanda/Viana – Pacote 3 (4ª linha de crédito)	Angola	26.132.944
Construtora Norberto Odebrecht S.A.	Exportação de bens e serviços de engenharia destinados à 4ª etapa das obras de Ampliação e Modernização do Porto Mariel e de sua infraestrutura de acesso	Cuba	150.000.000
Construtora Norberto Odebrecht S.A.	Exportação de bens e serviços para a construção da usina hidrelétrica (UHE) Manduriacu, com capacidade instalada de 60 MW, localizada na bacia hidrográfica do Rio Guayllabamba, no Equador	Equador	90.226.703
Construtora Norberto Odebrecht S.A.	Exportação de bens e serviços para a construção do Polo Industrial de Capanda, que tem por objetivo a produção de alimentos "in natura" e produtos industriais, buscando a substituição de parte das importações de Angola	Angola	35.355.863
Construtora Norberto Odebrecht S.A.	Exportação de bens e serviços para a fase complementar do Programa Formação, Trabalho e Desenvolvimento – FTD (4ª linha de crédito)	Angola	22.277.650

2013

GLÓRIA, QUEDA, FUTURO

Empresa	Descrição do Projeto	País	Valor da Operação em Dólares
Construtora Norberto Odebrecht S.A.	Exportação de bens e serviços de engenharia destinados às obras de Reabilitação e Ampliação da Rodovia Centro Americana CA-2, no trecho ocidental	Guatemala	280.000.000
Companhia de Obras e Infraestrutura	Exportação de bens e serviços destinados à 5ª etapa das obras de Ampliação e Modernização do Porto Mariel e de sua infraestrutura de acesso	Cuba	229.910.550
Construtora Norberto Odebrecht S.A.	Exportação de bens e serviços destinados a obras que fazem parte de soluções em engenharia de trânsito em Santo Domingo, no âmbito do Projeto Corredor Viário Norte-Sul	República Dominicana	64.000.000
Construtora Norberto Odebrecht S.A.	Exportação de bens e serviços destinados a obras que fazem parte de soluções em engenharia de trânsito em Santo Domingo, no âmbito do Projeto Corredor Viário Norte-Sul	República Dominicana	50.000.000
Construtora Norberto Odebrecht S.A.	Exportação de bens e serviços para a 2ª fase do projeto integrado das infraestruturas da Província de Benguela – 2ª etapa (4ª linha de crédito)	Angola	38.836.975
Construtora Norberto Odebrecht S.A.	Exportação de bens e serviços para construção de casas populares	Angola	68.709.750
Construtora Norberto Odebrecht S.A.	Exportação de bens e serviços para o Projeto de Irrigação Trasvase Daule Vinces, para otimizar o aproveitamento dos recursos hídricos próximos ao Rio Daule	Equador	136.970.407
Construtora Norberto Odebrecht S.A.	Exportação de bens e serviços para obras complementares do Aeroporto Internacional de Nacala	Moçambique	45.000.000
Construtora Norberto Odebrecht S.A.	Exportação de bens e serviços para realização das obras civis da Central 2 do Aproveitamento Hidrelétrico de Cambambe – Fase II	Angola	141.757.933
Construtora Norberto Odebrecht S.A.	Exportação de bens e serviços para construção do alteamento da barragem e vertedouro lateral do Aproveitamento Hidrelétrico de Cambambe	Angola	131.696.719

2014

Empresa	Descrição do Projeto	País	Valor da Operação em Dólares
Construtora Norberto Odebrecht S.A.	Exportação de bens e serviços para a Construção da UHE Laúca	Angola	146.496.090
Construtora Norberto Odebrecht S.A.	Exportação de bens e serviços para obras de pavimentação, drenagem e iluminação destinadas ao Plano de Desenvolvimento da Província de Kwanza Sul – Fase II	Angola	36.939.554
Companhia de Obras e Infraestrutura	Exportação de bens e serviços para reconstrução e melhoramento da Estrada Cibao Sur, na República Dominicana	República Dominicana	200.000.000
Construtora Norberto Odebrecht S.A.	Exportação de bens e serviços para a construção do Corredor Ecológico Pontezuela, na cidade de Santiago de Los Caballeros	República Dominicana	200.000.000
Companhia de Obras e Infraestrutura	Exportação de bens e serviços para a modernização e ampliação do Aeroporto Internacional José Martí, em Havana, ampliação do Aeroporto de Santa Clara e aquisição de equipamentos para os Aeroportos de Holguin, Cayo Coco e Cayo Largo	Cuba	150.000.000

2015

Empresa	Descrição do Projeto	País	Valor da Operação em Dólares
Construtora Norberto Odebrecht S.A.	Exportação de bens e serviços para construção de uma Central Termelétrica a Carvão, com duas unidades de geração	República Dominicana	656.008.078

Esta não é a única novidade apresentada pelo sistema de comunicação e imagem pública da Odebrecht após os desdobramentos da Lava Jato. O site do grupo lançou também a lista de seus parceiros exportadores de bens e serviços em 2014, salientando que naquele ano a Odebrecht Engenharia e Construção se relacionou com 2.783 empresas parceiras. Como item para marcar a nova fase do grupo, foi criada, em maio de 2017, a "Linha de Ética", um canal para que qualquer cidadão se manifeste, seja pelo telefone ou pelo site, com alguma denúncia ou simples suspeita. Esse serviço promete manter o nome do denunciante em sigilo.

A Odebrecht assumiu humildade, em contraste com a postura arrogante de Marcelo Odebrecht em alguns depoimentos da Lava Jato. Com a perda de contratos no Brasil e em países em que também houve denúncias, o faturamento despencou, o quadro de funcionários diminuiu, as dívidas cresceram. O combate às incertezas quanto ao futuro do grupo passou por compromissos diante de autoridades jurídicas e governamentais do Brasil, Estados Unidos e Suíça. A mudança de comportamento não surgiu por acaso: a humildade faz parte da lei da sobrevivência.

CAPÍTULO 11

PORTUGAL APERTA O CERCO À CORRUPÇÃO

O primeiro-ministro de Portugal, José Sócrates, do Partido Socialista, inaugura em 16 de abril de 2011 o trecho complementar de uma importante obra viária de Lisboa executado pela Odebrecht/Bento Pedroso. Em 5 de junho, seu partido perde as eleições legislativas. Em 24 de julho, Sócrates deixa o cargo exercido por sete anos. Em outubro de 2013, lança seu livro de memórias, apresentado pelo seu amigo ex-presidente do Brasil, Luiz Inácio Lula da Silva, defensor das atividades da Odebrecht em Portugal. Em 2014, enquanto estoura no Brasil a Lava Jato, explode em Portugal uma onda de denúncias de corrupção contra Sócrates. O ex-primeiro-ministro, que teria recebido propinas de pelo menos 19 milhões de euros para beneficiar empresas, é detido em 21 de novembro, em Lisboa, ao retornar de uma viagem a Paris, e permanece em prisão preventiva por dez meses, inicialmente no Presídio de Évora e depois em regime domiciliar. Acusado de corrupção, evasão de impostos e lavagem de dinheiro, fica impedido de sair do país.

Com a prisão de Marcelo Odebrecht em São Paulo, em 19 de junho de 2015, o Ministério Público de Portugal levanta a suspeita de que propinas da Odebrecht, distribuídas a agentes públicos de vários países, também haviam abastecido o investigado José Sócrates. O fato de um constante parceiro da Bento Pedroso em obras, o Grupo Lena, ter sido citado como envolvido em escândalos com Sócrates favorece insinuações sobre a empresa luso-brasileira.

Apesar da amizade entre Lula, réu na Operação Lava Jato brasileira, e Sócrates, principal alvo da Operação Marquês portuguesa, não se chegou a provas concretas de possível favorecimento ilegal à Odebrecht para a conquista de um trecho do futuro trem-bala Lisboa-Madri, projeto que jamais sairia do papel, e da obra do Aproveitamento Hidrelétrico do Baixo Sabor, de fato executada. No decorrer de 2017, entretanto, os grandes jornais portugueses, como o "Correio da Manhã", comentavam a expectativa de que novas revelações de Curitiba poderiam expor detalhes sobre a trilogia Odebrecht-Lula-Sócrates.

CRISE E ESCÂNDALOS RESTRINGEM AS OBRAS

Desde 2013, a subsidiária adota o nome de Odebrecht Portugal S.A., deixando para trás a marca Bento Pedroso, da construtora fundada em Lisboa em 1953 e comprada pela Odebrecht em 1988. As obras, porém, começaram a ficar escassas já em 2011, com a crise econômica de Portugal. Os escândalos de Sócrates, as notícias sobre a Lava Jato e a rigidez imposta às empresas públicas pelo primeiro-ministro António Costa, do Partido Socialista, no cargo desde novembro de 2015, e pelo presidente Marcelo Rebelo de Sousa, do Partido Social Democrata (PSD), empossado em março de 2016, contribuíram para limitar ainda mais as atividades da Odebrecht portuguesa, que, no entanto, mantém no país um elevado conceito sobre a capacidade de seus engenheiros. A extensa lista de grandes obras nos quase 30 anos da Odebrecht/Bento Pedroso é um atestado das aptidões técnicas da construtora.

Antes da fase mais aguda da crise, Portugal acolheu a Odebrecht com uma grande variedade de obras, de hidrelétricas a rodovias, pontes, anel viário e linhas de metrô. Em 2011, no final da gestão Sócrates, a construtora brasileira ainda alimentava a ambição de assumir duas grandes obras: um moderno aeroporto internacional em Alcochete, na outra margem do Tejo, para suprir as deficiências do sobrecarregado Portela, em Lisboa, e a construção do trecho português da sonhada linha do trem-bala AVE, capaz de fazer Lisboa a Madri em apenas três horas. Os dois projetos, porém, foram abandonados diante da constatação de que não havia dinheiro para executá-los.

A obra de maior visibilidade com participação da Bento Pedroso Construções é a Ponte Vasco da Gama, a mais longa da Europa e uma das mais extensas do mundo, construída em apenas três anos, a partir de 1995, inaugurada a tempo de integrar o conjunto das transformações de Lisboa para a Exposição Mundial de 1998. No antigo ambiente da Expo, existe hoje o Parque das Nações, que inclui áreas de esportes e lazer, um shopping center e a arrojada Estação Oriente, obra da BPC, projetada pelo arquiteto espanhol Santiago Calatrava – o mesmo do Museu do Amanhã, no Rio de Janeiro, do Parque Olímpico de Atenas e da

Ponte de La Cartuja, em Sevilha. Era uma região deteriorada de Lisboa e tornou-se símbolo de um novo Portugal, nas festas pelo quinto centenário da chegada de Vasco da Gama à Índia e por outras conquistas dos navegantes lusos, como a descoberta do Brasil.

A Ponte Vasco da Gama, sobre o estuário do Tejo, na região metropolitana de Lisboa, liga Montijo e Alcochete a Lisboa e Sacavém. Tem 12 quilômetros e meio de comprimento, sendo 800 metros da ponte principal e mais de 11 quilômetros de viadutos.

Com seu marketing, a Odebrecht induz à ideia de que foi responsável por toda a obra da segunda grande ponte sobre o Tejo, construída para aliviar a mais antiga, a 25 de Abril. Na verdade, a Bento Pedroso fez parte de um dos consórcios construtores dessa nova ligação, hoje administrada pelo Consórcio Lusoponte. A participação da Odebrecht no Lusoponte foi comprada pela empresa Somague por 41 milhões de euros. As empresas responsáveis pelo projeto e pela execução foram: Kvaerner, da Inglaterra, Bernard, da França, Bento Pedroso, Somague, Teixeira Duarte, Edifer, Mota, Tudor, Coba e Proponte. No conjunto para a Expo 1998, a Bento Pedroso também integrou o consórcio responsável pela construção da Estação Oriente, moderno terminal dos trens que ligam Lisboa a Coimbra, Porto, Braga, Faro, Fátima e outras cidades portuguesas, além da Espanha, onde se conectam com a ampla rede europeia.

A inauguração de um trecho da autopista Circular Regional Interior de Lisboa (CRIL) é que mereceu a presença do primeiro-ministro José Sócrates, em 16 de abril de 2011, quase no fim de sua gestão. Coube à Odebrecht/Bento Pedroso construir e reurbanizar o trecho (ou "troço" ou ainda "sublanço", no característico vocabulário português) de Pina-Manique a Pontinha. Naquele dia, as pistas foram liberadas para um festivo passeio dos pedestres, na tentativa de atenuar as críticas de algumas das 1.700 famílias moradoras da área que haviam sido desalojadas para o alargamento das vias e a construção de dois túneis, dois viadutos e passagens de nível. Os veículos começaram a circular no dia seguinte, e os motoristas notaram a economia de tempo na ligação dos bairros de Alfornelos, Benfica, Buraca e Venda-Nova ao Aeroporto de

Portela Sacavém e ao complexo da Estação Oriente e Parque das Nações, além de facilitar o acesso ao Estoril e a Cascais. A CRIL foi uma iniciativa da empresa governamental Estradas de Portugal que contribuiu para aliviar os congestionamentos de trânsito. Para o diretor de Contrato da BPC nessa obra, José Joaquim Ferreira Martins, foi uma ação muito desafiadora. Ele explicou: "A situação urbanística exigiu grande movimento de terra. Tivemos de fazer dois túneis, o Benfica, de 1.446 metros, que passa junto ao histórico Aqueduto, e o de Venda Nova, de 300 metros". Trabalharam na obra 3.181 operários, dos quais 85% portugueses e 15% de outras nacionalidades.

Marcelo Odebrecht não compareceu à inauguração do trecho da CRIL, mas esteve em Lisboa na gestão Sócrates para defender a capacidade de sua construtora para futuras missões. Tais ambições esbarravam na grave crise econômica da Europa, que atingiu, em maior escala, Itália, Espanha, Grécia e Portugal, em contraste com os anos de prosperidade dos portugueses após a entrada na União Europeia. Os governantes desses países, pressionados pelo Fundo Monetário Internacional (FMI) e pelos países ricos do bloco, tiveram de tomar medidas amargas. O índice elevado de desemprego foi um dos dramas. Em época de crise, estava encerrado o ciclo português de novas e modernas rodovias, deixando menos movimentado os escritórios da Odebrecht, ex-BPC, num elegante condomínio residencial e comercial no subúrbio de Oeiras, entre Lisboa e Cascais. A depressão, no entanto, não prejudicou a conclusão da CRIL e de outras obras. Em todas elas, os diretores de Contrato eram portugueses, geralmente engenheiros ou administradores de empresas. O autor do livro esteve em Portugal três vezes, de 2011 a 2017, conheceu o CRIL, o metrô, a Ponte Vasco da Gama e várias outras obras em Lisboa.

UM REFORÇO À VOCAÇÃO PARA O TURISMO

O aprimoramento da infraestrutura contribuiu para que Portugal viesse a reforçar sua vocação para o turismo, beneficiado por atrações: clima agradável, ótimas praias com sol na maior parte do ano, população cordial, tesouros históricos, excelentes opções gastronômicas e grande variedade de vinhos. Empresas investiram em novos hotéis. Lisboa, Porto, a região do Algarve e a Ilha da Madeira recebem enorme contingente de visitantes a cada ano. Portugal ficou na moda.

Nesse panorama, algumas das principais obras da Odebrecht no país foram em torno das rodovias, da mobilidade urbana e do transporte coletivo.

O metrô de Lisboa, por exemplo, que até os anos 1980 se limitava a duas linhas, a Azul e a Verde, ganhou mais duas, a Vermelha e a Amarela. Coube à Bento Pedroso participar do consórcio, ao lado das empresas Somague, Mota Engil e Spie Batignolles, para construir a extensão de 2 quilômetros e meio da linha Vermelha, entre as estações Saldanha e São Sebastião, inaugurada em agosto de 2009. O metrô agora chega ao Aeroporto Humberto Delgado, em Portela-Sacavém, às três principais estações ferroviárias – Oriente, Santa Apolónia e Restauradores –, ao terminal de barcos regionais junto ao Tejo e a estádios de futebol.

Porto, a segunda maior cidade portuguesa, igualmente polo turístico, não tinha metrô até 2002, ano em que recebeu a primeira linha de um veículo leve, tipo bonde elétrico, para ligar o belo centro histórico a outras atrações, ao aeroporto, à estação ferroviária São Bento e à vizinha cidade de Vila Nova de Gaia, produtora de vinhos do porto, do outro lado do Rio Douro. Os trens amarelos, de tecnologia francesa, silenciosos e modernos, enfrentam trechos de superfície e sete quilômetros de túneis, provocando o fim dos antigos bondinhos que atrapalhavam o tráfego. Em apenas dez anos, a rede metropolitana recebeu mais cinco linhas, e o total de estações subiu para 81. A Odebrecht/Bento Pedroso, juntamente com a empresa Lena, ficou com a tarefa de levar adiante o prolongamento da linha D, em Gaia, até as estações de Santo Ovídio e D. João II, concluído em outubro de 2011. O engenheiro português Luís Temido, mais de 20 anos na Bento Pedroso, diretor de contrato naquela obra, explicou que o grande desafio foi a estação subterrânea de Santo Ovídio: "Tivemos de executar o túnel sem a interrupção do fluxo diário de milhares de pedestres e veículos na área. Deu certo".

Uma das mais recentes obras da Odebrecht/Bento Pedroso na região de Lisboa também tem tudo a ver com a vocação turística de Portugal: um trecho do novo acesso às praias do litoral, do outro lado do rio, área chamada de Baixo Tejo. A ponte inaugurada em 1966 – que teve o nome do ditador Salazar até a Revolução dos Cravos, de 1974, virou Ponte 25 de Abril, data da redemocratização do país – é o acesso mais direto à cidade de Almada e aos balneários, que nos fins de semana de primavera e verão ficam repletos de lisboetas. Outra opção para a travessia são os barcos que partem do Cais do Sodré. A Autoestrada do Baixo Tejo integra um conjunto de 70 quilômetros de infraestruturas, uma extensão sul do anel viário da região da capital. O lote norte dessa obra coube a Bento Pedroso, juntamente com a Lena e a MSF, tendo como cliente a empresa Estradas de Portugal. Foram 4 quilômetros de duas pistas desse complexo, numa área perto dos balneários de Caparica. O diretor de Contrato, Bruno Medeiros, explicou os obstáculos superados: "No trajeto, havia enormes postes de linhas de alta-tensão, que teriam de ser deslocados, com a permissão da empresa de eletricidade. Além disso, houve a necessidade de demolição de algumas casas para a construção de viadutos. Demorou um ano, mas conseguimos". A obra foi inaugurada em 18 de novembro de 2011, com traçado moderno, quase sem curvas. Os motoristas que reclamavam dos congestionamentos provocados pela atividade de operários e máquinas naquele trecho agora percebem o quanto ficou mais rápido o caminho pelo Baixo Tejo.

A obra da construtora luso-brasileira concluída mais recentemente fica na região de Trás os Montes, no extremo nordeste de Portugal, perto da fronteira com a Espanha: uma intervenção de engenharia iniciada em 2008 para o Aproveitamento Hidrelétrico (AHE) do Baixo Sabor para a empresa EDP – Gestão da Produção de Energia S.A. Para esse trabalho, a Odebrecht/Bento Pedroso não esteve sozinha. Claro, mais uma vez, atuou com sua quase irmã, a Lena Construções. O Rio Sabor nasce numa área elevada da Espanha, atravessa vales verdes de Portugal e desemboca no lendário Rio Douro, o que passa pela cidade do Porto. O projeto integra o Programa Nacional de Barragens de Elevado Potencial Hidrelétrico, criado pelo governo português em 2007. A instalação das duas barragens do Baixo Sabor e de outras semelhantes em outras regiões ajudou a reforçar a potência elétrica do país. O diretor de Contrato da obra, Gilberto Costa, comentou: "As barragens reversíveis, como estas, podem armazenar água para os períodos de maior consumo, aproveitando a energia excedente das usinas eólicas". Os reservatórios ficam dispostos no distrito de Bragança, entre as pequenas cidades de Torre de Moncorvo, Alfândega da Fé, Mogadouro e Macedo de Cavaleiros. Encerrados os trabalhos das construtoras, a área voltou à habitual tranquilidade. Os pastores de ovelhas e os produtores de vinho locais comemoram o silêncio, mas com a certeza de que não vai faltar energia elétrica em suas casas. A Odebrecht contribuiu para isso. E não abre mão de incluir o Baixo Sabor entre suas obras exemplares em Portugal.

CAPÍTULO 12

ANGOLA, GUERRAS, DITADURA… E OBRAS

João Santana em Angola por quase uma semana, em julho de 2012, um ano depois da primeira visita ao país. Angola tem povo acolhedor, apesar de sofrido, e concentra algumas das paisagens mais bonitas da África, mas está longe de ser um atraente destino turístico. Há detalhes que assustam: o mosquito da malária, o risco de assaltos, a precariedade dos serviços, as limitações da infraestrutura, a burocracia na concessão do visto consular e a corrupção presente até no momento do embarque no aeroporto. O mais influente marqueteiro político do Brasil, entretanto, estava preparado para essa nova viagem, uma missão de trabalho e não de lazer. Acompanhado da esposa e sócia Mônica Moura, e de quatro colaboradores de sua empresa, o baiano Santana hospedou-se no melhor hotel de Luanda, usou repelente contra o mosquito, teve proteção policial ao circular pela cidade e evitou manifestar publicamente sua opinião sobre as características do país que tanto atemorizam os visitantes de primeira viagem. Ele esteve lá na condição de aliado do presidente de Angola, José Eduardo dos Santos, candidato a mais uma eleição, em que a vitória, um mês depois, lhe garantiria chegar a 2017 com a impressionante soma de 38 anos seguidos no cargo, longevidade superada na África somente pelo eterno tirano Robert Mugabe, do Zimbábue.

Na democracia peculiar de Angola, de estilo ditadura, em que cada eleição termina com a oposição denunciando o partido do poder, o MPLA, pela prática de fraude, a eventual ajuda da equipe de João Santana até poderia ser considerada dispensável. Mas não foi o que pensaram o ex-presidente Lula, amigo de José Eduardo, e o comando da Odebrecht, a empreiteira com maior número de obras no país. A reeleição, portanto, deveria ocorrer sem qualquer susto. Para tanto, a contratação de um marqueteiro milagreiro, criativo, eficiente na reeleição de Lula em 2006 e na eleição de Dilma Rousseff em 2010, fez parte da estratégia planejada em 2011 para evitar mudanças no controle de Angola, país de população na maioria pobre, mas incluído em rankings mundiais como 7º maior produtor de diamantes e 15º em petróleo. Na África, apenas a Nigéria supera a crescente produção de petróleo de Angola, cujo conselho da empresa estatal, a Sonangol, tem sido presidida e dominada pela filha de José Eduardo, Isabel dos Santos, a mais rica africana, resistindo às acusações de corrupção.

Quem vai pagar esta conta?

Isabel pode ser rica e seu pai pode ter acumulado fortuna em quase quatro décadas na presidência, mas o preço de uma campanha eleitoral de João Santana costuma ser exageradamente elevado. Quem pagaria a conta? Santana, que começou a vida profissional como repórter de jornal e revista em Salvador e que aderiu ao marketing dizendo que pretendia ganhar mais, foi alçado à condição de marqueteiro oficial do Partido dos Trabalhadores depois do afastamento de Duda Mendonça no escândalo do mensalão, em 2006, e não se preocuparia com a origem dos dólares abocanhados em sua missão africana.

O fato é que José Eduardo dos Santos venceu as eleições, viajou ao Brasil ao lado da filha milionária para acompanhar a abertura da Copa do Mundo de 2014, em São Paulo, e chegou a 2017 confirmando que não seria candidato a mais um mandato. Sua saúde, ultimamente, não vinha bem. Em julho, fez duas viagens para Barcelona para tratamento de um AVC e manteve o apoio ao candidato do MPLA às eleições de 23 de agosto, o general João Lourenço, mas antes assinou decretos para manter vários aliados no governo, entre os quais sua filha.

Somente em abril de 2017, quase cinco anos após o pleito de 2012, é que surgiram delações sobre a matemática financeira responsável pelo pagamento da conta de políticos angolanos ao brasileiro João Santana. A revelação foi feita por Mônica Moura, mulher de Santana, ao depor perante o Ministério Público em Curitiba, por conta da Operação Lava Jato. Ela e o marido haviam sido detidos no começo de 2016, na volta apressada de mais uma missão internacional, a das eleições na República Dominicana. Ficaram presos em Curitiba por algumas semanas e foram condenados a 8 anos e 4 meses de cadeia, podendo recorrer em liberdade. Em abril de 2017, em depoimentos perante o juiz Sérgio Moro para obter benefícios da delação premiada, o casal de marqueteiros detonou o processo angolano, cuja divulgação foi autorizada pelo ministro do STF Edson Fachin.

Mônica disse que, por influência de Lula, a Odebrecht pagou não apenas uma parcela daquela campanha de Angola como ajudou na de Hugo Chávez na Venezuela, também em 2012, e nas de dois países da América

Central – Panamá e El Salvador. Ela explicou que o preço total de Angola pelos serviços de fevereiro a agosto ficaria em US$ 50 milhões e que dirigentes do MPLA haviam exigido da Odebrecht uma colaboração de US$ 20 milhões para liquidar a conta. Mônica afirmou que o diretor regional da empresa, Ernesto Baiardi, depois de consultar Marcelo Odebrecht, aceitou transferir US$ 15 milhões para uma conta offshore de Santana e entregar-lhe US$ 5 milhões em dinheiro vivo, em Angola mesmo. Não foi difícil conseguir a permissão de Marcelo, pois as negociações para a entrada da equipe de João Santana em cena haviam sido iniciadas, já em 2011, por Lula e Emílio numa viagem a Angola. Lula estava impressionado com o trabalho do marqueteiro baiano nas eleições brasileiras.

Especialistas brasileiros em marketing consideram muito altos os preços da empresa de Santana para campanhas eleitorais em Angola, no Brasil e em outros países. Mas o preço tem a ver com a supervalorização do casal baiano quando das vitórias em várias eleições, com um estilo que impõe o jogo duro do candidato e recorre a ficções, como o filme do possível desaparecimento da comida da mesa dos pobres na hipótese de o(a) candidato(a) rival vencer, caso da campanha de Dilma em 2014. No Brasil, o uso de doações do caixa 2 de empreiteiras para a campanha de reeleição de Dilma Rousseff e Michel Temer em 2014 levou a uma ação do PSDB pedindo a cassação da chapa no Tribunal Superior Eleitoral (TSE), que em junho de 2017 retomou o julgamento do caso. Na ocasião, o ministro Herman Benjamin, relator do processo, ressaltou "os gastos milionários na propaganda eleitoral". O resultado do julgamento: por 4 votos a 3, a chapa foi absolvida. Ficou afastada a possibilidade de cassação de Temer naquela ocasião.

No Talatona Convention, em 12 de julho, a equipe de João Santana cruzou, por acaso, com quatro jornalistas brasileiros da revista "Odebrecht Informa" que tinham ido jantar naquele hotel e que estavam em Luanda para produzir uma edição especial voltada apenas ao público angolano, para circular em agosto, às vésperas das eleições. Foi uma edição de 40 páginas, em português de Portugal – características linguísticas portuguesas assimiladas pela ex-colônia, onde a palavra brasileira "trem", por exemplo, significa "comboio"; "equipe"

GLÓRIA, QUEDA, FUTURO

é "equipa"; "projeto" é "projecto". Nas páginas internas, surgiram 12 reportagens e fotos em torno do tema da capa: "Angola – 10 anos de paz. Parceria e contribuições da Odebrecht para o desenvolvimento do país".

Desde a independência, em 1975, Angola havia passado por convulsões, com brigas entre três facções políticas, que redundaram em guerra civil, encerrada em 2002 com a vitória do MPLA, de esquerda, de José Eduardo, sobre a UNITA, de direita. Fazia sentido mencionar na revista os 10 anos de paz, tempo em que o país tentou curar suas feridas. Com aldeias destruídas, muita gente do campo foi morar nas maiores cidades. A região da capital, Luanda, saltou de 1,5 milhão de habitantes para 6 milhões; Benguela, de 800 mil para 2 milhões. Era necessário executar obras para garantir moradias e água para tantas pessoas e recuperar as ruas, avenidas e estradas. Campo fértil para uma empreiteira ambiciosa e competente.

A Odebrecht prestou atenção principalmente nas riquezas naturais de Angola, como os diamantes e o petróleo, e na necessidade de reerguer o que estava destruído. Assim, iria ampliar sua presença, iniciada em 1979 com a obra pioneira da Usina Hidrelétrica de Capanda, erguida em parceria com empresa russa da antiga União Soviética. Em 33 anos de atuação da Odebrecht em Angola, o Brasil teve oito presidentes – João Baptista Figueiredo, José Sarney, Fernando Collor, Itamar Franco, Fernando Henrique Cardoso, Luiz Inácio Lula da Silva, Dilma Rousseff e Michel Temer. Nesse mesmo período, Angola teve apenas José Eduardo dos Santos. A jovem nação africana passou por intermináveis guerras para tentar se libertar do secular domínio português, até que, em 1975, um ano após a Revolução dos Cravos, responsável pelo fim da ditadura, Portugal decidiu conceder autonomia às colônias. A independência, porém, não significou a paz: facções políticas entraram em luta pelo poder, e lá se foram dez anos de guerra civil. O primeiro presidente, Agostinho Neto, médico e poeta, líder do partido esquerdista Movimento Popular de Libertação de Angola (MPLA), havia lutado no exílio pelo grande momento da autonomia. Venceu duas resistências, a de Portugal e a das duas outras facções. Na disputa do poder, o MPLA, derrotou a União Nacional para a Independência Total de Angola (UNITA) e a Frente Nacional de Libertação de Angola (FNLA). Agostinho morreu aos

56 anos, em 19 de setembro de 1979, num hospital de Moscou, onde fazia tratamento de câncer no fígado. José Eduardo, um de seus maiores amigos e companheiros de governo, assumiu a presidência com pulso de ferro e com apetite por vantagens, e foi ficando no cargo. A oposição protestou contra o estilo de reeleição de 2012, diante da evidência da participação da Odebrecht na campanha. O jurista Rui Verde explicou que o episódio constituiu violação às leis angolanas, que proíbem o financiamento de campanhas eleitorais por empresas estrangeiras. O MPLA, no entanto, domina não só o Poder Executivo como também o Legislativo e o Judiciário.

OBRAS QUE ATENUARAM OS PROBLEMAS

Angola, país de 1.246.700 quilômetros quadrados (o correspondente ao Estado brasileiro do Pará), situado no sul da costa oeste da África, entre a República do Congo, a República Democrática do Congo, Zâmbia e Namíbia, tem cerca de 26 milhões de habitantes. O idioma oficial é o português, mas há seis línguas nativas também com o status de idiomas nacionais: Kikongo, Chokwe, Umbundu, Kimbundu, Nganguela e Kwanyama. O índice angolano de desenvolvimento, IDH, 0,532, está em 149º no mundo, um dos mais baixos.

As três décadas da Odebrecht em Angola foram positivas para a construtora brasileira, para os governantes angolanos e, afinal, também para uma parcela da população do país, que percebeu a melhora de suas condições quanto à saúde, educação, moradia, saneamento básico, energia, emprego e mobilidade. A maioria das dezenas de obras desse período tem sido útil para bairros de alto padrão de Luanda, como Talatona, e para o desenvolvimento de projetos habitacionais para famílias de baixa renda em Viana. Um passeio pelas diferentes áreas da capital, no entanto, conduz à certeza de que Angola, a exemplo de outros jovens países africanos, convive com incríveis contrastes sociais, em que a pobreza constitui triste maioria.

Tudo começou com Capanda, em 1984. E havia uma razão de ser: o governo angolano sabia que, para tentar reconstruir uma parte do que havia sido devastado nos conflitos entre os rebeldes e as forças portuguesas até a independência, a energia elétrica surgia como ponto de partida. Assim, houve prioridade para Capanda, na província de Malanje, a 400 quilômetros de Luanda. O projeto de construir uma usina hidrelétrica naquele trecho do Rio Kwanza já existia desde os tempos coloniais. Conquistada a independência, e com o predomínio do partido MPLA na longa polêmica política para definir o governo, a tendência de esquerda dos vencedores atraiu o interesse do berço do grupo de países comunistas da Europa, a União Soviética, que procurava exercer influência sobre os países subdesenvolvidos da América Latina e da África. Foi assinado um convênio de cooperação de Moscou com o Peru, a Etiópia e Angola. Nesse quadro, coube a uma empresa russa, a Technopromexport, aplicar sua experiência em Capanda para uma unidade de potência instalada de 520 megawatts. Na busca de um parceiro, optou-se pela seleção de alguma empresa do Brasil, país que, embora estivesse numa ditadura militar de direita, havia iniciado abertura pelo retorno à democracia. Foi a sorte da Odebrecht, que então gozava de prestígio junto ao governo brasileiro, a ponto de ser indicada para a missão do outro lado do Atlântico.

Com a queda do Muro de Berlim e seus desdobramentos, a União Soviética deixou de existir em dezembro de 1991, sendo desmembrada em 15 repúblicas – a Rússia, a maior. Na mesma época, eram intensos os conflitos armados entre as facções angolanas, o que tumultuou bastante as obras da usina. Bombardeios e atentados com granadas retardaram os trabalhos. A barragem de 110 metros de altura, afinal, ficou pronta, assim como as duas primeiras turbinas. Em 1992, havia 4.200 operários atuando no local, dos quais 530 brasileiros, e os trabalhos tiveram de ser suspensos por causa da violência. Foram retomados em 1997, mas pararam novamente em 1999. No ano seguinte, os operários voltaram e foi possível concluir a barragem. Em 2002, fechadas as comportas, começou a ser formado o lago. Em 2004, Capanda começou a fornecer energia elétrica para Luanda.

De 1984 a 2004, a Odebrecht se consolidou em Angola, abrindo novas frentes de trabalho, mas as usinas hidrelétricas continuaram exigindo especial atenção da construtora, mesmo porque o governo decidiu levar adiante três outras obras de geração de energia: as usinas de Gove, Cambambe e Laúca. O caso de Gove era uma simples reforma da antiga barragem e a instalação de três turbinas, no Rio Cunenel, na província de Huambo, com capacidade para apenas 60 MW. A usina de Cambambe, por sua vez, também precisava de reforma, porém com um projeto bem mais ambicioso, no Rio Kwanza, o principal do país. Houve um processo de seleção, vencido pela Odebrecht, que iniciou o trabalho em 2009 e terminou em 2016, garantindo geração de 960 MW.

A maior hidrelétrica, no entanto, é Laúca, com 2.067 MW de potência instalada, quatro vezes o total de Capanda. A primeira fase da obra, em julho de 2002, consistiu no desvio do curso do Rio Kwanza, na província de Malanje. Houve um grande empenho do presidente José Eduardo dos Santos para que Laúca ficasse pronta em meados de 2017, antes das eleições, mas a redução dos investimentos do BNDES sob o governo Michel Temer retardou os trabalhos. Em sua propaganda institucional nas emissoras de TV de Angola e num canal de Portugal, José Eduardo apresentou Laúca como a redenção nacional. O estilo personalista do dono do poder fez com que Angola participasse da Exposição Mundial de 2015, em Milão, com um pavilhão caríssimo, maior que o do Brasil, com fotos do presidente e de suas realizações – uma Angola bem mais evoluída do que a observada por quem visita o país.

A potência das quatro usinas chega ao expressivo total de 3.607 MW, pouco além da geração da grande Usina de Santo Antônio, construída pela Odebrecht em parceria com a Andrade Gutierrez, no Brasil. No entanto, não basta ter geradoras de energia: é preciso garantir linhas de transmissão para abastecer as cidades, tarefa que também ficou com a Odebrecht, por conta de um contrato com o Ministério de Energia e Águas. Em 2017, centenas de quilômetros de linhas suspensas por enormes torres metálicas já atravessavam o território, integrando as usinas e levando energia para as empresas e luz até para aldeias distantes.

Os anos 2000 têm sido pródigos para a Odebrecht em Angola, tanto sob a presidência de Emílio Odebrecht quanto na gestão de Pedro Novis e na de Marcelo Odebrecht. A construtora brasileira tem tudo a ver com uma transformação de Luanda. A capital angolana era uma cidade bonita e organizada, mas começou a perder os encantos na fase mais aguda dos conflitos entre os rebeldes e os soldados de Portugal. A conquista da independência, em 1975, que parecia ser um alívio para todos, levou a população branca, de sangue português, a abandonar a antiga colônia. A violência só mudou os atores, com grupos políticos locais se defrontando constantemente, destruindo Luanda, Benguela, Lobito e outras cidades e espalhando o terror pelo campo. Somente a partir de 2002, com a vitória do MPLA sobre a UNITA, surgiu a paz, num país de enormes cicatrizes. Era preciso mudar a imagem. Ótimo para a Odebrecht, que aceitou a missão, em tempos de Lula no governo brasileiro, amigo de José Eduardo. Recuperar Luanda, as ruas, as avenidas, os serviços, o aeroporto e o fornecimento de água, além da criação de moradias e a reforma das principais rodovias. As mãos da Odebrecht estiveram em toda parte, mas, independentemente dos cuidados para renovar o antigo centro da capital e melhorar o padrão de vida da população mais pobre, houve um especial carinho para o surgimento de uma autêntica Ilha da Fantasia na capital angolana, o bairro de Talatona.

É em Talatona que a Odebrecht construiu, a partir de 2009, o Belas Business Park, um conjunto de seis edifícios de escritórios. Num deles, está instalada a sede do braço angolano da empresa, que, numa grande área ao lado, ergueu o primeiro shopping center de Luanda, bastante frequentado principalmente nos fins de semana. Na mesma época, a construtora lançou o Noblesse Residence, condomínio de 13 prédios de cinco andares de apartamentos de alto padrão. O sucesso desse empreendimento levou a Odebrecht a preparar outras iniciativas no campo imobiliário em Talatona, os conjuntos São Paulo de Luanda, Mansões do Vale e Arte Yetu. Num raio de três quilômetros, foram construídos vários condomínios horizontais fechados e o elegante hotel em que a equipe do marqueteiro João Santana ficou hospedada em 2012.

Para chegar a essa região, era preciso preparar vias adequadas. E foi o que fez a própria Odebrecht, a começar por uma das avenidas mais emblemáticas da cidade, a extensa Avenida da Samba, bastante castigada pelas guerras e completamente reformada e alargada nos anos 2000. O Projeto de Revitalização de Eixos Viários de Luanda, de âmbito governamental, ficou a cargo da empresa brasileira para fazer uma completa reforma em ruas, avenidas e praças do centro. Já a Ilha de Luanda, uma península que se estende pela zona sul, teve sua avenida reforçada e prolongada, junto à praia, dando chance à abertura de restaurantes e danceterias. A vida noturna do lugar, com uma linda vista da baía, tendo ao fundo os edifícios mais altos da capital, passou a entusiasmar os jovens da elite e da classe média.

Famílias de baixa renda, no entanto, foram beneficiadas com a construção de sistemas de captação e tratamento de água do Rio Kwanza para que fosse reduzido um problema crucial, a falta de água potável. Coube à Odebrecht cuidar dessas obras, que garantiram o fornecimento domiciliar a milhares de residências. Bairros de acesso mais difícil receberam fontanários públicos, torneiras em que as donas de casa levam baldes, buscando água para o banho da família e para preparar comida.

No Zango, município de Viana, na região metropolitana de Luanda, o governo decidiu construir 20 mil casas populares para abrigar pessoas que haviam ficado espalhadas por favelas na época posterior à guerra civil. A tarefa de urbanizar a área, erguer as residências e cuidar do serviço de água foi da Odebrecht. Para ampliar as perspectivas de industrialização de Angola, José Eduardo dos Santos encomendou à empresa amiga o gigantesco empreendimento Zona Econômica Especial Luanda-Bengo, uma área para a instalação de até 200 fábricas grandes, médias e pequenas. Às vésperas da eleição de 2012, o presidente inaugurou as primeiras delas. Ao lado, a Odebrecht e as esposas de funcionários da empresa apoiam obras sociais de religiosas católicas, a Comunidade de Mussende, um povoado de mais de 3 mil habitantes, refugiados da guerra, e ajudam a cuidar das escolas e centros de saúde. Outras iniciativas da construtora no campo social ocorrem em quase todas as obras da capital e do interior.

De olho nas grandes riquezas naturais de Angola, a Odebrecht preparou uma área em Benguela para ser construída a refinaria de petróleo da Sanangol: o país é grande produtor e exportador de óleo, mas precisa ampliar a produção de gasolina para consumo nacional. Os diamantes, outros tesouros angolanos, também atraíram a empresa de Norberto, que passou a participar da Sociedade Mineira Catoca, na província de Lunda Sul. E, com tecnologia brasileira, a Odebrecht liderou a construção do Polo Agroindustrial de Capanda, que inclui a Biocom – Companhia de Bioenergia de Angola, para a produção de açúcar e etanol, já em atividade. A Biocom foi alvo de uma ação na Justiça, com a denúncia do uso de trabalho escravo. Até uma rede de supermercados, Nosso Super, com dezenas de lojas em todo o país, tornou-se alto negócio para a Odebrecht, que, assim, dedicou-se também ao comércio, empregando mais de 2 mil angolanos.

Com participação e interesses tão amplos e diversificados em Angola, o grupo brasileiro só poderia desejar que o governo não mudasse em 2012, daí a preocupação da família Odebrecht em participar direta e indiretamente da campanha eleitoral. Os marqueteiros João Santana e Mônica Moura foram recebidos com cordialidade em todos os locais visitados. E embolsaram o pagamento exigido pelo trabalho endossado por Lula. Ao circular por Luanda, o casal seguiu os conselhos locais de usar um poderoso repelente contra os mosquitos transmissores da malária. Essa doença ainda mata muita gente no país. O que também mata é a corrupção, ao desviar para políticos e parceiros o dinheiro que poderia ser usado na saúde e na segurança. E a corrupção, que tomou conta do governo nacional, das administrações regionais e de empresas públicas, está em toda parte.

Não acontece com João Santana, blindado por um esquema especial, mas ocorre frequentemente com viajantes comuns: no aeroporto, o passageiro enfrenta longa fila para fazer o *check-in* e, quando acredita que os problemas estão superados e o embarque para o Brasil será imediato, ainda passa por uma tortura. O funcionário público encarregado do controle de metais nas bagagens de mão exige dinheiro, mesmo quando essa bagagem só contém papéis. No controle de passaportes, a policial examina as páginas e diz que "o visto está vencido" e que é preciso pagar uma multa de 100 dólares. O visto não está vencido, e os mais afoitos acabam pagando a "taxa". O autor do livro viveu essa experiência singular, em três visitas a Angola. Em seguida, antes de ir à sala de embarque, os passageiros são submetidos a uma revista, tendo de mostrar o dinheiro que levam na bolsa ou carteira. É proibido levar notas de kwanza, a moeda nacional. Sendo encontradas, são apreendidas pelo esperto funcionário, que aproveita para tirar alguns dólares da carteira do viajante. Entrar no avião garante alívio. Fica para trás um país que merece um futuro melhor, algo além de obras de todos os tipos, anunciadas em propaganda ditatorial.

CAPÍTULO 13

COM OS ESTADOS UNIDOS NÃO SE BRINCA

Entre a chegada da Odebrecht aos Estados Unidos, em 1991, e a exposição internacional do conceito moral do grupo sob o efeito da Lava Jato, no decorrer de 2016, foram 25 anos de grandes realizações no território americano. A maioria das obras concentrou-se em Miami, na Flórida, como a linha de metrô suspenso e a ampliação do aeroporto. A Braskem, marcando presença naquele importante mercado a partir de 2010, ampliou a diversificação da Odebrecht ao assumir cinco unidades de produção de polipropileno – três no Texas, uma na Pensilvânia e uma em Virgínia Ocidental. Não foi fácil conquistar tal espaço e o respeito dos clientes governamentais e privados. No entanto, a estabilidade dos negócios do grupo brasileiro na América do Norte esteve ameaçada duas vezes, exigindo ações políticas do comando. O primeiro caso, em 2012, foi menos complicado: o governo da Flórida tentou vetar empresas estrangeiras que tivessem obras em Cuba, ameaça que acabou sendo afastada.

O segundo caso, quatro anos depois, foi algo além de um susto, e alcançou as proporções de um furacão, desta vez procedente da América do Sul, mais precisamente do Brasil. Os furacões que assolam a Flórida costumam surgir do Caribe em direção à costa americana. Cada um ganha um nome próprio. Este chegou do sul em 2016 e poderia ter o nome de Marcelo. Na sequência da divulgação de irregularidades da Odebrecht no Brasil e em outros 11 países, o Departamento de Justiça dos Estados Unidos, em conjunto com autoridades brasileiras e da Suíça, estabeleceu pesadas sanções ao grupo. O acordo de leniência foi fechado em Washington, prevendo uma multa de R$ 6,9 bilhões e a necessidade de um pedido de desculpas. Era a luta pela sobrevivência. De repente, diante de informações que evidenciavam costumes da Odebrecht e da Braskem de recorrer a propinas, que haviam somado o correspondente a mais de R$ 3,5 bilhões entre 2006 e 2014, o Departamento de Justiça americano divulgou uma nota, explicando ter em mãos um autêntico recorde: "É o maior caso de suborno internacional na história". Ótimo para a fama de eficácia dos Estados Unidos no combate aos crimes. Péssimo para o grupo Odebrecht e para a imagem do Brasil.

Ao colocar os pés na Flórida para abrir um escritório e iniciar os primeiros trabalhos, a Odebrecht já sabia do rigor das leis e das autoridades americanas, que não perdoam nem mesmo pessoas famosas. Escândalos por lá também não faltam, como os casos das falcatruas em Wall Street. A punição naquelas terras é que tem sido mais rigorosa do que na América Latina. Três semanas antes da prisão de Marcelo Odebrecht em São Paulo, o Brasil já havia tido uma clara demonstração dos padrões americanos para lidar com quem burla os interesses do país: em 27 de maio de 2015, foram presos dirigentes de futebol na Suíça, onde participariam de reunião na sede da Fifa. A operação, coordenada por autoridades dos Estados Unidos, deteve 12 pessoas de vários países, entre as quais José Maria Marin, ex-presidente da Confederação Brasileira de Futebol (CBF). Alguns dias depois, Marin, acusado de participar de uma ampla rede de extorsão e corrupção, foi extraditado para os Estados Unidos e teve de pagar fiança para aguardar o julgamento em prisão domiciliar, em seu apartamento de Nova York. Em maio de 2017, ele completou 85 anos de idade e dois anos de isolamento no exílio, diante de um futuro incerto. No Brasil, foi governador de São Paulo por dez meses, de maio de 1982 a março de 1983, como sucessor de Paulo Maluf, e posteriormente enfrentou denúncias de enriquecimento ilícito, sem que viesse a sofrer qualquer punição.

Assim como vários outros países da lista dos envolvidos no esquema de propinas da Odebrecht, os Estados Unidos tomaram medidas efetivas de prevenção contra o grupo brasileiro, que, por sua vez, entrou com a argumentação de que vem aplicando novas práticas de gestão, com total transparência.

OBRAS DE IMPACTO E DE QUALIDADE

Irregularidades à parte, a Odebrecht mantém elevado conceito nos Estados Unidos quanto à qualidade de seus serviços de engenharia. Suas obras de impacto em Miami e em outras cidades causam impressão positiva: a ampliação do aeroporto, a linha de Metrorail, pequeno metrô elevado, e dois modernos recintos de espetáculos de artes e de esportes.

Daphne Di Pasquale, nascida em Miami, não sabia falar português ao se tornar uma das primeiras contratações da Odebrecht na abertura do escritório americano, em 1991. Começou como recepcionista. Com o tempo, aprendeu o idioma falado pelos diretores e engenheiros da empresa, passando às funções de secretária e, depois, de assistente administrativa, até 2005, quando foi promovida ao cargo de Responsável por Pessoas e Organização na Odebrecht Estados Unidos, RH, que chegou a concentrar 700 profissionais de 39 países, na Flórida, no Texas e em Luisiana. Daphne se orgulha de ter participado das transformações de sua cidade. "Miami, hoje, é bem melhor do que era 20 anos atrás. Temos uma diversidade cultural. Fico satisfeita por ter acompanhado as mudanças, nas quais a Odebrecht teve papel importante". Ela cita duas monumentais estruturas erguidas pela construtora de origem brasileira: o Adrienne Arsht Center for Performing Arts e a American Airlines Arena. O primeiro recinto ampliou as perspectivas de Miami para organizar grandes espetáculos de música. O segundo, um ginásio coberto com capacidade para 22 mil pessoas, inaugurado em 1999, serve não só para jogos de basquete do time Miami Heat como também para shows de artistas internacionais. Os brasileiros Roberto Carlos e Ivete Sangalo cantaram lá, assim como os Rolling Stones, Madonna, Paul McCartney e Gloria Estefan.

A construção desses recintos esportivos e culturais impôs desafios, como a necessidade de reforçar as estruturas contra os riscos de furacões e de tempestades tropicais. Outra obra da Odebrecht para esportes, concluída em 2008, foi o novo estádio da Florida International University, construído no local do antigo, que havia sido demolido pela própria empresa. Em 2011, mais de 23 mil jovens estabeleceram o recorde de público, lotando as arquibancadas para o jogo de futebol americano entre os Golden Panthers, time da casa, e os Blue Devils, da Duke University.

O setor de transportes, por outro lado, também garantiu trabalho para a Odebrecht. Quem desembarca no Aeroporto Internacional de Miami percebe que os terminais estão mais modernos e funcionais. A empresa brasileira participou da ampliação do aeroporto, além da linha de Metrorail, que facilita a conexão dos viajantes com o sistema de metrô da cidade. Outro aeroporto da região, o de Fort Lauderdale, também foi aprimorado pela Odebrecht, que cuidou igualmente da infraestrutura de uma área de cargas do Porto de Miami. Na Flórida, o principal cliente para obras do grupo brasileiro é o Condado de Miami-Dade.

New Orleans, em Luisiana, uma das mais carismáticas cidades americanas, contou com o trabalho de várias construtoras, entre as quais a Odebrecht, para superar os enormes danos provocados pela passagem do furacão Katrina, em 29 de agosto de 2005. Com a experiência de ter executado obras na Flórida e desenvolvido barragens de usinas hidrelétricas em vários países, a empresa brasileira foi contratada pelo governo americano em 2006 para participar da reconstrução e fortificação de diques de contenção de água em vários lagos junto ao Rio Mississipi. Em 2010, novo contrato: para a construção de quatro estações de bombeamento de água ao longo do Lago Pontchartrain, um reforço à fórmula para evitar novas enchentes provocadas por furacões.

Houston, no Texas, a sexta mais populosa região metropolitana dos Estados Unidos, com mais de 5 milhões de habitantes, cresceu tanto nas últimas três décadas que já não lhe bastava um simples anel viário. Foi construído um segundo, mais distante do centro da cidade. Mesmo assim, era necessário um terceiro rodoanel, a gigantesca Grand Parkway. Em 2012, a Odebrecht uniu-se à empresa Zachry Construction Corporation, empresa americana com mais de 80 anos de experiência, formando um consórcio que derrotou rivais de outros países e conquistou a tarefa de construir, operar e manter os três trechos da Grand Parkway ao norte de Houston. Esses trechos somam 61 quilômetros, dos quais 26 são de pontes, tendo como cliente o Departamento de Transportes do Texas. As pistas foram abertas e pavimentadas, surgiram as pontes, assim como os postos de pedágio. O rodoanel está pronto. Famoso polo econômico, aeroespacial, de ciências, medicina e tecnologia, Houston exibe o lado positivo da Odebrecht.

Um dos braços da Odebrecht, a Braskem, chegou aos Estados Unidos em 2010, comprando unidades de produção de propileno, e cresceu com a tradicional rapidez do ambicioso grupo brasileiro. Mas os detalhes da origem e da evolução da Braskem no Brasil e no exterior são tantos que merecem um capítulo especial.

CAPÍTULO 14

O PORTO QUASE SECRETO DE CUBA

Cuba, controlada por um dos governos de mais longevidade e polêmicas do mundo, declarou seu agradecimento ao Brasil e à Odebrecht, em 2014, quando da conclusão de uma obra de grande importância econômica para o país: a ampliação e modernização de seu principal porto.

Porto? Que porto? Quem, o quê, onde, quando, como e por quê? Houve mistério por um bom tempo.

Na execução das obras, iniciadas em 2009 pela Odebrecht, com financiamento brasileiro, o assunto era comentado somente entre os governantes de Cuba, Venezuela e Brasil, e espionado pelo antigo inimigo cubano, os Estados Unidos. A mídia brasileira praticamente não tinha acesso ao tema. Até mesmo a revista "Odebrecht Informa", publicação oficial do grupo, que enviava repórteres e fotógrafos a mais de 20 países para relatar as histórias de numerosas realizações, fazia de Cuba um tabu, uma notícia proibida, oculta. O porto quase secreto estava em marcha progressiva, em Mariel, pelas mãos de uma construtora do Brasil, com financiamento do BNDES do Brasil. Hora de agradecer.

"Gracias, muchas gracias a Brasil", disse na inauguração do porto, em 16 de janeiro de 2014, o presidente de Cuba, Raúl Castro, sucessor do irmão, Fidel, que lhe passara o poder ao admitir graves problemas de saúde, em 2006. O agradecimento foi feito diretamente à presidente do Brasil, Dilma Rousseff, presente no local para a entrega da obra, a 45 quilômetros de Havana. A festa entre os aliados políticos dos dois países se completaria dois meses depois, com a visita de Lula para receber abraços de Raúl e de Fidel.

Nos primeiros dias de 1959, quando as forças rebeldes de Fidel Castro depuseram o presidente Fulgencio Batista, provocando sua fuga para a República Dominicana e encerrando uma ditadura corrupta, a esperança renasceu na ilha. Na mesma época, em São Paulo, um garoto pobre de 14 anos, o pernambucano Luiz Inácio, trocava a vida de engraxate pelo primeiro emprego como auxiliar de escritório, numa empresa de armazéns. Lula seria metalúrgico, líder sindical em greves históricas sob o governo militar, membro fundador do Partido dos Trabalhadores e presidente do Brasil por oito anos. Ao ser eleito, em 2002, tratou de ir a Havana para se confraternizar com os amigos Fidel e Raúl. As viagens a Cuba foram frequentes em seus dois mandatos e depois de ter passado a presidência para Dilma.

O Brasil troca de comando desde o fim de sua ditadura; Cuba, não. Em 58 anos, completados em 2017, houve apenas a substituição de um Castro por outro, ambos sob o regime comunista. Polêmicas e ideologias marcaram uma verdadeira Guerra Fria e inúmeras tensões entre Cuba e os Estados Unidos; a esquerda brasileira, incluindo o PT, procurou fazer de Fidel um exemplo a ser seguido.

Cuba, de área e população correspondentes à metade do Estado de São Paulo, é a maior ilha entre as dezenas espalhadas entre o Atlântico e o Caribe. Pouco mais de 400 quilômetros separam a cidade de Key West, na Flórida, extremo sul dos Estados Unidos, e Havana. Por ali, quase houve guerra, nos anos 1960, com iniciativas bélicas da União Soviética, parceira de Fidel, e uma fracassada tentativa americana de invasão na Baía dos Porcos. Ao adotar a linha dura, o governo castrista havia fuzilado centenas de integrantes da ditadura Batista e provocado a fuga de milhares de descontentes com o novo regime, que foram morar na região de Miami, formando um reduto de oposição exilada. Em 2015, a distância e as diferenças pareciam diminuir: o governo americano, na gestão de Barack Obama, anunciou a possibilidade de encerrar o prolongado boicote a Cuba e aceitou participar de negociações de reaproximação. Em 20 de março de 2016, Obama visitou Havana, apertou a mão de Raúl Castro, abriu uma embaixada e falou em relações cordiais, que incluíam a liberação de visitas de turistas à ilha e acordos econômicos. No fim do ano, porém, a eleição do republicano Donald Trump logo lançou nuvens sobre o futuro dessa possível nova fase. Após a posse, em 2017, o temor acentuado pelas trapalhadas de Trump em seu primeiro ano na Casa Branca foi confirmado com o anúncio do fim da reaproximação com Havana.

O fato é que o Porto de Mariel está pronto e vai ser mesmo muito útil para Cuba, cuja economia ainda gira em torno da agricultura, em especial da produção de cana-de-açúcar. O Porto de Havana já recebe navios transatlânticos de turismo, enquanto Mariel serve de escala para cargueiros em direção ao ampliado Canal do Panamá e a potentes mercados internacionais.

O papel da Odebrecht no porto encerrou-se em 2014. Para frustração do grupo brasileiro, que esperava ser escolhido para participar da administração dos terminais de contêineres do renovado Mariel, Raúl Castro preferiu fechar contrato com uma empresa de Cingapura. A queda de Dilma e os reflexos da Lava Jato, em 2016, reduziram ainda mais a possibilidade de a Odebrecht ter novos contratos, mas ainda havia uma tarefa a ser completada pela construtora: a reforma do aeroporto de Havana, também com financiamento do BNDES. A fonte de dinheiro do Brasil para Cuba e para outros países governados por aliados de Lula secou no governo Michel Temer.

Emílio Odebrecht disse em depoimento perante a Operação Lava Jato que sua empresa entrou na missão do Porto de Mariel por pressões de Lula, que, por sua vez, estava repassando um pedido feito pelo então presidente da Venezuela, Hugo Chávez, falecido em 2013. Amigo e fiel aliado dos irmãos Castro, Chávez conseguiu obras da Odebrecht em seu país e também mostrou simpatia pela ampliação do porto cubano. No entanto, houve motivos para Emílio e Marcelo Odebrecht ficarem contrariados diante do pedido irrecusável de Lula: eles sabiam que os Estados Unidos poderiam entrar com represálias contra a empresa por manter obras simultâneas naquele país e em Cuba. O governo da Flórida havia sancionado uma lei ameaçando banir empresas internacionais que atuassem lá e, ao mesmo tempo, também na terra dos Castro. Por meio de experientes advogados, a Odebrecht derrubou o veto na Justiça americana e, com isso, conseguiu completar Mariel.

Consta que Lula atropelou pareceres técnicos do BNDES contrários ao financiamento para Cuba e determinou a criação de uma linha de crédito que vigorou de 2009 a 2013, com um total de pouco mais de US$ 682 milhões, mais de dois terços do preço global das obras. Sob a argumentação oficial de que se tratava de "Financiamento para exportação e serviços de engenharia destinados às obras de ampliação e modernização do Porto de Mariel e de sua infraestrutura de acesso", o dinheiro para pagar a Odebrecht foi sendo liberado. Em 2009, quando da primeira etapa do trabalho, foram U$ 43.435.000,00. Em 2010, o montante foi bem maior, US$ 108.715.000,00. Para a terceira etapa, em 2011, novo salto, para US$ 150.000.000,00, o mesmo da quarta etapa, em 2012. Para a conclusão da obra, em 2013, foram liberados mais US$ 229.910.550,00. Estes números, secretos por muito tempo, constam atualmente do site da Odebrecht, no link de Transparência, assim como o financiamento para a modernização e ampliação do Aeroporto Internacional José Martí, em Havana, e a aquisição de equipamentos para outros três aeroportos cubanos: US$ 150 milhões.

Fidel Castro morreu em 25 de novembro de 2016. Lula e Dilma foram a Cuba para as homenagens póstumas desembarcando na ala reformada do aeroporto. A família Odebrecht não poderia comparecer à inauguração: Marcelo permanecia preso em Curitiba e Emílio, às voltas com as delações premiadas da Lava Jato, ambos condenados por Sérgio Moro.

CAPÍTULO 15
PERU CERCA TRÊS EX-PRESIDENTES

A Rodovia Interoceânica Sul cumpre parcialmente sua missão de apoio ao aprimoramento da integração entre o Peru e o Brasil. Da cidade de Urcos, na região de Cuzco, até Iñapari, na fronteira com o Brasil, são 656 quilômetros de asfalto pelas curvas da Cordilheira dos Andes e pelas retas da Planície Amazônica. Esse trecho, grande desafio para a engenharia da Odebrecht, garante a conexão entre a rede rodoviária peruana e a brasileira. Agora, as cidades do Brasil têm acesso ao Pacífico, enquanto moradores do Peru chegam ao Atlântico, superando a natural barreira dos Andes. Automóveis e caminhões vencem o percurso, que teve suas obras concluídas em 2012. Logo após a inauguração da nova rodovia, foi lançada a mais longa linha de ônibus da América do Sul, 5.917 quilômetros entre Lima e São Paulo – quatro dias e quatro noites de viagem.

Uma expressiva conquista, sem dúvida. Pena que a corrupção tenha contribuído para a elevação do preço da rodovia e ampliado antigas lutas políticas no país. A corrupção, neste caso, é inegável. Foi confessada pela própria Odebrecht durante as investigações das autoridades peruanas ao longo de 2016 e 2017. E o principal acusado de corrupção passiva é o ex-presidente peruano Alejandro Toledo, que em sua gestão, de 2001 a 2006, foi o responsável, em 2005, pela assinatura do contrato para a execução da obra da Interoceânica Sul.

Além de Alejandro Toledo, dois outros ex-presidentes se complicaram no escândalo. Um deles, Ollanda Humala, no poder até 2016, foi preso em julho de 2017, juntamente com a esposa, Nadine Heredia, ambos acusados de receber doação ilegal da Odebrecht para a campanha eleitoral de 2011. O outro, Alan García, duas vezes presidente do Peru, tem de provar que a escolha da construtora para completar a primeira linha do metrô de Lima não saiu de graça. Mas a confusão não fica por aí: até o presidente atual, Pedro Pablo Kuczynski, e sua adversária nas eleições de 2016, Keiko Fujimori, sofreram denúncias de envolvimento nas carícias financeiras da Odebrecht para conquistar obras no país. Keiko é filha do ex-presidente Alberto Fujimori, que, por sua vez, está na cadeia, condenado por corrupção. Nesse panorama, ocorre que, no decorrer de 2017, a maioria das notícias sobre política nos jornais e TVs do Peru se refere a alguma ramificação da trajetória da construtora brasileira entre obras e gabinetes governamentais.

A propina da empresa brasileira a Alejandro Toledo chegou a US$ 20 milhões, segundo o engenheiro baiano Jorge Barata, diretor superintendente da Odebrecht Peru Engenharia e Construção, na época da licitação e da execução da obra da rodovia. Convocado para depor perante o Ministério Público, em janeiro de 2017, Barata admitiu o papel da empresa em corrupção ativa: a compra de benefícios.

No entanto, revelações de Barata e investigações do Ministério Público e do Congresso Nacional, que levaram à criação de uma operação também com o nome de Lava Jato, demonstraram que não só Toledo (2001-2006) está envolvido em possível troca de favores entre a construtora brasileira e governantes peruanos. Seu sucessor, Alan García (2006-2011), que já havia governado o Peru nos anos 1980, é suspeito de receber benefícios da Odebrecht, escolhida para completar a obra da primeira linha de metrô de Lima, iniciada em sua primeira gestão e concluída em 2011. Após a saída de García, o Palácio Presidencial Tupac Amaru foi ocupado por Ollanta Humala (2011-2016), que, já em setembro de 2015, não conseguiria rebater claramente as denúncias sobre os US$ 3 milhões em doações da construtora à sua campanha eleitoral, doações que Barata confirmou perante o Ministério Público em 2017. O cerco apertou, e Humala tornou-se o primeiro ex-presidente da era "pós-Fujimori" a ser preso. Em julho, ao lado da esposa, Nadine, ele foi levado para um presídio nos arredores de Lima, o mesmo em que Fujimori cumpre pena. A Justiça estabeleceu 18 meses de prisão preventiva para Humala, já que as leis peruanas proíbem a doação de dinheiro de empresas estrangeiras às campanhas eleitorais, mesmo porque, no caso da Odebrecht, ficava evidente a expectativa de um retorno da gentileza por meio da conquista de novas obras. Pedro Pablo Kuczynski, conhecido como PPK, assumiu a presidência em 28 de julho de 2016, em plena efervescência dos escândalos. Ao lado do homem forte de seu governo, o primeiro-ministro Fernando Zavala, PPK foi o primeiro presidente latino-americano a determinar a cassação das obras em execução pela Odebrecht e a proibição da empresa de trabalhar no país.

O edifício de cinco andares da Avenida Victor Andrés Belaúnde, no elegante bairro de San Isidro, sede da Odebrecht Peru, em Lima, que em 2008 viveu o esplendor das múltiplas atividades da construtora em várias regiões do país, entrou em 2017 com a maioria de suas salas vazias, num clima de depressão. Demissões de funcionários foram inevitáveis. O executivo brasileiro Maurício Cruz, sucessor de Barata no comando local, tratou de reagir à medida radical do governo. Orientado à distância por Emílio Odebrecht, ele marcou uma audiência com o primeiro-ministro Zavala para tentar argumentar que a eventual saída da empresa seria prejudicial ao próprio Peru, levando em conta que o prosseguimento das obras garantiria o pagamento de dívidas. Seu interlocutor, porém, insistiu que não deveria haver tolerância à corrupção: as portas estavam fechadas.

NA SEDE DE LIMA, DA OPULÊNCIA À DEPRESSÃO

O terremoto na sede regional da construtora começou já em 2015, quando da prisão de Marcelo Odebrecht no Brasil, e das suspeitas sobre o então presidente Humala. O autor deste livro, que havia visitado obras no país em 2008, 2010 e 2012, passou junto ao edifício de San Isidro e tirou uma foto, tendo sido advertido pelo segurança: *"Señor, no se puede sacar fotos!"*. Blindagem na via pública, sinal de extrema preocupação. Havia motivos: enquanto a Lava Jato brasileira apertava o passo e se encaminhava para as delações premiadas da Odebrecht, o Peru foi esquentando a polêmica, a ponto de, em 2017, terem sido lançadas suspeitas sobre o presidente PPK pelo fato de ele ter participado do governo Toledo. Na verdade, como empresário em áreas de mineração e de investimentos financeiros, Kuczynski participou da campanha eleitoral de Toledo e, com a vitória, tornou-se ministro da Economia e, depois, primeiro-ministro. Nessa condição, conviveu com a Odebrecht e até convidou o então diretor, Jorge Barata, para participar de uma ONG. Fica mesmo difícil comprovar que o atual presidente nada tem a ver com o ocorrido na gestão do ex-presidente. A revista "Piauí" dedicou dez páginas de sua edição de julho de 2017 a uma reportagem de Malu Gaspar, enviada especial a Lima, mostrando os efeitos do terremoto

Odebrecht nos países dos Andes. Um dos entrevistados foi o presidente da seção peruana da ONG Transparência Internacional, Jorge Medina Méndez, que se tornou um ativista contra a corrupção. Medina admitiu a Malu que a corrupção é um antigo problema do Peru, mas lamentou a tolerância ou cumplicidade em relação à Odebrecht e outras empreiteiras brasileiras: "Todos sempre souberam que a Odebrecht subornava políticos e funcionários públicos, mas ninguém nunca disse nada. Pelo contrário. Bajulavam-na, davam-lhe prêmios".

O Peru, da primeira missão internacional da Odebrecht – Usina Hidrelétrica Charcani V, em Arequipa, em 1979 – e da maior concentração de obras entre os países da América Latina em que a construtora tem atuado, luta contra a corrupção e a pobreza, com alguns avanços, mas também com acidentes de percurso. Após o ciclo de terrorismo do movimento Sendero Luminoso e do desastroso continuísmo autoritário de Alberto Fujimori, na presidência de 1990 até sua renúncia em 2000, houve uma sequência de três presidentes eleitos que cumpriram seus mandatos de cinco anos – Toledo, García e Humala. Agora, é a vez de PPK, que teve um bom início, porém sem evitar uma nova crise econômica e seus desdobramentos políticos. Fujimori fugiu para o Japão ao abandonar o cargo, mas acabou sendo detido no Chile em 2007 e levado para Lima, onde foi julgado e condenado à prisão. Aos 79 anos, permaneceu na cadeia no decorrer de 2017, apesar de campanhas para libertá-lo, enquanto a filha Keiko Fujimori se mantinha em evidência na política, tendo sido segunda colocada, com expressiva votação, nas duas últimas eleições presidenciais. Kenji, irmão de Keiko, é deputado. Ambos repelem insinuações de que, assim como outros políticos, receberam doações da Odebrecht em suas campanhas.

OBRAS DE IMPACTO EM TODO O PAÍS

O último grande projeto assumido pela Odebrecht no Peru, o Gasoduto Sul Peruano, em agosto de 2014 – cinco meses depois de iniciada a Operação Lava Jato no Brasil –, ficou pela metade, diante da proibição do governo de a construtora continuar operando no país. Essa obra consiste no assentamento de um gasoduto ao longo de 1.132 quilômetros para levar gás das reservas de Camisea, em Las Malvinas, na Planície Amazônica, perto da lendária Machu Picchu, a três portos do Pacífico, passando pelos Andes e pelas cidades de Cuzco e Arequipa. Justamente Arequipa, onde a Hidrelétrica Charcani V marca a chegada da Odebrecht ao Peru há 38 anos. Essa mesma reserva de gás favoreceu, em 2007, a atuação da construtora para instalar o porto de Melchorita, uma complexa obra junto à árida costa, 120 quilômetros ao sul de Lima. Em 2008, um forte terremoto provocou mortes e deixou milhares de desabrigados na região. O canteiro de obras e o acampamento de operários não foram afetados. A empresa prestou ajuda humanitária aos moradores e lançou dois projetos sociais para crianças na cidade de Cañete – uma escolinha de futebol e uma de danças folclóricas.

A Odebrecht liderou o consórcio do Gasoduto Sul Peruano, com 75%, cabendo os demais 25% à empresa Enagás, da Espanha. O consórcio ganhou não só a construção do gasoduto como também a concessão para o operar por 34 anos. O grupo da família Odebrecht colocou em prática algo do qual sempre se orgulhou: a sinergia entre suas empresas. Assim, a Odebrecht Engenharia Industrial, com experiência de erguer grandes estruturas em vários países, atuou em conjunto com a Odebrecht Infraestrutura e com a Latinvest – braço do grupo para atrair investimentos na América Latina. Com sede em Lima, a Latinvest teve como diretor Jorge Barata, que anteriormente havia trabalhado em missões no Equador e que foi diretor da Odebrecht Peru por quase dez anos. Barata aceitou contar ao Ministério Público os casos de propina, perdeu os cargos e, a exemplo da própria empresa, ficou proibido de atuar no Peru. Com a crise generalizada, a Odebrecht entregou ao governo a sua participação original no contrato do gasoduto. E vendeu a concessão para explorar a Usina Hidrelétrica de Chaglla.

De 1979 a 2014, a Odebrecht assumiu 64 projetos no Peru, entre os pequenos, os médios e os grandes. Várias dessas obras tiveram expressivo impacto e contribuíram para a imagem positiva da empresa brasileira, entre as quais as duas Rodovias Interoceânicas – a Sul e a Norte –, usinas hidrelétricas, adutoras e portos. O Peru, portanto, superou a Venezuela, o Equador, a Argentina e os Estados Unidos, como maior cliente da Odebrecht no continente. Na diversificação dos contratos, entre outros trabalhos, foram levados adiante 2.495 quilômetros de rodovias pavimentadas, 85 quilômetros de túneis, 242 canais para irrigação, 142 quilômetros de redes de água potável e 16 silos automatizados, além de quatro centrais hidrelétricas, aprimoramento de três portos, três represas para armazenamento de água e a primeira linha de metrô de Lima.

Os maiores projetos rodoviários da Odebrecht no Peru foram conquistados por meio de licitação no governo de Alejandro Toledo, em 2005: a IIRSA Sul e a IIRSA Norte, ambas em direção à fronteira com o Brasil. A sigla IIRSA corresponde à Iniciativa para a Integração da Infraestrutura Regional Sul-Americana, ação assumida em 2000 pelos 12 países da América do Sul para aprimorar as áreas de transporte, energia e telecomunicações. No Peru, houve especial atenção do governo em desenvolver duas longas estradas.

A Rodovia Interoceânica Norte, IIRSA Norte, liga o porto de Paita, no Pacífico, ao porto de Yurimaguas, na Bacia do Amazonas, conectando-se à navegação fluvial rumo a Manaus, Belém do Pará e Oceano Atlântico.

A Rodovia Interoceânica Sul, IIRSA Sul, é formada por trechos que unem três portos do Pacífico à região de Cuzco, no Altiplano, a cargo de outras construtoras, e o trecho assumido pela Odebrecht a partir de Urcos, passando por Puerto Maldonado, na Planície Amazônica, e chegando à cidade de Assis Brasil, no estado brasileiro do Acre. Essa obra fez com que a Odebrecht viesse a comprovar sua real capacidade para grandes ações na engenharia, pois suas equipes de trabalho precisaram escavar rochas dos Andes a mais de 4 mil metros de altitude. A rodovia tem sido algo além de uma rota usada por caminhões para o desenvolvimento do sudeste do Peru e para a conexão com o Brasil: tornou-se um atraente roteiro turístico, já que atravessa montanhas, vales, planícies e pequenas cidades de belo folclore. Seu ponto mais alto, no vilarejo de Pirhuayani, fica a 4.725 metros acima do nível do mar. Lá, costuma nevar e fazer frio de até 10 graus abaixo de zero. A paisagem é dominada por nativos em coloridos trajes típicos e por animais andinos, a lhama e a alpaca. Em poucas horas, o veículo desce à Planície Amazônica, a

250 metros de altitude, em que prevalecem o verde e um calor de até 40 graus. Num trecho de dois quilômetros, há acampamentos de garimpeiros que atuam de modo ilegal em busca de ouro num cenário precário completado pela prostituição e pelo abuso do álcool. Mais adiante, uma linda ponte sobre o Rio Madre de Diós precede a chegada a Puerto Maldonado, cidade que cresceu e se desenvolveu bastante com a inauguração da rodovia, cuja gestão e pedágios foram assumidos por 25 anos por um consórcio integrado pela Odebrecht. A última cidade peruana da rota, Iñapari, é perto da ponte sobre o Rio Acre, fronteira com o Brasil. A ponte foi inaugurada pelos presidentes Alejandro Toledo e Luiz Inácio da Silva em 2005, quando a rodovia ainda estava no papel. Para unir o Altiplano, na região de Cuzco, até os portos de Matarani e Ilo, junto ao Pacífico, foram construídos dois ramais da Interoceânica que ficaram a cargo de outras empreiteiras do Brasil – Andrade Gutierrez, Camargo Corrêa e Queiroz Galvão. Assim, ocorre a conexão com o trecho da Odebrecht em direção ao Brasil e com o ramal até Puno, às margens do Lago Titicaca, fronteira com a Bolívia.

Outros grandes desafios para a Odebrecht nos últimos anos foram a primeira linha de metrô de Lima, já em funcionamento; o Trasvase Olmos, no norte do país, para construir um longo túnel que viesse a possibilitar projetos de irrigação em benefício da agricultura na região, e a Central Hidrelétrica Chaglla, entre Huánaco, nos Andes, a 415 quilômetros de Lima, e Tingo Maria, na região amazônica. A usina estava praticamente pronta, no começo de 2017, quando o governo peruano determinou a retirada de Odebrecht do país. Já o Trasvase Olmos foi objeto de intensas discussões, pois, com a Lava Jato, a Odebrecht teve de vender seus direitos financeiros na obra, cujos detalhes motivaram, em 2017, um prolongado choque entre o governo e o Poder Judiciário.

A DEMOLIÇÃO DE UM CONCEITO

Embora tivesse participado de governo Alejandro Toledo, o presidente Pedro Pablo Kuczynski esteve na linha de frente às reações contra a Odebrecht. As descobertas do Ministério Público e do Congresso do

Peru foram expressivas, movimentando o noticiário em torno dos escândalos em todo o final de 2016 e no decorrer de 2017. PPK não esperou muito para proclamar que o elevado conceito da Odebrecht estava demolido e que as ligações com o país seriam encerradas.

Em fevereiro de 2017, o juiz de investigação preparatória Richard Concepción Carhuancho determinou a prisão preventiva de Toledo por 18 meses, diante da confissão de Jorge Barata a respeito de possível propina de US$ 20 milhões na obtenção do contrato da Rodovia Interoceânica Sul. O então presidente teria pedido US$ 35 milhões, mas aceitou a redução. E onde estava Toledo para ser preso após as denúncias? Nos Estados Unidos, sem planos de voltar a Lima tão cedo. Já fazia alguns meses que ele visitava universidades americanas a pretexto de dar aulas e fazer palestras, ao lado da esposa, Eliane Karp. Uma vez que o acusado se negava a retornar ao país, o presidente PPK intercedeu junto ao novo presidente dos Estados Unidos, Donald Trump, para acelerar um pedido de extradição. Nada feito. De repente, Toledo desapareceu. Só voltou à cena em 24 de maio, ao ser fotografado com Eliane quando embarcava num trem em Washington. Numa entrevista para a BBC, de Londres, o ex-presidente jurou sua inocência e disse que só voltaria ao Peru se houvesse o compromisso das autoridades de que ele não seria preso: "Não recebi favores da Odebrecht e tenho como provar isso". As eventuais provas seriam um contraponto à confissão de Jorge Barata sobre as doações a ex-presidentes peruanos.

Alan García, sucessor de Toledo, já havia governado o Peru de 1985 a 1990, precedendo a Alberto Fujimori, tendo uma gestão cercada de denúncias de corrupção. Ele iniciou as obras do Trem Elétrico, o metrô de Lima, uma linha para tentar atenuar os congestionamentos de trânsito e melhorar o precário transporte coletivo da capital, mas não conseguiu concluí-las. Fujimori e Toledo deixaram os trabalhos paralisados, até que García, eleito novamente em 2006 pelo partido APRA, decidiu completar aquela linha, escolhendo a Odebrecht para a missão. A partir de 2009, a construtora brasileira se concentrou no metrô, do tipo suspenso, e foi possível Alan García inaugurar o metrô no fim de seu governo, em 2011, e lançar a proposta de uma segunda linha. Apesar das suspeitas de propina, não houve provas contra Garcia, que, entre uma e outra viagem à Espanha, desfila pelo noticiário peruano, fazendo críticas ao desempenho do presidente PPK e dizendo: "No Peru, há políticos que roubaram. Mas não estou nessa lista".

Por sua vez, Ollanda Humala, que governou o Peru entre García e PPK, foi parar na cadeia. Já em setembro de 2015, quando ele estava no poder, a imprensa noticiou que o executivo da Odebrecht, Jorge Barata, admitiu ter dado contribuição à sua campanha eleitoral. A doação foi de US$ 3 milhões, de acordo com Barata, que, em delação premiada para redução da pena, em 2017, foi além, no depoimento perante o Ministério Público: parte do dinheiro foi entregue à esposa de Humala, Nadine Heredia. O pedido de contribuição para Humala, líder de esquerda de grande popularidade nas áreas pobres do Altiplano, teria sido feito por Lula, então já ex-presidente do Brasil. Inicialmente, segundo o relato, Nadine recebeu US$ 1 milhão, diretamente de Barata, em Lima. Posteriormente, ela pediu mais dinheiro, afinal obtido na sede da Odebrecht em São Paulo e levado para o Peru por um dos responsáveis pela campanha eleitoral de Humala, o argentino Luís Favre. Quando morava no Brasil, Favre foi casado com a senadora e ex-ministra Marta Suplicy.

A luta não terminou. O grupo Odebrecht resiste com garra e recorre a todos os seus poderes para fazer prevalecer sua aura de competência em grandes obras peruanas, jurando corrigir erros e buscando evitar que o prédio de sua sede regional em Lima ganhe uma lápide imaginária em alusão ao início e ao fim: 1979-2017.

CAPÍTULO 16

DUAS PONTES NO CAOS DA VENEZUELA

Na caótica Venezuela de Nicolás Maduro, as obras de duas grandes pontes a cargo da Odebrecht estão totalmente emperradas: uma sobre o Rio Orinoco e outra para a travessia do Lago Maracaibo. Mais de dez anos depois de iniciada a construção, já não há prazo para serem completadas, mas a propaganda bolivariana, em tempos de censura à imprensa, insiste em apresentá-las de modo ufanista na televisão oficial como exemplos da evolução do país. Além do agravamento da crise do governo Maduro e da queda dos preços do petróleo, dois fatores, ambos do Brasil, acentuaram a falta de rumo nessas obras – a situação da Odebrecht, exposta após a prisão de Marcelo Odebrecht em 2015, e o impeachment de Dilma Rousseff em 2016. Em 2017, o país mostrou-se à beira de uma guerra civil, com os protestos contra a crise econômica e com a realização de eleições para uma Assembleia Constituinte, em 30 de julho, de acordo com a "democracia" de Maduro. Na repressão aos protestos pela guarda de Maduro, morreram mais de cem pessoas.

O Orinoco cruza toda a Venezuela de leste a oeste e divide o país em metade norte, das grandes cidades, e metade sul, menos povoada. É um dos maiores rios das Américas. Um rio mágico, que favorece a agricultura, mas que cobra um preço alto ao transporte. Suas pontes têm de ser longas e, portanto, muito caras. Nos anos 1960, a necessidade de conexão entre a faixa norte, de cidades como Caracas, e a região sudeste, da industrializada Cidade Bolívar, levou o então governo venezuelano a contratar um consórcio internacional para construir a ponte elevada pioneira, Angostura, de 1.678 metros de extensão. A obra, iniciada em 1962, na gestão do presidente Rómulo Betancourt, foi inaugurada cinco anos depois pelo sucessor Raúl Leoni. Não faltou dinheiro: a Venezuela já estava entre os maiores produtores mundiais de petróleo.

E veio outra ponte, 35 anos depois. O presidente Hugo Chávez, em época de mostrar uma Venezuela potência, decidiu levar adiante a Segunda Ponte, para possibilitar a ligação entre o Caribe e Cidade Guayana, caminho para a fronteira com o Brasil. Sorte da Odebrecht, que, instalada no país desde 1992, foi escolhida para executar a obra, uma estrutura de altos pilares de concreto e vigas de aço, com 3.156 metros de extensão, o dobro da Primeira Ponte. A empresa brasileira completou o trabalho em apenas cinco anos e meio, de 2001 a 2006. A nova ligação entre as margens do Orinoco ganhou o nome de Ponte Orinóquia. Ao norte, o Estado de Anzoategui; na outra margem, o Estado de Bolívar.

Entusiasmado com o marketing daquela obra, em 13 de novembro de 2006, Chávez fez a festa de inauguração da Segunda Ponte, seguida do anúncio da contratação da Terceira Ponte, ainda mais extensa, com 11.125 metros, a segunda maior da América do Sul – superada somente pela Rio-Niterói, de 13.290 metros. Licitação para uma obra dessa envergadura? Sem necessidade: prevalecia o sistema Chávez, o de licitar por simples acordo ou indicação. Se Hugo Chávez havia imposto ao país um regime autoritário, se o amigo Luiz Inácio Lula da Silva, presidente do Brasil, estava presente naquela festa de inauguração na Cidade Guayana e se a Odebrecht, amiga de Chávez e de Lula, abria os braços para assumir também a Terceira Ponte, ficou sacramentada a escolha da construtora de Norberto, Emílio e Marcelo.

Além de tudo, a Odebrecht estava com vários outros projetos em andamento no país. O tempo se encarregou de mostrar que, na História, nem sempre existe magia. Recentes desdobramentos da Operação Lava Jato no Brasil e em outros países de obras da Odebrecht indicam que na Venezuela também correu propina, muita propina da empresa – US$ 98 milhões, segundo os Estados Unidos. A Camargo Corrêa, do Brasil, a Ibedrol, da Espanha, e a Crec, da China, também receberam obras sem licitação na era Chávez.

Já havia até nome para a nova ligação sobre o Orinoco: Ponte Mercosul. Na ocasião, com a sintonia entre governos populistas do Brasil, da Argentina e da Venezuela, começou um movimento político para que a Venezuela viesse a ser admitida no bloco do Mercosul, então limitado a países do Cone Sul – Brasil, Argentina, Uruguai e Paraguai. A admissão ocorreu somente em 2012, provocando intensas polêmicas. E a Terceira Ponte, de acordo com Chávez, seria uma passagem para unir a malha rodoviária venezuelana com a brasileira e a argentina. No entanto, uma simples olhada no mapa indica que a faraônica Terceira Ponte foi concebida para ligar nada a lugar nenhum. Não há grandes cidades naquela área ao sul do Orinoco, no oeste do país. Onze anos depois de iniciada, a obra não só atravessou 2017 sem ser concluída como também não indica previsão sobre quando e como ficará pronta, uma vez que a Venezuela mergulhou num completo caos na gestão do presidente Nicolás Maduro, sucessor de Chávez.

CHÁVEZ E A REVOLUÇÃO BOLIVARIANA

Hugo Chávez, que foi tenente-coronel no exército, ficou no poder por 14 anos, de 1999 até sua morte, em 5 de março de 2013. Em seu agitado governo, em que anunciava possíveis benefícios aos trabalhadores mais pobres, ele impôs mudanças radicais. Por meio da intitulada Revolução Bolivariana, de estilo socialista nacionalista populista, em 2006 foi mudado até o nome do país, República da Venezuela, que passou a ser República Bolivariana da Venezuela. De ambição expansionista, Chávez uniu-se à ditadura cubana de Fidel Castro, combateu a política internacional dos Estados Unidos, intensificou as parcerias com outros governos de esquerda da América Latina – Equador, Bolívia e Nicarágua –, criando a Confederação Bolivariana, e valeu-se do apoio dos presidentes Lula, do Brasil, e Cristina Kirchner, da Argentina, também de tendência de esquerda populista. Ao ficar doente, com câncer na região pélvica, em 2011, Hugo Chávez percebeu ameaça à sua ambição de se eternizar no poder. Fez tratamento cercado de sigilo em Cuba e, mesmo com a saúde precária, candidatou-se à reeleição.

Com as mudanças à Constituição impostas sob um Congresso Nacional totalmente aliado, o vencedor das eleições de 7 de outubro de 2012 teria mandato de seis anos. Com uma vitória, Chávez poderia completar 20 anos na presidência. E venceu. Mas não foi fácil: mesmo tendo censurado os jornais e controlado os canais de televisão, que, assim, exibiam as realizações da Revolução Bolivariana e as promessas de radicalização do estilo socialista, Hugo Chávez levou um susto, com vitória apertada sobre o opositor Henrique Capriles, governador do Estado de Miranda: 54% a 46%. O autor deste livro esteve na Venezuela no dia seguinte ao das eleições e conheceu várias obras da Odebrecht. A doença se agravou, Chávez foi novamente internado em Cuba, voltou para Caracas no início de 2013 e morreu em março. Convocadas novas eleições, em abril, o vencedor foi um antigo escolhido do líder para seguir com a bandeira do chavismo, o ex-motorista de ônibus e líder sindical Nicolás Maduro, que se vestia de vermelho como Chávez, mas que jamais teve o carisma do antecessor. Além de tudo, foi mínima a vantagem de Maduro sobre Capriles na apuração: 50,66% a 49,07% dos votos. Nas campanhas das eleições de 2012 e 2013, Chávez e Maduro tiveram a ajuda do marqueteiro João Santana, emprestado por Lula. Infeliz em suas decisões, o novo presidente incentivou o culto ao herói Chávez, acentuou a divisão do país e multiplicou a crise econômica, a ponto de a população brigar em filas de supermercados para comprar alimentos, que se tornaram escassos. Os medicamentos sumiram. Imprensa, sob rígido controle do chavismo; líderes opositores presos e condenados de modo arbitrário.

Os protestos nas ruas das grandes cidades eram reprimidos com violência pela polícia bolivariana do chavismo no decorrer de 2013 a 2017. Houve dezenas de mortes nos conflitos. Nem mesmo a derrota de Maduro nas eleições para o Congresso contribuiu para ser apressado um novo pleito para presidente, já que o Poder Judiciário estava alinhado com o Poder Executivo, limitando o Legislativo. A Venezuela, dona de enormes reservas de petróleo, mas mergulhada no caos político e econômico, tornou-se manchete constante na mídia internacional. Como, então, concluir a ponte faraônica?

MONUMENTO AO MARKETING E AO DESPERDÍCIO

Apesar da evidente redução do ritmo das obras da Terceira Ponte na gestão de Maduro, a população venezuelana foi bombardeada com intensa propaganda governamental nos canais de televisão no decorrer de 2017. Ministros e engenheiros, entrevistados diante de pilares da obra no Orinoco, mostravam euforia com a perspectiva de logo serem instaladas as vigas de aço para completar a grande ponte. Simples marketing, no monumento ao desperdício, enquanto o país esbarrava numa situação de verdadeira guerra civil.

A crise da ponte é, na verdade, o reflexo da crise da Venezuela e da crise da Odebrecht. Apesar de suas ligações com o chavismo, a empresa brasileira não oculta que o governo venezuelano retardou pagamentos por suas obras, geralmente financiadas pela exportação de petróleo e pelo BNDES brasileiro. O preço do petróleo caiu. O BNDES, alegria de governantes latino-americanos e africanos alinhados com Lula, secou em 2016. Deixou de ser alternativa. A Venezuela, sem Chávez, não teve vida longa num Mercosul sem Lula e sem o casal Kirchner. Com o impeachment de Dilma Rousseff e o afastamento do PT do poder no Brasil, o governo Michel Temer uniu-se ao de Mauricio Macri, da Argentina, e impediu que a presidência rotativa desse bloco ficasse nas mãos do instável Nicolás Maduro. A Venezuela protestou, mas acabou suspensa do Mercosul. Com as tensões se ampliando em Caracas, anunciar na TV que a inauguração da sonhada Ponte do Mercosul está próxima é tornar a propaganda uma autêntica peça de ficção.

Há um motivo para que os projetistas da Terceira Ponte tenham idealizado essa obra para ser muito mais extensa que as outras duas: aquela região, entre os Andes e a Amazônia, é de planície. Em época de chuvas, o rio ganha ondas, seu nível sobe até 12 metros e as águas transbordam pelas margens. Nos dois lados, surgem as pequenas cidades de Caicara, no Estado de Guárico, e de Cabruta, no Estado de Bolívar. A ponte foi concebida para ter duas torres de concreto de 145 metros de altura e vários pilares de concreto, para garantir a navegabilidade do rio. As vigas de aço devem suportar os dois pisos para veículos: o superior, de quatro faixas asfaltadas para automóveis e caminhões; o inferior, exclusivo para trens. No entanto, ao sul do rio ainda não há rodovias de qualidade, muito menos ferrovias, que, de acordo com a propaganda bolivariana, possibilitarão o transporte de minérios da região junto à fronteira com o Brasil. A meta chavista era também estimular o povoamento da região sul do país. Mas, sem prazo e sem dinheiro para levar adiante a construção de tais rodovias e ferrovias, numa economia paralisada, Chávez e Maduro se limitaram a insistir no marketing da ponte monumental. O projeto estabelece 2.280 metros de uma ponte metálica, além de dois viadutos: um de 4.020 metros para o acesso norte e outro de 4.825 metros para o acesso sul. O sistema viário previsto é de 30 quilômetros e poderá chegar a 122 quilômetros, com a inclusão de rodovias de acesso.

O autor deste livro visitou a obra da Terceira Ponte em outubro de 2012. Mais de 1.500 operários atuavam nas duas frentes de trabalho. Em cinco anos, o avanço foi lento: alguns vídeos de 2017, como o da entrevista do ministro do Petróleo, Nelson Martinez, diante do Orinoco, prometendo "concluir logo a ponte", mostram que pouco mudou, mas as declarações ufanistas persistiram no governo Maduro. Em maio de 2012, antes de ser intensificada a censura e a intervenção na mídia, o tradicional jornal "El Universal", de Caracas, publicou que o custo da Terceira Ponte havia sido aumentado em 160% e que alguns operários estavam com atraso nos salários. A Odebrecht negou. O custo da obra, porém, permanece um mistério, subindo a algo além dos US$ 3,5 bilhões.

EM MARACAIBO, INÉRCIA E REPRESSÃO

Maracaibo, cidade que marcou a chegada da Odebrecht para as obras do Lago Mall em 1992, exibe placas da construtora brasileira, mas limitada atividade na tarefa de tentar tornar realidade a segunda ponte sobre o Lago Maracaibo. O governo Maduro proíbe a divulgação da situação real, mas, 11 anos depois de iniciados os trabalhos, apenas 20% do cronograma estão cumpridos. Contra a busca de notícias concretas, o sistema bolivariano impõe a censura e, em alguns casos, até a repressão a equipes da imprensa.

Em 1962, foi inaugurada a primeira ponte sobre o lago, a Ponte Rafael Urdaneta, construída sobre a parte mais estreita, conectando a cidade de Maracaibo ao resto do país. Mas o governo Hugo Chávez, na ânsia de atrair apoio em todas as regiões, tratou de contratar a Odebrecht, em 2006, para iniciar as obras da segunda ponte, a Ponte Nigale, que foi projetada para ter 11.800 metros. A justificativa para o investimento de bilhões de dólares: criar mais uma opção rodoviária e ainda garantir a passagem de trens para a integração a um monumental Plano Ferroviário Nacional que jamais sairia do papel. O projeto estabelece um conjunto de estruturas viárias entre Santa Cruz de Mara e Punta de Palmas, unindo as costas oriental e ocidental, no estreito do lago, junto ao Caribe, num total de 42 quilômetros de vias. Chávez alegava que a futura ponte daria apoio ao crescimento econômico, ao ordenamento territorial e à segurança junto à fronteira com a Colômbia.

Apesar de o governo limitar o acesso às informações reais, verifica-se que apenas um quinto do projeto está pronto. Contra a verdade, ocorre a repressão. Em fevereiro de 2017, uma equipe de reportagem da TV Record, do Brasil, foi detida em Maracaibo pelo Serviço Bolivariano de Inteligência quando gravava imagens de uma estrutura inacabada da Ponte Nigale.

O repórter Leandro Stoliar e o cinegrafista Gilzon Souza foram levados para a sede regional da polícia chavista, juntamente com os venezuelanos José Urbinba e Maria José Túa, coordenadores da ONG Transparência Venezuela. O governo Maduro, alegando que as informações deveriam ser buscadas nas fontes oficiais, expulsou os dois profissionais da Record, colocando-os num avião de volta a São Paulo. O governo brasileiro, por meio do Ministério de Relações Exteriores, emitiu nota, protestando contra a truculência do sistema venezuelano e lembrando que a liberdade de imprensa é um patrimônio da América Latina. A ONG Transparência considera "elefantes brancos" as duas pontes a cargo da Odebrecht.

ODEBRECHT EM METRÔ, HIDRELÉTRICA, AGRICULTURA

A Odebrecht chegou à Venezuela em 1992, quando o presidente era Carlos Andrés Perez. A primeira obra, porém, não foi para o governo, e sim para a iniciativa privada: o shopping Lago Mall, em Maracaibo, a segunda maior cidade do país. A estrutura de três andares ficou pronta em 1995, mas as lojas só foram abertas dois anos depois. Sob a gestão de Rafael Caldera (1994-1999), a construtora brasileira teve paciência e acabou conquistando contratos no âmbito federal. A estreia ficou por conta da Linha 4 do metrô de Caracas, em 1998. Porém, foi nos anos Chávez, a partir de 1999, que a logomarca Odebrecht passou a ficar mais exposta em placas de execução de obras. A consolidação ocorreu em 2000, com início dos trabalhos para a Segunda Ponte sobre o rio Orinoco. O brasileiro Euzenando Azevedo, que dirigiu a Odebrecht Venezuela por mais de dez anos, tornou-se amigo e confidente de Hugo Chávez, a ponto de ser convocado frequentemente para bater papo no Palácio Miraflores. Em seu depoimento de delação premiada na Lava Jato, Euzenando admitiu que a conquista de obras teve tudo a ver com as relações mantidas com Chávez e Maduro e com o pagamento de propina.

A experiência da Odebrecht em obras de metrô em outras cidades, como São Paulo, Rio e Lisboa, foi fundamental para a empresa intensificar sua presença na região metropolitana de Caracas, com mais de 7 milhões de habitantes, uma das mais populosas da América Latina. De 1998 a 2017,

GLÓRIA, QUEDA, FUTURO

a empresa construiu mais de 120 quilômetros no complexo metroviário que envolve também a cidade de Los Teques, a 40 quilômetros da capital venezuelana. Los Teques, capital do Estado de Miranda, está para Caracas, a Capital Federal, como São Bernardo do Campo para São Paulo e Nova Iguaçu para o Rio de Janeiro. A intensa rivalidade entre os governos chavistas e o governador de Miranda, Hugo Capriles, adversário de Chávez e de Maduro em eleições para presidente, contribuiu para tumultuar o funcionamento da ligação entre o metrô de Caracas e o de Los Teques.

Nos últimos anos, a Odebrecht tem sido responsável pela Linha 5 de Caracas, que atravessa áreas de grandes edifícios e movimentadas avenidas, depois de ter levado adiante também as Linhas 3 e 4. Mas as atividades dos operários ficaram menos intensas naquele trecho. A empresa também esteve à frente das obras dos Metrocables Mariche e San Agustín, de linhas suspensas para acesso a favelas. Em 2006, começou a atuar na Linha 1 de Los Teques, que garantiria a conexão com o sistema de Caracas. Quatro anos depois, assumiu os trabalhos para a Linha 2, de 12 quilômetros, com seis estações e vários trechos subterrâneos. Apenas três estações estão prontas.

Outra especialidade da Odebrecht, usinas hidrelétricas, levou o governo bolivariano a lhe garantir as obras de Tocoma, para gerar 2.280 megawatts, a quarta e última das usinas do Rio Caroní, que, somadas, terão condições de produzir 17.700 MW. Com a crise do país, os trabalhos de Tocoma atrasaram. Lá, a engenheira venezuelana Kaira Visaez, de 33 anos, nascida na pequena ilha de Margarita, no Caribe, fez parte da equipe, com um motivo para se orgulhar: seu pai, o engenheiro Johnny Gamboa, com mais de 20 anos de Odebrecht, estava na mesma obra. Kaira disse que já nos tempos de criança começou a admirar a construtora, ao ver o pai voltando para casa, diariamente, animado com a filosofia de Norberto Odebrecht.

O Aeroporto Internacional Simón Bolívar, em Maiquetia, porta de entrada para Caracas, está na lista de obras da Odebrecht. O governo queria ampliar o terminal, mas os trabalhos, a exemplo de outros, ficaram lentos nos últimos dois anos.

Não vingou a vontade da família Odebrecht de estabelecer um polo petroquímico da Braskem em sociedade com a Venezuela, já que as trapalhadas do governo Maduro torpedearam o crescimento econômico do país. Entretanto, foram desenvolvidos projetos agrários, por decisão de Chávez e por influência de Lula, exigindo a presença da Odebrecht. Em 2006, começaram as obras do Projeto de Irrigação El Diluvio-Palmar, na região de Maracaibo. O antigo plano de irrigação de uma área foi ampliado para se converter num projeto para o desenvolvimento do interior da Venezuela, na busca da produção de alimentos. E ganhou o nome de Projeto Agrário Integral Socialista Planície de Maracaibo. Sua infraestrutura baseia-se numa rede formada por um duto principal, de 48 quilômetros, e vários canais. Foram construídas moradias e modernas instalações para o desenvolvimento da agricultura e da pecuária, mas problemas de gestão impediram o melhor aproveitamento do programa. Em outro Estado, Anzoátegui, coube à Odebrecht viabilizar o Projeto Agrário Integral Socialista José Inácio de Abreu e Lima, um complexo agroindustrial para produzir derivados de soja, com apoio de técnicos brasileiros.

Abreu e Lima é um nome ao qual os brasileiros ficaram familiarizados em tempos da Operação Lava Jato: corresponde a um brasileiro herói da independência venezuelana, cujo nome foi dado à refinaria de petróleo construída em Ipojuca, na região de Recife. Idealizada para ser uma parceria entre os governos do Brasil e da Venezuela para industrializar o petróleo extraído na costa brasileira, a obra custou US$ 18,5 bilhões, mais de US$ 4,5 bilhões além do previsto, e entrou no noticiário como um dos casos de corrupção na Petrobras. O ex-diretor de Abastecimento da estatal, Paulo Roberto Costa, em depoimento em delação premiada, revelou a ocorrência de propina e superfaturamento por parte das construtoras envolvidas em cartel na obra da Unidade de Coqueamento Retardado, entre as quais a Odebrecht. Detalhe: a Venezuela, que deveria entrar com uma parte do pagamento das despesas, rompeu o compromisso e não colocou dinheiro na Abreu e Lima.

E quem foi Abreu e Lima?

Nascido em 1794, em Recife, José Inácio de Abreu e Lima saiu do Brasil em 1818, aos 24 anos, porque seu pai, o ex-padre Roma, foi condenado à morte pelo Reino de Portugal e executado por ter participado da Revolução Pernambucana. As punições a réus por crimes de lesa-majestade, em tempos coloniais, se estendiam à segunda geração, o que bloqueou o caminho de José Inácio na carreira militar. A saída foi migrar para Caracas e Bogotá, onde se incorporou ao exército de Simón Bolívar como capitão, tornando-se depois um dos principais generais na luta pela independência da América Espanhola. O movimento venceu, e ele ainda acompanhou Bolívar por alguns anos, em Bogotá. Com a morte do Libertador, o general Abreu e Lima esteve nos Estados Unidos e na Europa. Voltou ao Brasil em 1844 e morreu em Recife em 1869, sem abrir mão da defesa das liberdades e do combate à corrupção.

Numa Caracas em conflitos, o presidente Nicolás Maduro travou acordos de leniência e escolheu seu filho Nicolás Maduro Guerra, de 26 anos, para coordenar as investigações a respeito dos US$ 98 milhões em propinas da Odebrecht entregues a políticos chavistas e funcionários públicos venezuelanos de 2006 a 2013. Há futuro na ação do filho? Os números foram fornecidos pelo Departamento de Justiça dos Estados Unidos, em 2016. Não bastou a amizade entre líderes dos governos do Brasil e da Venezuela para a Odebrecht conquistar as obras? Não. O segundo escalão socialista bolivariano tinha sede de dólares, que a empresa brasileira se acostumara a distribuir pelos países em que se instalou. De qualquer modo, a investigação sobre o governo Maduro não vem sendo função apenas do jovem nada imparcial Maduro filho: a Fiscal Geral da República, Luisa Ortega Diaz, tratou de garantir que o Ministério Público cuidasse do caso Odebrecht, mas foi perseguida pelo regime. Entrevistada por jornais brasileiros, Luisa, antiga adepta do chavismo, disse que a Odebrecht pagou propinas e se arrastou no país com várias obras inacabadas, como as duas pontes sobre o Orinoco. Nesse confronto com o poder, Luisa foi afastada do cargo depois de Maduro ter imposto ao país a eleição de uma Assembleia Nacional. Para evitar ser presa, ela fugiu de barco para Aruba, de onde seguiu para a Colômbia como exilada política. Visitou o Brasil em julho e confirmou que políticos chavistas receberam milhões de dólares em propina para favorecer a Odebrecht. "A empresa deixou mais de dez obras paralisadas", afirmou.

CAPÍTULO 17

BRASKEM, A PRINCESINHA QUE FOI FELIZ

Das mais de dez ramificações surgidas a partir da Construtora Norberto Odebrecht original, a Braskem é a subsidiária que mais se destacou. E, a exemplo da empresa líder, ganhou o mundo.

Criada em 2002, com sede em São Paulo, a Braskem S.A. produz matéria-prima de forma integrada, como etano, propano e cloro, e produtos petroquímicos de segunda geração, como resinas termoplásticas, assumindo importante papel na cadeia produtiva do plástico. De capital aberto, é formada pela Odebrecht, empresa controladora da companhia, com 38,3% do capital e 50,1% do capital votante; Petrobras, com 36,1% do capital e 47% do votante, e BNDES, com 0,5%. As demais ações, em mãos de investidores, são negociadas nas Bolsas de Valores de São Paulo, Nova York e Madri. Seu presidente, desde maio de 2016, é Fernando Musa, em substituição a Carlos Fadigas, que esteve no cargo por cinco anos. Em junho de 2017, a Petrobras, em tempos de enxugamento contra a crise ocorrida por má gestão e pela corrupção revelada na Lava Jato, anunciou a intenção de vender seus ativos na Braskem, sem deixar de ser fornecedora de matéria-prima, o petróleo, para as unidades industriais da companhia.

Tudo parece um conto dos Irmãos Grimm, os alemães que povoaram a imaginação de tantas crianças. Era uma vez o reino de Norberto, de princesinhas, que buscavam seus príncipes e esperavam ser felizes. Braskem foi a que mais brilhou. Se algumas das irmãs, como a Odebrecht Ambiental, a Odebrecht Agroindustrial e a gestora do Maracanã, tiveram destino complicado – não por simples atitude de uma bruxa ou da madrasta malvada –, houve o curioso exemplo de felicidade da linda Braskem. Ela teve mais sorte e contou também com a proteção da fada madrinha. Seu nascimento ocorreu, na verdade, em 1979, época em que a construtora de Norberto Odebrecht vislumbrou a chance de entrar na petroquímica por meio de uma sociedade liderada pela Petrobras na recém-criada Companhia Petroquímica Camaçari (CPC), no polo industrial situado ao norte de Salvador.

As perspectivas se abriram. A princesinha, batizada como CPC, foi adotando vários outros nomes e cresceu. Em 2002, já era uma moça de 23 anos, quando a nobreza do reino decidiu que, diante de suas amplas possibilidades, ela deveria mudar de nome outra vez para seguir crescen-

GLÓRIA, QUEDA, FUTURO

do: virou Braskem, sempre com as bênçãos da madrinha Petrobras. Adorou o novo nome, formado por "Bras", de Brasil, e "Kem", de química.

A princesa concentrou altos investimentos em marketing para mostrar suas qualidades em todos os reinos e conseguir um namorado estrangeiro. Em suas andanças, apaixonou-se inicialmente por um americano, depois por um alemão e, em seguida, por um mexicano. Ambiciosa e esperta, tratou de casar com os três, simultaneamente. No seu reino e no mundo dos negócios, não é pecado. Ela ainda flertou com um populista venezuelano sempre vestido de vermelho, mas não deu certo: o rapaz só queria fazer longos discursos e levar vantagem na comunhão de bens.

Como Braskem, a princesa descendente de alemães mostrou-se fanática pela expansão. Relacionou-se com empresas do Brasil, apossou-se de várias delas, instalou-se nos Estados Unidos e na Alemanha, entrou num grande projeto no México e passou a vender matéria-prima para produtos de plástico em mais de 60 países. Mas, por mais que os amigos no poder do Brasil a estimulassem, não vingou a instalação de uma filial na Venezuela – grande produtora de petróleo, mas confusa demais, como provariam os fatos de 2012 a 2017.

O plástico ficou na moda, nos anos 2000. Está em toda parte. A princesinha, por sua vez, ficou feliz. Uma felicidade abalada somente pelo feroz ataque da bruxa Lava Jato, que, entre outras investidas, levou à prisão o líder do reino e impôs as delações premiadas que expuseram comportamento inadequado de toda a corte, incluindo a própria princesinha. Uma pena. A princesa ficou triste e preocupada. Seus clientes também, mas o faturamento continuou alto.

O presidente da Braskem na época dos escândalos, Carlos Fadigas, afastou-se do cargo em 2016 e foi chamado para depor perante o Ministério Público do Brasil, a exemplo de outros antigos integrantes da cúpula do grupo Odebrecht. Ele confirmou revelações que levaram a linda princesa a sofrer sanções na forma de multas e da obrigação de prometer ao mundo entrar na linha. No futuro, nada de propina. A Braskem sofreu fortes arranhões, teve perdas morais e financeiras, mas buscou manter o equilíbrio para continuar faturando. Sua madrinha, a Petrobras, tão vilipendiada por réus da Lava Jato, também reagiu aos escândalos e, sob a gestão de Pedro Parente desde 2016, manifestou vontade de se afastar da parceria original com a Odebrecht. Mas, em meio ao temporal, a jovem princesa dos plásticos não desistiu de tentar recuperar a felicidade e a credibilidade, assumindo atitudes para cumprir a promessa de se redimir e proclamar que ainda é uma das maiores do mundo. E, de fato, é. O futuro depende de vários fatores, mas sua rica história de geração de trabalho para muita gente, de produção de bens e de constantes transformações e oscilações merece ser contada com detalhes neste capítulo.

DESCOBERTA DE PETRÓLEO APONTOU O CAMINHO

O Brasil sofreu, nos anos 1970 e 1980, duras consequências da crise internacional do petróleo, decorrente da guerra de 1973 entre Israel e países árabes. Não apenas o Brasil, que, de repente, precisou racionar combustível, fechando os postos de gasolina à noite e aos domingos: a Europa teve de andar de bicicleta e os Estados Unidos trocaram seus potentes carrões por modelos menores, mais econômicos. No entanto, foi também na década de 1970 que o Brasil começou a vislumbrar dois grandes avanços para suprir sua necessidade de combustível: a tecnologia nacional de produção de etanol em massa, paralelamente à fabricação de carros a álcool, e a descoberta de promissoras reservas de petróleo no litoral de Campos, no norte do Estado do Rio de Janeiro.

As duas novidades motivaram interesse da Odebrecht por possíveis futuros negócios. O petróleo apontava para a antiga amizade de Norberto Odebrecht com a Petrobras, a companhia estatal detentora da exploração de óleo no país. Era o momento de a construtora baiana buscar vantagem naquela descoberta. O álcool, que na época passou a ser produzido em larga escala no Estado de São Paulo, onde lavouras de café deram lugar à cana-de-açúcar, levou Norberto a idealizar um polo de produção de cana e um consequente grupo de usinas de álcool e açúcar. No entanto, a ideia seria colocada em prática somente em 2007, em Mato Grosso do Sul, por meio da criação da ETH Energia, nome mais tarde trocado por Odebrecht Agroindustrial.

GLÓRIA, QUEDA, FUTURO

Em plena ditadura militar, na gestão do general Ernesto Geisel (1974- -1979), ocorreu, em dezembro de 1974, a descoberta do campo de Garoupa, indício das jazidas de Campos. Em seguida, houve a revelação de outros tesouros no litoral do Rio, do Espírito Santo e de São Paulo. Naquela época, o ministro de Minas e Energia era um jovem paulista de Bastos, descendente de japoneses, Shigeaki Ueki, 39 anos, formado em Direito pela PUC de São Paulo. Sem esconder a euforia com as notícias procedentes de Campos, Ueki levou um frasco da amostra de petróleo ao Palácio do Planalto para mostrar a Geisel, entusiasmado, e mandou chamar os jornalistas para anunciar a novidade. O próprio ministro também deu entrevistas, fazendo uma previsão que o levaria a sofrer críticas da mídia: "O Brasil será autossuficiente em petróleo. No próximo Carnaval, o povo poderá sair sambando, fantasiado de barril de petróleo, na Praça dos Três Poderes".

Seis presidentes da República passaram pelo Palácio do Planalto após a gestão Geisel. Em 2006, surgiu a notícia da autossuficiência do Brasil em petróleo, anunciada por Luiz Inácio Lula da Silva, que, a exemplo de Getúlio Vargas em 1953, época da criação da Petrobras, mergulhou a mão em petróleo para mostrar aos fotógrafos a palma negra. Muito antes desses dois presidentes populistas, o escritor Monteiro Lobato havia previsto avanço do país nesse campo, expondo suas ideias nos livros "O Escândalo do Petróleo" (1936) e "O Poço do Visconde" (1937). O tempo se encarregou de mostrar que, exageros dos políticos à parte, eram procedentes o otimismo de Ueki e o marketing de Lula. O Brasil realmente evoluiria de modo incrível na produção de petróleo nos anos 2000, tendo também no horizonte a perspectiva de consolidar a difícil exploração de jazidas do pré-sal na Bacia de Santos, no litoral paulista.

Shigeaki Ueki, ao deixar o Ministério, ainda foi presidente da Petrobras de 1979 a 1984, no governo do general João Baptista Figueiredo, época em que o Brasil enfrentou o segundo grande choque internacional do petróleo (1979). Ele está afastado da mídia há três décadas e tem uma vida discreta. Mora em São Paulo, trabalhando como consultor de empresas em seu escritório no bairro do Itaim, e foi dono de um restaurante japonês nos Jardins, a duas quadras da Avenida Paulista. Localizado em 2006 pelo autor deste livro, ele comentou que o apoio do presidente Geisel – que havia presidido a Petrobras de 1969 a 1973 –, foi fundamental para o sucesso das pesquisas no litoral do Rio. No entanto, cita também "a teimosia indomável e a coragem do geólogo Carlos Walter Marinho Campos". Ueki explica que, em 1973, Marinho Campos, então chefe da Divisão de Exploração da Petrobras, "teve o mérito de determinar que a sonda vencesse os cerca de 200 metros que separavam as decisões de abandonar o poço ou encontrar uma zona de petróleo". Ueki ressalta que, depois de Garoupa, vieram Pargo, Bagre, Badejo, Namorado, Cherne, Enchova, Bicudo, Bonito, Pampa, Corvina: "Foi uma teimosia que ajudou a mudar a história da Petrobras e do Brasil, introduzindo a exploração offshore (no mar) num país em que antes predominava a exploração onshore (na terra)". O Brasil agradece.

A Odebrecht também agradece, pois a evolução da produção da Petrobras é que favoreceu o desenvolvimento dos polos petroquímicos, uma vez que a matéria-prima básica é o petróleo. Em 1955, o Brasil produzia apenas 5.482 barris de petróleo por dia. Em 1960, havia saltado para 80.260; em 1970, para 164.088, e em 1980, para 181.025. Mas a grande arrancada foi demonstrada nos números de 1985, um total de 556.776 barris/dia, o triplo da produção de cinco anos antes. Nos anos 2000, mesmo com a corrupção atingindo a Petrobras, os barris diários passaram a ser milhões.

DE CAMAÇARI ÀS AMBIÇÕES INTERNACIONAIS

A cronologia da evolução do braço petroquímico da Odebrecht é empolgante, desde a chegada ao polo de Camaçari até a conquista de plantas industriais no exterior e a consolidação de uma ampla lista de clientes. Aqui estão os principais passos da companhia.

1979 – A empresa Odebrecht compra um terço do capital da Companhia Petroquímica Camaçari (CPC), liderada pela Petrobras, na Bahia, numa época em que o governo militar começou a abrir o setor para empresas privadas.

1981 – É criada a holding Odebrecht S.A., voltada para a preservação da filosofia empresarial de Norberto Odebrecht e para a diversificação e o direcionamento dos negócios.

1984 – Ampliação dos investimentos do grupo em petroquímica, por meio da compra de ações da Salgema, de Alagoas.

1986 – Avança a ampliação do território Odebrecht no setor, com a aquisição de ações da Poliolefinas, PPH e Unipar.

1992 – Em associação com o Grupo Ipiranga, a Odebrecht compra o controle acionário da Copesul – a central de matérias-primas do Polo Petroquímico de Triunfo, a 80 quilômetros de Porto Alegre, no Rio Grande do Sul.

1995 – Criada a OPP Química, formada pelos ativos da PPH e da Poliolefinas, que haviam sido adquiridos pela Odebrecht no âmbito do Programa Nacional de Desestatização, de 1993.

1996 – A marca passa a ser Trikem, empresa formada a partir de aquisições de controle acionário da CPC e da Salgema, também ocorridas no âmbito do movimento de desestatização.

2001 – A caminho do campo internacional, o grupo Odebrecht adquire, em leilão, o controle da Companhia Petroquímica Nordeste (Copene), central de matérias-primas do Polo Petroquímico de Camaçari, na Bahia, tornando-se o maior grupo petroquímico da América do Sul.

2002 – É criada a companhia Braskem S.A., que concentra todos os ativos petroquímicos da Organização Odebrecht.

2006 – Criação da Odebrecht Óleo e Gás, por meio da qual o grupo retoma os investimentos em perfuração offshore.

2007 – A Braskem adquire os ativos petroquímicos do grupo gaúcho Ipiranga. Paralelamente, a Odebrecht cria mais uma empresa, a ETH Bioenergia, para atuar desde a produção e moagem de cana-de-açúcar até a venda de álcool e açúcar. Mais tarde, é adotado o nome Odebrecht Agroindustrial.

2008 – No polo de Triunfo, a Braskem começa a construir a primeira unidade industrial de eteno verde, matéria-prima de fonte renovável para a produção do "plástico verde".

2010 – A Braskem incorpora a Quattor no Brasil e chega aos Estados Unidos ao incorporar a Sunoco Chemicals, o que lhe dá a condição de maior produtora de resinas termoplásticas das Américas. A sede da Braskem americana é na Filadélfia, Pensilvânia, para atender os clientes da América do Norte. Na mesma região, em Pittsburgh, há o Centro de Inovação e Tecnologia. As seis plantas industriais estão nos Estados do Texas, Virgínia Ocidental e Pensilvânia.

2011 – Mais um lance internacional, desta vez garantindo a chegada à Europa: a compra dos ativos da Dow Chemicals, que significa a incorporação de mais duas plantas industriais nos Estados Unidos e duas na Europa. Na Europa, as unidades da Braskem ficam nas regiões de Colônia e de Leipzig, na Alemanha.

2014 – Ano do início da Lava Jato e do 70º aniversário da Odebrecht: a Braskem é eleita uma das 50 empresas mais inovadoras do mundo pela revista *Fast Company* e ganha destaque internacional por seu trabalho de pesquisa em produtos de origem renovável, como o "plástico verde".

2016 – Inaugurado o Complexo Petroquímico do México, Etileno XXI, construído pela Odebrecht Engenharia & Construção Internacional em parceria com a mexicana Idesa. Esse complexo de quatro unidades, com participação da Braskem, atende ao mercado do México e de países da América Central.

2017 – Ao comemorar seu 15º aniversário, a Braskem S.A. concentra 41 unidades industriais: 29 no Brasil – nos Estados de São Paulo, Bahia, Alagoas, Rio Grande do Sul e Rio de Janeiro –, seis nos Estados Unidos, quatro no México e duas na Alemanha.

LÍDERES E EQUIPES COMPETENTES, CLIENTES FIÉIS

Para quem nunca teve aulas de Química ou não conseguia boas notas nessa disciplina no colégio, aqui vão algumas necessárias explicações a respeito do amplo mundo de atuação das empresas de petroquímica, como a Braskem e suas 41 unidades industriais. Quando se fala em cadeiras, copos, caixas, sacolas e até casas, barcos e aviões de plástico, entende-se produtos de "terceira geração" da cadeia produtiva do plástico, fabricados a partir de produtos da primeira geração e da segunda. As etapas começam no petróleo, na nafta, e passam por sofisticada transformação nos polos petroquímicos.

Nas plantas industriais da Braskem, de diferentes especialidades, são fabricadas as principais matérias-primas usadas pela empresa, como o eteno e o propeno, que, posteriormente, se transformam nas resinas termoplásticas polietileno, polipropileno e policloreto de vinil (PVC). Essas resinas, acondicionadas em enormes sacos, são vendidas pela Braskem para seus clientes, que se encarregam de levar adiante outras etapas da cadeia produtiva.

A Karina, por exemplo, uma empresa de mais de 30 anos, de Guarulhos, na região metropolitana de São Paulo, começou fabricando simples sacolinhas de polietileno e tornou-se um gigantesco parque industrial, que usa a resina de PVC Braskem para fabricar compostos de PVC a serem fornecidos para indústrias de calçados, embalagens, condutores elétricos e outras aplicações em mais de 20 países.

A Precon, com fábricas em Minas Gerais e Alagoas, produz telhas de PVC a partir de material recebido da Braskem. Suas telhas, hoje, cobrem 37 escolas públicas municipais de Belo Horizonte, construídas pela Odebrecht em 2013.

A Multinova, do Rio Grande do Sul, com filiais em Santa Catarina, São Paulo e Bahia, já produzia embalagens plásticas por meio do polietileno da Braskem, mas descobriu em 2012 uma nova aplicabilidade desse composto petroquímico: mantas plásticas para isolamento acústico e térmico de pisos e paredes, com vantagens sobre o amianto e a lã de vidro.

No Brasil e nos demais países das Américas que recebem os caminhões de produtos da Braskem, os clientes se mostram satisfeitos, assim como as indústrias de plástico de dezenas de países europeus que consomem as resinas produzidas nas unidades alemãs da companhia, as de Wesseling, na região de Colônia, e de Schkopau, perto de Leipzig. Esse apoio é traduzido pelo sorriso e pelos elogios do diretor-presidente da Karina, Hagop Guerekmezian, brasileiro, descendente de armênios: "Minha empresa cresceu com a Braskem. Nós nos entendemos muito bem. Fazemos encomendas, e logo os caminhões chegam a Guarulhos, trazendo PVC das unidades do Nordeste. É bom lidar com profissionais competentes". Do outro lado do Atlântico, o experiente Reinhard Thimm, alemão, gerente industrial da planta de Wesseling na época da troca de controle da Dow para a Braskem nessa unidade, em 2011, revelou ao autor do livro, em 2012, nova motivação em seu trabalho, ao lado de funcionários de várias origens, como a romena Sabina Filimon e a chinesa Yao Li. "Mudou a marca. Havia curiosidade sobre a chegada da empresa brasileira", comentou Thimm, junto ao pátio em que caminhões procedentes da Áustria, Suíça, Polônia, Hungria e República Checa recebiam os sacos brancos de 25 quilos de polipropileno. "Aqui, nunca paramos", disse, com orgulho, a pouco mais de mil quilômetros de Greifswald, cidade de onde o pioneiro Emil Odebrecht migrou para o Brasil.

Em seus 15 anos de existência, a Braskem teve quatro presidentes, que a filosofia Odebrecht prefere chamar de "líderes empresariais": José Carlos Grubisich, Bernardo Gradin, Carlos Fadigas e Fernando Musa. Todos eles foram eficientes, cada um em sua época, coordenando mudanças sob o comando dos cinco presidentes da Odebrecht S.A. nesse período – Emílio Odebrecht, Pedro Novis, Marcelo Odebrecht, Newton de Souza e, mais recentemente, Luciano Guidolin.

Em 2007, Grubisich, que fez carreira na petroquímica do grupo antes mesmo da criação da nova companhia, festejou os resultados. "Uma empresa de US$ 3,3 bilhões em 2002 passou a valer US$ 11 bilhões em apenas cinco anos. Tudo que a Odebrecht imaginou para o seu projeto petroquímico transformou-se em realidade", afirmou, explicando as ações que levaram ao crescimento da produção e dos lucros. No ano seguinte, porém, o alto comando do grupo despachou Grubisich para Mato Grosso do Sul, para cuidar de novo projeto, o complexo de usinas de açúcar e álcool da ETH Bioenergia. Nos corredores da sede, em São Paulo, comentou-se que ele havia entrado em choque com Emílio Odebrecht. Algum tempo depois, o executivo deixou a Odebrecht S.A. e, aparentemente, ficou livre do risco de aparecer na lista de delatores da Lava Jato, mas seus novos patrões também ficaram às voltas com o Ministério Público em 2017: os irmãos Joesley e Wesley Batista, do complicado grupo J&F. Tornou-se presidente da Eldorado Celulose.

O novo presidente da Braskem, Bernardo Gradin, também liderou mudanças e enfrentou, igualmente, graves problemas até sair, em 2010, por causa de um litígio entre sua família e os Odebrecht. Em 2015, quando já estava rompido com o grupo, foi acusado pelo ex-diretor da Petrobras Paulo Roberto Costa de, em sua gestão, ter-lhe oferecido propina para que a estatal reduzisse o preço da nafta, principal matéria-prima usada nas plantas industriais. A família Gradin, liderada por Victor, pai de Bernardo, brigou na Justiça com a família Odebrecht até fazer um acordo em 2015 para vender à holding sua fatia de 20,6% das ações da Odebrecht Investimentos, encerrando de modo conturbado os 40 anos de sociedade entre as duas famílias baianas.

Carlos Fadigas, sucessor de Bernardo Gradin, durou seis anos na presidência, teve atuação eficiente no Brasil e no exterior, e só caiu por causa das denúncias da Lava Jato de que irregularidades semelhantes às da Construtora Norberto Odebrecht haviam sido cometidas também pela Braskem. Em 2016, deixou o cargo para Fernando Musa.

Musa, graduado em Engenharia Mecânica pelo Instituto Tecnológico da Aeronáutica (ITA), em São José dos Campos, tem MBA pelo Insead, da França. Sua carreira brilhante inclui passagem por várias empresas, como McKinsey, Editora Abril e Monitor Group. Chegou à Braskem em 2010, passando a atuar nos Estados Unidos e na Europa. Com ele, fica a tarefa de tentar fazer com que prevaleça a imagem positiva da empresa em relação aos tempos de seguidos tremores no grupo.

Na sede da companhia, junto à Marginal do Rio Pinheiros, está vazia a sala antes ocupada por um dos principais executivos do grupo Odebrecht na petroquímica, o carioca Alexandrino Alencar. Preso pela Polícia Federal no mesmo dia que Marcelo Odebrecht, em 2015, ele foi liberado alguns dias depois, mas tornou-se uma peça importante na Lava Jato, no papel de um dos delatores do grupo. Alexandrino, hábil lobista, amigo do ex-presidente Lula, depôs ao Ministério Público Federal e confirmou ter participado da definição de propinas a políticos. Demitiu-se das empresas logo após o episódio de sua prisão. Em maio de 2016, foi condenado pelo juiz Sérgio Moro a 15 anos, 7 meses e 10 dias de prisão pelos crimes de corrupção ativa e lavagem de dinheiro, podendo recorrer em liberdade, proibido de exercer cargos na Odebrecht.

Em 6 de junho de 2017, a Braskem emitiu o seguinte Comunicado ao Mercado: "A Braskem S.A. (BM&FBOVESPA: BRKM3, BRKM5 e

BRKM6; NYSE: BAK; LATIBEX: XBRK) vem comunicar aos seus acionistas e ao mercado que nesta data foi homologado pelo Juízo da 13ª Vara Federal de Curitiba o acordo de leniência firmado entre a Companhia e o Ministério Público Federal. Esta decisão é a etapa que faltava para a homologação definitiva do acordo global firmado pela Braskem com as autoridades dos EUA, Suíça e Brasil, objeto dos Fatos Relevantes de 14 e 21 de dezembro de 2016. Informações adicionais podem ser obtidas junto ao Departamento de Relações com Investidores".

Fernando Musa prefere agir em silêncio, evitando o marketing, sabendo do difícil trabalho que tem pela frente. Não só pessoas de sobrenome Odebrecht torcem por ele: preservar empregos e faturamento na Braskem é uma missão importante para a economia brasileira em geral, na esperança de que as lições e condenações deixadas pela Lava Jato façam o grupo cumprir as promessas de um novo comportamento ético.

Manchete de primeira página do jornal "Valor Econômico" da edição de 4 de agosto de 2017 mostrou a possibilidade de mudanças radicais: "Sócios querem levar sede da Braskem para os EUA". Quais sócios? Odebrecht e Petrobras. O objetivo: por meio de uma grande operação de mercado, transferir a sede da companhia para os Estados Unidos, lançar ações na Bolsa de Valores de Nova York, e ficar distante do maior cenário da Lava Jato. Os sócios não se dão bem há algum tempo, num relacionamento que piorou sob o efeito das delações premiadas. A empresa levou multa de US$ 1 bilhão e espera atrair capital de investidores para crescer ainda mais.

A princesinha adorou a ideia. Ela já sabe falar inglês. E torce para que, nos Estados Unidos, o local da sede seja o mais perto possível de Orlando, na Flórida, para poder frequentar o mundo de fantasias da Disney World e continuar feliz. Nos momentos de nostalgia, vai cantar a música "Saudade da Bahia".

CAPÍTULO 18

POUSOS E DECOLAGENS NA AMÉRICA DO SUL

O entusiasmo pela conquista do contrato para as obras da Central Hidrelétrica Charcani V, no Peru, em 1979, levou Norberto Odebrecht a tentar fincar sua bandeira em outros países da América do Sul. Nos anos 1980, com a incorporação da CBPO e da Tenenge, a Odebrecht ganhou nova força e parecia não ver limites para sua expansão no continente. Esses dois reforços, somados à experiência acumulada no trabalho de Arequipa, estimularam a empresa a sobrevoar constantemente a região dos Andes, pousando no Equador, na Colômbia, na Venezuela, e abrindo espaço também na África, por meio de Angola. O avião com a logomarca brasileira prosseguiu no rumo norte, aterrissando nos Estados Unidos, com escalas no Panamá, República Dominicana e México. A chegada à Argentina ocorreu em 1989. A passagem pela Bolívia foi rápida e sem sequelas. O Chile, com obras da Tenenge nos anos 1970 e 1980, antes da integração, entra também para o currículo da empresa-mãe.

O mapa das Américas ficou com a logomarca da Odebrecht em todas as regiões. Em tempos de sucesso e de parcerias com políticos, foram voos e mais voos, pousos e mais pousos. Épocas de crises econômicas na América Latina e de escândalos agravados por revelações na sequência da Lava Jato apontaram para uma restrição a novos voos. Chegou a haver até mesmo ordens governamentais por despedidas e decolagens forçadas, especialmente em 2017, com o Peru anunciando a proibição de a Odebrecht trabalhar em seu território e a Argentina suspendendo a empresa de participar de qualquer nova licitação por um ano, tendência cogitada por outros países. Já no final de 2016, depois de a investigação conjunta entre o Brasil, a Suíça e os Estados Unidos ter divulgado números reais sobre a farta distribuição internacional de propinas, houve o efeito dominó, com os governantes sendo cobrados por uma reação rígida ao estilo da construtora brasileira. Em 19 de fevereiro de 2017, representantes judiciais de 11 países se reuniram em Brasília com o então procurador geral da República, Rodrigo Janot, para uma troca de ideias a respeito da possibilidade de um cruzamento de informações, recurso para apertar o cerco a corruptos ativos e passivos. Além do Brasil, os países latino-americanos que atenderam à convocação de Janot para a reunião foram: Argentina, Chile, Colômbia, Equador, México, Panamá, Peru, República Dominicana e Venezuela. Também participaram representantes de Portugal.

Em capítulos anteriores, mostrou-se que o Peru e a Venezuela seguiram diferentes caminhos de transparência e de rigor nas investigações e nas eventuais punições. O presente capítulo, por sua vez, consiste na proposta de um abrangente voo panorâmico sobre outras áreas da América do Sul, focalizando as obras da Odebrecht em cinco países – Equador, Colômbia, Argentina, Bolívia e Chile – e as reações específicas ao pós-Lava Jato.

AS TURBULÊNCIAS NA LINHA DO EQUADOR

A imaginária Linha do Equador, que divide a Terra nos Hemisférios Sul e Norte, cruza a região metropolitana de Quito e é simbolizada por um curioso monumento, "Metade do Mundo", bastante visitado por turistas. O avião imaginário da Odebrecht enfrentou turbulências nessa área dos Andes e até precisou fazer uma decolagem de emergência, dar uma volta e depois pousar novamente para assumir outras obras. Os sobressaltos ocorreram em 2008, quando o presidente do Equador, Rafael Correa, protestou ferozmente contra problemas técnicos surgidos na Usina Hidrelétrica de San Francisco, a cargo da Odebrecht, expulsou a empresa e disse que não pagaria as parcelas do financiamento do BNDES. Direto do Brasil, o presidente Lula, amigo e aliado político do bolivariano Correa, interferiu por uma solução, afinal bem-sucedida. A Odebrecht alegou que a obra, por ser erguida entre vulcões, era muito complexa, e já estava prevista uma revisão técnica após o início das operações. Os reparos foram feitos, abrindo a possibilidade de a construtora brasileira assumir novas missões. O próprio Correa reabriu o campo de pouso, acenando com projetos. Em 2013, a Odebrecht atingiu o auge no Equador, tocando simultaneamente seis grandes obras por meio de 11 mil operários e festejando o fato de ter completado três anos sem acidentes graves de trabalho.

Rafael Correa ficou dez anos no poder, desde 2007, e não escondia a ambição por mais uma reeleição, mas o Congresso Nacional vetou mudanças da Constituição que ampliariam o continuísmo. Como consolo, ele fez seu sucessor, o aliado Lenín Moreno, que venceu o pleito de 2017 e assumiu a presidência em 24 de maio. Ainda na antiga gestão, em janeiro, foram presos 18 políticos e funcionários públicos equatorianos que, de acordo com delações à Lava Jato, haviam recebido propinas da Odebrecht. Incomodado, Correa veio a público para levantar suspeitas sobre as investigações, dizendo que ele próprio poderia ser acusado, com base em motivação política. E o novo presidente, ao tomar posse, declarou guerra à corrupção. Não demorou dois meses para que o criador rompesse com a criatura. Lenín Moreno, que já andava em choque com Correa em julho, anunciou em 3 de agosto a retirada dos poderes de seu vice-presidente, Jorge Glas, envolvido em denúncias de corrupção. Glas, que foi vice também de Correa, teria cometido irregularidades no relacionamento com empresas, entre as quais a Odebrecht, surgindo como suspeito de receber propina. A crise se abateu sobre o partido governista, Alianza País, e sobre o movimento de esquerda que Correa havia batizado como "Revolução Cidadã".

A Odebrecht chegou ao Equador em 1987 para assumir o projeto de irrigação de Santa Elena, um conjunto de canais e barragens para o abastecimento de água, no sul do país. Em seguida, surgiram outras obras, com destaque para a Central Hidrelétrica de San Francisco, com capacidade de geração de 230 megawatts, na Província de Tuncurahua. Superada a crise de mau humor de Rafael Correa, que afastou a empresa por três anos, a volta foi triunfal. Em 2014, a construtora tinha a seu cargo duas obras na região de Manta – preparação da infraestrutura da área em que seria erguida uma refinaria de petróleo e a instalação de um duto para levar água da Represa de La Esperanza a várias cidades – e também uma na região de Guaiaquil, o Trasvase Daule Vinces, para irrigação na agricultura; uma entre o litoral e a região de Cuenca, o Poliduto Pascuales-Cuenca, para facilitar o transporte de petróleo e de combustíveis; o novo acesso de duas pistas de Quito ao Aeroporto Internacional e mais uma hidrelétrica, a de Manduriacu, no norte. O bom coração do BNDES nos governos Lula e Dilma Rousseff garantiu financiamento de US$ 136 milhões para Daule Vinces e de US$ 90 milhões para Manduriacu. Consta das investigações que a Odebrecht pagou US$ 33,5 milhões em propinas. Os próximos meses serão decisivos para se descobrir o "quem é quem" na partilha de tão gentis gratificações, independentemente das prisões já ocorridas. Novas obras no Equador? Por enquanto, não: aeroporto interditado para pousos de construtoras procedentes do Brasil.

NA COLÔMBIA, ATÉ O PRÊMIO NOBEL DA PAZ?

O presidente colombiano Juan Manuel Santos, eleito em 2010 e reeleito em 2014, vencedor do Prêmio Nobel da Paz de 2016, saiu arranhado na rede de escândalos latino-americanos da Odebrecht. Político hábil, ele ganhou o prêmio por sua participação nas negociações que resultaram no acordo de paz com as Farc, Forças Armadas Revolucionárias da Colômbia, a mais prolongada guerrilha das Américas – surgida em 1964. A Fiscalização Geral da Nação, sem especificar cifras, indicou que a campanha vitoriosa pela reeleição recebeu dinheiro da Odebrecht, algo que o próprio Santos confirmou em 14 de março de 2017. De modo constrangido, ele pediu desculpas à opinião pública e alegou ter sido um deslize dos responsáveis pela sua propaganda eleitoral.

De acordo com o levantamento de investigações internacionais, as propinas da Odebrecht para agentes públicos da Colômbia, independentemente das doações de campanha, chegaram a US$ 11 milhões, diante de um lucro de US$ 50 milhões em obras de 2001 a 2014. O ex-vice-ministro dos Transportes, Gabriel García Morales, foi preso, acusado de receber US$ 6,5 milhões em propina. Em 18 de julho de 2017, as autoridades anunciaram duas novas detenções: as dos empresários Federico Gaviria e Eduardo José Zambrano, ligados ao esquema de García Morales. A construtora brasileira pediu desculpas, no auge do escândalo, mas com limitadas chances de reverter a tendência do governo federal e do Congresso de impedi-la de assumir novas obras. O projeto de aprimoramento da navegabilidade no maior rio colombiano, o Magdalena, por exemplo, um dos objetivos da Odebrecht, seria entregue a outra empresa.

A maior obra da Odebrecht na Colômbia prolonga-se por cinco anos e está quase concluída: a duplicação e modernização de um trecho da Rodovia do Sol, que segue pelo norte do país. Ao assumir, em 2011, a construção de 528 quilômetros de pistas duplas, pontes e viadutos correspondentes à metade dos 1.071 quilômetros previstos, a empreiteira brasileira, no Consórcio Ruta del Sol ao lado das colombianas Episol e Construtora Carlos Solarte, sabia da importância e dos perigos do desafio. A outra metade ficou com outro consórcio.

De Bogotá, a 2.630 metros acima do nível do mar, os motoristas buscam a Rodovia do Sul transitando inicialmente por uma estrada de 195 quilômetros de pista simples que desce até os 177 metros de altitude da cidade de Puerto Salgar, junto ao Rio Magdalena. Então, muda o panorama, surgindo a rodovia duplicada. Nos sentidos de ida e volta, é intenso o tráfego de caminhões que transportam petróleo e combustíveis, já que no caminho fica a maior refinaria do país, a de Barrancabermeja. Um alívio, com mais segurança e menos tempo nas viagens. Os veículos pesados dividem o espaço com ônibus e com automóveis que seguem em direção aos ramais para Medellín e Bucaramanga e para as atrações turísticas do Caribe – Cartagena e Santa Marta.

Garantir a proteção aos funcionários foi um dos desafios da Odebrecht, pois na época do início dos trabalhos uma parte do percurso ainda tinha a presença de guerrilheiros das Farc, apesar de a maioria ter se refugiado nas selvas do sudeste. No entanto, há também o lado singelo desse roteiro: a Rodovia do Sul passa por Aracataca, cidade em que nasceu, em 1927, Gabriel García Márquez, Prêmio Nobel de Literatura. Ao lado de alguns pontos da estrada, o cenário e os personagens relembram o realismo mágico da fictícia Macondo, retratada no clássico "Cem Anos de Solidão". García Márquez, jornalista, trabalhou entre a realidade e a ficção. Em histórias de obras de engenharia latino-americanas, essas duas características da literatura também se misturam. Políticos e empreiteiras assumem seus papéis, como autênticos atores, e batem a mão no peito para proclamar seu patriotismo e sua honestidade.

A ARGENTINA E A CONEXÃO ENTRE POPULISTAS

A vida familiar e a carreira profissional da engenheira argentina Liliana Guerrero têm tudo a ver com os melhores momentos da Odebrecht em seu país. Em 1993, recém-formada na Faculdade de Engenharia de sua cidade natal, Neuquén, ela candidatou-se a uma vaga de estagiária no programa Jovem Parceiro de uma empresa brasileira de nome alemão, da qual nunca havia ouvido falar. Sua missão inicial foi na primeira obra da Odebrecht na Argentina, a construção da Hidrelétrica de Pichi Picún Leifú, na Patagônia, iniciada quatro anos antes. Nesse trabalho, ela começou a namorar outro estagiário, o engenheiro Marcelo Menéndez, de Buenos Aires, com quem se casaria em 1994. Lua de mel em praias brasileiras do Rio, Salvador e Maceió. Tiveram três filhos, exatamente como Liliana sonhara após assistir a um filme cuja história era de uma família feliz com três filhos homens. O casal foi trabalhando em outras obras e construindo a felicidade, apesar das oscilações políticas e econômicas da Argentina. Liliana foi entrevistada pelo autor do livro em 2014.

Numa empresa de atuação em tantas regiões, dos Pampas aos Andes, do norte árido ao sul da verde Patagônia, Liliana e Marcelo tiveram épocas de necessária separação, cada um numa diferente obra. Apesar de o país ter praticamente falido após dez anos do governo Carlos Menem e de uma seguida troca de presidentes no início dos anos 2000, completada com a ascensão do casal Kirchner, do peronismo populista, eram iniciadas novas obras. Como seria possível levar adiante tais projetos, se o governo havia aplicado o calote em instituições internacionais? Muito simples: a eterna rivalidade com o Brasil no futebol e nos temas econômicos foi deixada de lado no período em que governantes de afinidades políticas predominaram nos dois países. Na Casa Rosada, sede do Poder Executivo argentino, Néstor Kirchner governou por quatro anos (2003-2007), tendo falecido em 2010, e sua esposa Cristina, sucessora vitoriosa em duas eleições, foi presidente por oito anos (2007-2015). No Palácio do Planalto, Luiz Inácio Lula da Silva assumiu a presidência do Brasil em 2003 e ficou oito anos, até 2010; Dilma Rousseff ganhou duas eleições, as de 2010 e 2014, e permaneceu no poder por cinco anos e meio, até sofrer o impeachment em 2016. No centro do comovente namoro entre o peronismo e o petismo, havia o sempre disposto BNDES, o banco de investimentos do Brasil, pronto para falar castelhano e ceder milhões de dólares a juros de verdadeiro "hermano". A Argentina, assim, não parou de encomendar obras.

Quatro projetos foram fundamentais para a consolidação na Odebrecht no país. O primeiro foi uma sequência de contratos governamentais para a construção de vários trechos da rede de gasodutos a partir da região de Buenos Aires até Salta, no extremo norte, e o sul, na região de Ushuaia. A segunda obra, também para o governo federal, consistiu no gigantesco Sistema de Potabilização Área Norte, usando água de rios da Bacia do Prata para atenuar o déficit das adutoras de Buenos Aires. Já na cidade de La Plata, a construtora ampliou e modernizou a Refinaria de La Ensenada para a companhia estatal Yacimientos Petrolíferos Fiscales (YPF), uma espécie de Petrobras argentina, em parte privatizada. Nos últimos anos, o destaque foi o projeto Soterramento Sarmiento, que consiste em construir túneis para os trens de uma das linhas de transporte metropolitano da capital, evitando os perigosos cruzamentos das ferrovias de superfície, de tantos choques trágicos com veículos.

Quanto ao casal Menéndez-Guerrero, a felicidade prossegue, apesar das agruras dos últimos tempos. O Dia dos Pais de 2014, na época da abertura da Copa do Mundo do Brasil, foi comemorado de modo criativo, proporcionado pela tecnologia, pelo Skype: Liliana e os três filhos sentados à mesa para o almoço, no apartamento de Buenos Aires, puderam ver Marcelo na tela, erguendo um brinde com vinho argentino a mais de 4 mil quilômetros dali. Na época, ele estava na equipe de construção do Poliduto Pascuales-Cuenca pela Odebrecht a partir da região de Guaiaquil, no Equador, enquanto Liliana liderava um dos setores do Soterramento Sarmiento.

Em 2007, a Argentina foi beneficiada pelo BNDES com US$ 436.396.969,00 para a ampliação da capacidade de gasodutos; em 2010, foram mais de US$ 500 milhões para duas obras – a da futura adutora de Buenos Aires, com US$ 293.866.532,00, e a ampliação do Gasoduto San Martin, com US$ 226.058.182,00. Nos últimos dois anos, porém, as bondades do BNDES cessaram, paralelamente à troca de governo na Argentina com a chegada de Mauricio Macri ao poder e ao avanço da Lava Jato no Brasil, o que provocou escassez de obras para as empresas brasileiras. Macri e a Procuradoria-Geral da República desenvolveram contatos com as autoridades do Brasil depois de divulgada a informação de que na Argentina também houve sobrepreço e propina. De acordo com a força-tarefa conjunta entre o Brasil, a Suíça e os Estados Unidos, a Odebrecht ganhou US$ 278 milhões em obras na Argentina e pagou US$ 35 milhões em propinas. Ou seja, em torno de 12,6%!

Em 15 de junho de 2017, o então procurador-geral da República do Brasil, Rodrigo Janot, foi a Buenos Aires e visitou a procuradora-geral da Argentina, Alejandra Gils Garbó. Ambos assinaram, então, um documento de cooperação entre os dois países em meio às investigações internacionais. Alejandra é acusada pelo governo Macri de, pelo fato de ser ligada a Cristina Kirchner, não mostrar muito empenho em descobrir o destino da propina brasileira em 12 anos de governos Kirchner. Em 21 de março, cerca de 5 mil pessoas promoveram atos de protesto diante dos tribunais penais de Buenos Aires para pressionar juízes e promotores a avançar contra a corrupção. As sentenças da Lava Jato contra diretores e executivos da Odebrecht no Brasil foram a referência dos manifestantes. Alejandra, indicada para o cargo por Cristina, foi o principal alvo dos protestos. O casal Kirchner enfrentou várias denúncias de corrupção antes mesmo de estourar a série de escândalos da Odebrecht.

No entanto, em 3 de julho, quando rivais políticos dos peronistas já faziam a previsão de que tudo poderia terminar não em pizza, mas sim em parrilhada, o governo argentino anunciou uma medida concreta: a proibição de a Odebrecht participar de obras públicas no país por 12 meses. O Conselho de Registro de Construtoras, subordinado ao Ministério do Interior, ressaltou as investigações que ocorrem no Brasil e na Argentina a respeito de propinas. O outro lado: em nota, a Odebrecht Argentina, com sede no $32^{\underline{o}}$ andar de um edifício ao lado do Rio da Prata, afirmou que não foi notificada da medida e que, quando isso vier a ocorrer, iria buscar que seus direitos fossem preservados. Mas o potencial de resistência da construtora enfrenta limites demonstrados até pelo seu comando: no final de junho, a Odebrecht expôs ao Ministério dos Transportes a venda de seus 33% no consórcio das obras para tornar subterrânea a linha de trens de superfície Sarmiento. A compradora dessa parcela seria a empresa italiana Ghella, que já tinha 38% do total. Com menos obras em andamento e sob o risco de não conseguir novos contratos, a filial argentina atravessou 2017 num clima tão turvo quanto as águas do Prata constantemente atingidas pela lama do afluente Paraná.

A BOLÍVIA PREFERIU OUTROS CAMINHOS

Evo Morales, descendente de indígenas aimarás, assumiu a presidência da Bolívia em janeiro de 2006 com um discurso nacionalista e de defesa dos povos nativos, a maioria em precárias condições de vida. Ele defendeu o plantio de coca como uma atividade típica da cultura boliviana, num desafio à política norte-americana de tentar reduzir o cultivo dessa erva que, além de garantir um tradicional e inofensivo chá, leva à produção de cocaína. Ele defende que as ações de combate às drogas não devem banir a coca, ligada aos costumes de seu povo. Proclamando-se de esquerda e "contra o imperialismo dos Estados Unidos", Evo logo alinhou-se com Hugo Chávez, da Venezuela, e colocou a Bolívia no grupo dos países bolivarianos. Com o Brasil, em princípio, não haveria problemas, pois tornou-se amigo e parceiro do presidente Lula. Mas logo questionou os preços do gás natural vendido ao grande vizinho por meio de um extenso gasoduto e não tardou em entrar em conflito com a Petrobras. No entanto, polêmicas à parte, ele precisaria mostrar serviço para desenvolver a economia e melhorar a qualidade de vida da população de baixa renda. Para tanto, teria de contratar obras que as empresas bolivianas não tinham condições de assumir sozinhas, o que garantiu contratos para as brasileiras OAS, Queiroz Galvão, Andrade Gutierrez e Odebrecht.

Inimigo do terno e da gravata, Evo Morales tem como vestimentas oficiais os trajes tradicionais bolivianos. Foi assim que ele se vestiu na posse e em todos os eventos internacionais, entre os quais o encontro com Lula em 2009 para a inauguração de uma rodovia em que a Odebrecht havia assumido as obras de alguns trechos em parceria com a empresa boliviana Iasa. Trata-se da Rodovia entre El Carmen e Arroyo Concepción, que integra a ligação do Brasil com as principais cidades da Bolívia a partir da fronteira, em Corumbá, Mato Grosso do Sul. De Puerto Suárez, já em território boliviano, os veículos seguem para Santa Cruz de La Sierra e, de lá, podem chegar a Cochabamba, Oruro e La Paz, além de alcançar o sul do Peru e o norte do Chile. Esse trabalho da Odebrecht, financiado pela Corporação Andina de Fomento, marcou a entrada da Bolívia na lista dos países clientes da construtora brasileira. Em 1º de janeiro de 2011, Lula entregou a presidência para Dilma Rousseff, cujo governo também manifestou afinidades com os líderes do grupo bolivariano. Evo Morales mexeu na Constituição, foi reeleito e deverá completar 12 anos no poder em janeiro de 2018, um disparado recorde em seu país. Em tese, ele será presidente até 2020, sem chance de tentar mais um mandato, pois sua proposta de acabar com o limite de reeleições foi derrotada em referendo popular, mas não esconde o desejo de convencer o Congresso a eternizá-lo no Palácio Presidencial ao estilo de antigos ditadores bolivianos, mesmo porque a economia tem melhorado.

A Odebrecht, apesar de apreciar desafios em países complicados, não chegou a lamentar o fato de Evo ter marginalizado as construtoras do Brasil nos últimos anos e optado por companhias do Canadá e da Ásia. Quando da construção das duas primeiras usinas hidrelétricas do complexo do Rio Madeira, a de Jirau, por um consórcio liderado pela Camargo Corrêa, e a de Santo Antônio, pela Odebrecht em conjunto com a Andrade Gutierrez, houve um lobby dessas empresas para conquistar a tarefa de erguer mais duas usinas – uma em território boliviano e uma na fronteira entre os dois países, mas Evo Morales esfriou as conversas. Assim, a atuação da Odebrecht nas terras de Evo se resume a trechos de rodovias já entregues. E com uma vantagem em comparação com a presença em outros países da América Latina: as investigações internacionais não descobriram, nesse relacionamento Odebrecht-Bolívia, nenhum caso de propina. A construtora mantém um escritório em Santa Cruz de La Sierra, mesmo sem participar de licitações.

NO CHILE, SOB A COMPANHIA DA DITADURA

Foi por meio da incorporação da construtora paulista Tenenge, em 1986, que a Odebrecht ganhou condições para incluir o Chile em seu mapa de atuação internacional. Era a época da ditadura de Augusto Pinochet, iniciada em 1973 com o golpe militar contra o presidente socialista Salvador Allende, que se suicidou diante da chegada dos soldados ao Palácio de La Moneda. O regime fechado dominou o país até 1990, com a Tenenge executando obras nas regiões de Santiago, Concepción, Punta Arenas e Antofagasta. O primeiro projeto foi em 1979, o desvio do Rio Maule, na Cordilheira dos Andes, para possibilitar a construção da Usina Hidrelétrica Colbún-Machicura, ao sul de Santiago. O mestre de obras Francisco das Chagas Lopes Souza, paraibano, conhecido como Mestre Pará, contratado pela Tenenge em 1973 para ser pedreiro, fez naquela obra sua estreia internacional. Na década de 1980, ele foi integrado à Odebrecht, onde tornou-se referência nos últimos 30 anos como competente chefe de equipes.

Fausto Aquino, administrador de empresas, também remanescente da Tenenge, teve papel importante na fusão das empresas para evitar a criação de rivalidade entre os profissionais. "Foi tudo tranquilo na transição", disse. Ultimamente, Aquino atuou como Responsável por Pessoas e Organização (RH) na Odebrecht Engenharia Industrial, em São Paulo. Ele explicou que as principais missões brasileiras no Chile ocorreram nas áreas de mineração, siderurgia, energia, petróleo e indústrias de papel e celulose. Em Punta Arenas, no extremo sul, a empresa se encarregou de construir plataformas fixas offshore para a Empresa Nacional de Petróleo (Enap). No norte do país, ergueu o complexo de beneficiamento de cobre de Quebrada Blanca, nos Andes, a 4.500 metros de altitude, entre Antofagasta e Iquique. Na região de Concepción, em que predomina a produção de madeira para uso industrial, coube à Tenenge construir uma nova planta de produção de celulose para a empresa privada Celulosa Arauco y Construcción.

Nenhum dos cinco presidentes chilenos da redemocratização, Patricio Alwyn, Eduardo Frei, Ricardo Lagos, Sebastián Piñera e Michelle Bachelet, teve ligações com a Odebrecht. O potencial de obras na expansão da rede de metrô de Santiago, de tecnologia francesa, e no aprimoramento de rodovias e ferrovias, foi menosprezado pelo grupo brasileiro, que preferiu se concentrar nos vizinhos Peru e Argentina, onde as missões se multiplicariam na virada do milênio.

CAPÍTULO 19

UM TRIÂNGULO QUE NÃO É DAS BERMUDAS

México, República Dominicana e Panamá têm em comum a condição de países latino-americanos do Hemisfério Norte em que se fala espanhol e onde houve diálogo no idioma de propina da Odebrecht. Os vulcões e os terremotos do Cinturão do Fogo costumam conturbar a vida de mexicanos, os furacões do Caribe deixam rastros de destruição no território dominicano e as tempestades tropicais inundam cidades panamenhas. Alguns dos múltiplos acidentes de percurso dos últimos tempos, no entanto, não foram consequências de fenômenos naturais, mas sim por ação do homem, como as crises políticas e econômicas. A lista de problemas foi engrossada por obras de engenharia realmente úteis, mas de gestão financeira contestada. Os ventos sopraram do Brasil, Suíça e Estados Unidos até essa região perto do autêntico Triângulo das Bermudas, levando notícias das investigações a respeito de escândalos. No triângulo de países, o grupo Odebrecht resiste, para que não desapareçam as possibilidades de novas obras. Contratantes e contratados passaram a enfrentar a hora da verdade. Em 2013, um ano antes do início da Lava Jato no Brasil, somou-se a esse triângulo o maior país da América Central, a Guatemala, que entrou na lista de clientes da Odebrecht ao decidir aprimorar uma rodovia que passa perto do vulcão Fuego, em direção à fronteira com o México. O Fuego vem tendo frequentes erupções. A República Dominicana não tem vulcões, mas o noticiário dos últimos anos indicou uma erupção de dólares em pagamentos ilegais.

REPÚBLICA DOMINICANA, DAS OBRAS AO MARKETING

Com a ajuda dos marqueteiros oficiais de Luiz Inácio Lula da Silva, o presidente da República Dominicana, Danilo Medina, foi reeleito em 15 de maio de 2016, derrotando o rival Luis Abinder. Mesmo presos no Brasil, João Santana e Mônica Moura puderam comemorar o sucesso da campanha eleitoral no país do Caribe, que é um dos maiores clientes da Odebrecht. Em 23 de fevereiro, o casal havia abandonado a campanha e a cidade de Santo Domingo apressadamente, diante da ordem de prisão comunicada pela Polícia Federal por determinação do Ministério Público, tendo desembarcado em São Paulo no mesmo dia e, em seguida, levado para Curitiba.

GLÓRIA, QUEDA, FUTURO

Com área de 48 mil quilômetros quadrados – o correspondente à soma de Alagoas com Sergipe – e população de 10 milhões de habitantes, a República Dominicana tem vantagens em relação ao seu vizinho na Ilha Hispaniola, o Haiti, de colonização francesa, de tanta miséria, de tantas ditaduras corruptas e do terrível terremoto de 2010, que matou mais de 300 mil pessoas. A porção de colonização espanhola da ilha também teve ditadores, como Rafael Trujillo, que dominou o país de 1930 até ser assassinado, em 1961. De estilo personalista, o tirano foi capaz de impor seu nome ao pico mais alto até à capital, Santo Domingo, que por alguns anos virou Ciudad Trujillo. Sem ele, o país retornou à democracia e tem tido mais sorte com os fenômenos naturais, que se limitam à temporada anual dos furacões. As lindas praias atraem turistas do exterior, principalmente dos Estados Unidos e da Europa, um fator que favoreceu a contratação da Odebrecht para a construção de rodovias. Além de praias, há tesouros artísticos e históricos. A ilha foi descoberta em 1493 por Cristóvão Colombo, que liderou o assentamento de origem da cidade mais antiga das Américas, Santo Domingo, fundada em 1498. Pelo menos uma parte do corpo de Colombo está conservada no Faro Colón, um grande monumento inaugurado na capital em 1992, no 5º Centenário da Descoberta da América. A cidade de Sevilha, na Espanha, também informa ter um túmulo de Colombo, na Catedral. Uma vez que fracassaram as tentativas científicas de se tirar a dúvida sobre qual ossada de Colombo é legítima, convencionou-se que as duas sepulturas podem ser consideradas autênticas, ambas com ossos do descobridor genovês.

A Odebrecht construiu no país duas usinas hidrelétricas, a de Palomino e a de Pinalito, uma termoelétrica, um aqueduto, um complexo viário na capital e várias estradas, entre as quais um trecho duplicado do Corredor Viário do Leste, de San Pedro de Macorís, perto de Santo Domingo, a Punta Cana, cidade de inúmeros resorts e condomínios de luxo. Portanto, com tantas atividades na República Dominicana, os Odebrecht não quiseram se arriscar: em 2016, apoiaram a reeleição de Danilo Medina, que havia assumido com a vitória de 2012, sucedendo a Leonel Fernández (2004-2012). João Santana e Mônica Moura, com a experiência de terem feito presidentes também no Brasil, Venezuela, El Salvador e Angola, assumiram o marketing de Medina em janeiro, chegando a Santo Domingo com uma equipe de mais cinco profissionais. Um mês depois, eles receberam um telefonema de Brasília – era a presidente Dilma Rousseff, avisando de que eles seriam presos por causa da Lava Jato. Ao embarcar, o casal orientou a equipe para prosseguir o trabalho na campanha no rádio e na TV. Os marqueteiros, liberados após prisão preventiva de algumas semanas, foram condenados, em fevereiro de 2017, a oito anos e meio de cadeia, por conta de transferências ilegais de dinheiro, mas ficaram em regime de prisão domiciliar para aguardar o trâmite de recursos, por terem optado pela delação premiada.

O BNDES, a exemplo do que aconteceu em outros países simpáticos ao governo brasileiro, foi carinhoso com os governantes dominicanos. Em 2007, já no segundo mandato de Lula, quando Leonel Fernández estava no poder em Santo Domingo, o banco financiou a construção de um aqueduto, inicialmente com US$ 71 milhões, liberando mais US$ 50 milhões em 2008. A Central Hidrelétrica de Pinalito recebeu US$ 68 milhões. Outra hidrelétrica, a de Palomino, foi contemplada com US$ 50,6 milhões. O Corredor Viário Duarte, em Santo Domingo, foi possível por meio de US$ 101 milhões do BNDES. O presidente Medina tomou posse em 2012 e o dinheiro continuou jorrando: mais US$ 50 milhões para o aqueduto e US$ 114 milhões para o Corredor Viário Norte-Sul. A Central Termoelétrica de Santa Catalina recebeu US$ 656 milhões em 2015, época do segundo mandato de Dilma Rousseff, a título de "exportação de bens e serviços de engenharia".

O Corredor Viário do Leste, a cargo da Odebrecht, une San Pedro Macorís a La Romana. A empresa também ficou com as obras da sequência, a Autopista del Coral, 70 quilômetros em direção a Punta Cana e outras cidades junto às águas do Caribe, que ultimamente ganharam dezenas de novos hotéis e resorts de companhias internacionais. Por conta desse polo de atrações, o aeroporto de Punta Cana é mais movimentado que o de Santo Domingo.

Em 2014, o ministro de Obras Públicas e Comunicações, Gonzalo Castillo, elogiou o alto índice de segurança das obras nas rodovias. "A Odebrecht criou um novo paradigma para a República Dominicana", disse. O conceito da engenharia brasileira foi destacado também nos trabalhos nas duas hidrelétricas. Em Palomino, houve um grande desafio, pois a tarefa incluiu a abertura de túneis, numa área de solo irregular. Túneis escavados nas montanhas marcaram, igualmente, as obras de Pinalito. Essas centrais contribuíram para garantir ao país a energia necessária para o crescimento econômico e a evolução no turismo.

Uma vez estourado o escândalo da Odebrecht em torno da Lava Jato no Brasil e a consequente denúncia de que a distribuição de propinas havia chegado a outros países, a República Dominicana sentiu o impacto e tratou de agir: no início de 2017, foram detidos dez suspeitos, entre eles o então ministro de Indústria e Comércio, Temístocles Montás, que negou envolvimento no caso. Investigações internacionais apontaram um total de US$ 92 milhões em pagamentos ilegais da construtora no período de 2001 a 2014 – volume superado na América Latina somente pelos US$ 98 milhões da Venezuela. As delações de operadores financeiros permitiram chegar aos principais suspeitos de receber propina: um genro do ex-ministro de Obras Públicas Victor Diaz Rúa e o advogado Conrado Pittaluga. Em 19 de abril, a Justiça da República Dominicana homologou acordo de leniência firmado entre a Odebrecht e a Procuradoria-Geral da República, que prevê pagamento de US$ 184 milhões pelos crimes praticados no país. Foi o segundo acordo internacional, já que em 17 de abril o juiz americano Raymond Dearie havia aprovado o acordo entre a Odebrecht, o Departamento de Justiça dos Estados Unidos, o Ministério Público do Brasil e autoridades da Suíça, fechando a indenização em U$ 2,6 bilhões. Em princípio, fica liberada a atuação da Odebrecht nos países em que forem fechados acordos desse tipo.

PANAMÁ, MISTÉRIOS DE UM PARAÍSO FISCAL

O Panamá, na América Central, um dos mais movimentados paraísos fiscais do mundo, foi tema de uma série de reportagens internacionais em que foram revelados os nomes de inúmeras personalidades da política, da economia, das artes e do esporte ligados às vantagens financeiras oferecidas pelo país. Paraíso fiscal, ou "tax haven", é o termo que se aplica a países onde as leis facilitam a entrada e aplicação de recursos estrangeiros com benefícios fiscais que tornam a tributação baixa ou até mesmo isenta. Em tais paraísos, as empresas internacionais, conhecidas por "Offshores Companies", operam fora da jurisdição dos países dos quais seus acionistas são oriundos, e recebem os benefícios locais.

As empresas offshore podem funcionar de modo anônimo, facilitando a lavagem de dinheiro. Por ocasião de denúncias da Lava Jato, verificou-se que várias operações ligadas a propinas tiveram a participação de empresas offshore. Os principais paraísos fiscais no mundo são estes: Suíça, Hong Kong, Cingapura, Ilhas Cayman, Luxemburgo, Líbano, Ilha de Jersey, Japão, Alemanha, Bahrein, Ilhas Maurício, Malta, Mônaco, Bermudas, Bahamas, Emirados Árabes Unidos, Ilhas Virgens Britânicas, Panamá e algumas regiões dos Estados Unidos. Na América do Sul, o Uruguai é um exemplo típico dessa política de atuação.

Paraísos fiscais, por atraírem dinheiro, garantem desenvolvimento aos países, que, no entanto, também atraem aventureiros e amigos do crime. Políticos panamenhos se envolvem em negócios escusos. E o caso mais marcante foi o do presidente Manuel Noriega (1983-1989), derrubado do poder pelas forças armadas dos Estados Unidos, que invadiram o país. Acusado de liderar uma quadrilha multinacional de tráfico de drogas, ele foi levado preso para Miami e condenado a 30 anos de cadeia. Morreu em maio de 2017, na Cidade do Panamá.

Na América Latina, é comum familiares de presidentes buscarem vantagens no mundo do poder. Por isso, não foi surpresa, em fevereiro de 2017, a notícia de que o Ministério Público especial anticorrupção do Panamá pediu à Interpol (Polícia Internacional) a emissão de um pedido de detenção dos filhos de Ricardo Martinelli, presidente do país de 2009 a 2014. Luis Enrique e Ricardo são acusados de receber propina da Odebrecht por conta de obras contratadas no governo do pai. O próprio Martinelli poderia ser preso, mas fugiu para os Estados Unidos, exilando-se em Miami. O Panamá pediu sua extradição em agosto. De acordo com o jornal panamenho "La Estrella", os dois jovens receberam grandes quantias de dinheiro entre 2010 e 2014 por meio de empresas offshore que a construtora utilizou para fazer pagamentos indevidos a agentes governamentais em vários países. O Departamento de Justiça dos Estados Unidos revelou que o total de propinas pagas pela Odebrecht no Panamá chegou a US$ 59 milhões. Os lucros da empresa com os contratos teriam sido de US$ 175 milhões.

Uma das principais missões da construtora brasileira tem tudo a ver com uma das maiores obras de engenharia do mundo, o Canal do Panamá, responsável pela fama do país muito antes de sua condição de paraíso fiscal. Por conta do recém-ampliado canal interoceânico que liga o Atlântico ao Pacífico há mais de um século, o Panamá usa o lema "Ponte do Mundo, Coração do Universo". A capital, Cidade do Panamá, é a porta do Pacífico, enquanto Colón, movimentada Zona Livre de Comércio, fica junto ao Atlântico. Paralelamente ao canal e às eclusas, navios economizam tempo de várias rotas. Para ligar as duas cidades por terra, havia apenas uma estrada perigosa, de mão dupla, sem acostamento. A Odebrecht foi contratada para construir a Autopista Panamá-Colón, que, concluída em 2012, com duas pistas, reduziu o tempo de percurso de duas horas e meia para 40 minutos, passando por zonas de proteção ambiental junto ao Lago Gatún. A Concessionária Madden-Colón, empresa da Odebrecht que administra a rodovia, mantém 45 câmeras ao lado das pistas e faz propaganda explicando que se trata de uma das estradas mais seguras do mundo.

A atuação da Odebrecht no Panamá, no entanto, vai muito além da emblemática rodovia. Entre várias outras obras, a empresa levou adiante o projeto de saneamento da Baía do Panamá, construiu a Usina Hidrelétrica Dois Mares, providenciou o alargamento do Rio Caldera para atenuar o drama das enchentes na Província de Chiriqui e implantou as duas primeiras linhas de metrô na capital.

Uma vez que os Estados Unidos lideraram a construção do canal inaugurado em 1914, a Zona do Canal ficou sob controle americano até 1999, quando, com base num tratado, o Panamá assumiu a administração daquela faixa, dando início a um ciclo de desenvolvimento. Nas duas últimas décadas, a Cidade do Panamá cresceu bastante e ganhou enormes edifícios residenciais e de escritórios, em contraste com o centro velho, que conserva antigas construções com balcões de madeira de estilo espanhol. As matas tropicais do leste panamenho, junto à fronteira com a Colômbia, concentram uma variada fauna e também contribuem para atrair turistas. O Aeroporto de Tocumen, na capital, é ponto de conexão entre voos para as Américas do Sul e do Norte, para os demais países da América Central e para as ilhas do Caribe. A unidade monetária do Panamá é o colón (Colombo), que se limita às moedas metálicas de pequeno valor. De 5 a 100 colones, circulam as cédulas de dólar americano. Propina da Odebrecht no Panamá pode ser representada em dólares ou em colones – não importa, o valor é o mesmo. Só falta saber quais amigos do poder, além dos filhos do ex-presidente, tiveram suas contas bancárias reforçadas de 2001 a 2014.

PARCERIA COM A BRASKEM EMPOLGA O MÉXICO

Um gigantesco projeto de petroquímica ajuda o grupo Odebrecht a manter o México em seu radar de esperanças, depois das negociações por um acordo com as autoridades do país, em que está instalado desde 1991. Segundo os dados do Departamento de Justiça dos Estados Unidos, a Divisão de Operações Estruturadas da Odebrecht pagou US$ 10,5 milhões de dólares a membros de órgãos governamentais para obter contratos, principalmente em 2013 e 2014. A construtora assumiu várias obras no decorrer das últimas décadas, entre as quais a da Represa Los Huites, em Sinaloa; a renovação das linhas de transmissão de Torreón, em Coahuila, e o Gasoduto Los Ramones. Em 2011, o grupo deu uma grande festa na Cidade do México para marcar os 20 anos de trabalho no país, em que esteve Marcelo Odebrecht. Então, estava tudo bem, mesmo porque havia a ambição de conquistar uma importante parceria para a Braskem, que acabou sendo garantida: o Projeto Etileno XXI, na cidade de Nanchital, no Estado de Vera Cruz. Inaugurado em abril de 2016, esse complexo industrial tem sido de fundamental utilidade para o próprio México e de significado especial para o grupo brasileiro, que atuou na obra por meio da construtora e que agora participa da operação, uma sociedade da Braskem com o grupo mexicano Idesa. A tarefa de levar adiante todas as etapas de construção ficou com um consórcio liderado pela Odebrecht Engenharia & Construção Internacional.

Mais de 25 mil operários, de 29 nacionalidades, trabalharam para erguer o Complexo Petroquímico Braskem-Idesa, um dos mais modernos da América Latina, com capacidade para produzir 1 milhão de toneladas de eteno e polietileno por ano. Em 2017, a Odebrecht foi apontada pelo Instituto Great Place to Work, pelo nono ano consecutivo, como uma das melhores empresas para se trabalhar no México.

Ao participar da inauguração do Etileno XXI, o novo presidente da Braskem, Fernando Musa, sucessor de Carlos Fadigas – um dos executivos afastados do grupo Odebrecht quando fizeram delação premiada na Lava Jato –, disse que aquela unidade representa um grande passo na internacionalização da companhia, que possui dezenas de fábricas no Brasil, nos Estados Unidos e na Alemanha. No entanto, a unidade de Vera Cruz passa a exercer uma função importante também para a economia mexicana ao garantir a redução da importação de produtos petroquímicos dos Estados Unidos para a produção de artigos de plástico nas indústrias do país. O complexo Braskem-Idesa consiste num cracker de produção de eteno base gás e três plantas de polietileno – duas de polietileno de alta densidade linear e uma de polietileno de baixa densidade linear. O investimento total chegou a US$ 5,2 bilhões, o maior da iniciativa privada no México nos últimos 15 anos. De acordo com a Braskem, a estrutura para financiamento foi composta por um pool multinacional de sete bancos e agências de crédito principais – três bancos de fomento, duas agências de exportação e duas agências multilaterais – e dez bancos comerciais. Pelo menos no México, o BNDES, tão requisitado na América Latina, foi poupado.

O presidente do Etileno XXI é o engenheiro mecânico brasileiro Roberto Bischoff, que havia atuado na implantação do projeto. Bischoff também se formou em administração de empresas na Universidade Federal do Rio Grande do Sul e tem MBA pelo INSEAD, da França, e pelo IBMEC, do Brasil. As atividades desse complexo, o maior do México, garantem 700 empregos diretos e 2.200 indiretos. Lá, são produzidos: 1) Polietileno de alta densidade – material rígido e denso, usado na fabricação de frascos para a indústria de higiene e limpeza, baldes, engradados e utensílios domésticos; 2) Polietileno de baixa densidade – macio e flexível, utilizado na produção de embalagens de biscoitos e massas, sacos plásticos e revestimentos de fios; 3) Eteno, matéria-prima usada para a produção de resina de polietilenos. A matéria-prima para o funcionamento do complexo é o gás natural, fornecido pela Pemex, a empresa estatal mexicana de petróleo e gás. As perspectivas positivas da parceria com a Braskem no Etileno XXI levam o México a atenuar os reflexos das notícias de que a propina da Odebrecht contaminou o país e seus vizinhos. Entre os suspeitos de levar gentilezas financeiras do grupo brasileiro estão diretores da Pemex.

GUATEMALA ADERE ÀS OBRAS E ÀS GENTILEZAS

Berço da civilização maia, a Guatemala, último país latino-americano a contratar a Odebrecht, também ficou sabendo que no Brasil a palavra "propina" não tem o significado de "gorjeta" do idioma castelhano, mas sim de "suborno". E, logo na estreia, a empresa brasileira distribuiu gentilezas a agentes públicos guatemaltecos. Quanto? De acordo com o Departamento de Justiça, foram US$ 18 milhões.

A única obra da construtora, iniciada em 2013, tem um significado especial, a reabilitação de um trecho de 140 quilômetros da Rodovia Centro Americana. A estrada, cuja passagem pelo país tem 300 quilômetros, corta o sul do território, atravessando uma região produtiva. Por lá, circulam 65% do PIB da Guatemala, estabelecendo uma ligação com o Porto Quetzal e com o México e El Salvador. Após um longo período de guerra civil, nos anos 1980 e 1990, a Guatemala decidiu investir na recuperação de sua infraestrutura. E concluiu que uma das prioridades seria atenuar os perigos daquela rodovia.

Os cálculos do governo previram US$ 384 milhões com a obra. O sempre solícito apoio do Brasil, por meio do BNDES, garantiu US$ 280 milhões, por conta da participação da Odebrecht na empreitada. O lucro da Odebrecht ficou em torno de US$ 34 milhões. A propina, que atingiu US$ 18 milhões, foi algo além da metade daquele total.

Uma vez divulgado pela mídia guatemalteca o fato de a rodovia estar incluída no conjunto do escândalo multinacional da Odebrecht, caberia tentar descobrir quem levou a propina. Buscou-se um acordo de leniência entre o Ministério Público do país e a empresa. Escândalos à parte, a obra ficou pronta e recebe elogios dos moradores da região e dos motoristas que trafegam por lá. O governo não se arrepende de ter aplicado na rodovia o seu mais alto investimento das últimas décadas.

O chefe da Supervisão do Ministério de Comunicações, Infraestrutura e Moradia, Jaime Laj, encarregado de fiscalizar a obra, disse que "a Odebrecht foi a empresa que apresentou a melhor infraestrutura física, técnica e financeira entre todas as pesquisadas".

O diretor superintendente da Odebrecht na Guatemala, Marcos Machado, reconheceu a dificuldade de aprimorar a rodovia num trecho de montanhas e vales, mas fez um palpite sobre o futuro, sem atentar para o avanço dos estilhaços da Lava Jato sobre a América Latina: "Depois de termos conquistado o primeiro projeto, esperamos ficar na Guatemala por muito tempo, tendo essa obra como referência, com vistas a projetos de hidrelétricas, gasodutos e outras estradas".

A ave nacional da Guatemala é o quetzal, de penas multicoloridas e um extenso penacho, que aparece com frequência nas florestas ao longo da rodovia e se assusta diante dos veículos. Quetzal é também o nome da moeda guatemalteca. O governo e a opinião pública da Guatemala se assustaram com a forma de seu novo prestador de serviços, o grupo Odebrecht, ter aparecido na mídia nos últimos anos. As portas, porém, não estão fechadas. O alto conceito da construtora como tocadora de obras e os interesses em dólares, quetzais e reais mantêm a chama tão acesa quanto a cratera do vulcão Fuego.

CAPÍTULO 20

A MONUMENTAL CHEGADA À AMAZÔNIA

Que tal construir uma enorme usina hidrelétrica em plena Amazônia? Uma, só, não. Na verdade, poderiam ser quatro. Com a grave crise de energia no Brasil em 2001, a ambição da Odebrecht era participar da construção de todas as quatro usinas idealizadas para a bacia do Rio Madeira, um dos principais afluentes do Amazonas. Esse projeto, que desagradou defensores do meio ambiente, havia surgido no âmbito da Iniciativa para a Infraestrutura Regional Sul-Americana (IIRSA), ação multinacional criada em outubro de 2000 em reunião dos presidentes dos 12 países da América do Sul, em Brasília. Sob a liderança do anfitrião Fernando Henrique Cardoso, os chefes de governo chegaram à conclusão de que os países da região deveriam buscar melhor integração na política, economia e cultura, modernizando a infraestrutura de transporte, energia e telecomunicações. Foram então lançados os planos para rodovias e hidrelétricas, provocando sorrisos da família Odebrecht em Salvador. Sorrisos e atitudes.

A Odebrecht, que havia construído em Rondônia a pequena usina de Samuel, reuniu alguns de seus melhores engenheiros especialistas na construção de grandes barragens, conhecidos como "barrageiros", para preparar um projeto completo para a exploração do potencial energético do oeste da Amazônia. As quatro usinas pioneiras da região seriam duas no Rio Madeira, no Estado de Rondônia, no Brasil – Jirau e Santo Antônio –, uma no Rio Beni, afluente do Madeira, na Bolívia – Cachuela Esperanza – e uma em outro afluente, o Rio Mamoré, na fronteira entre os dois países – Guajará-Mirim. O projeto chegou ao governo brasileiro, que pediu ao Banco Nacional de Desenvolvimento Econômico e Social (BNDES) que estudasse a matemática financeira capaz de colocá-lo em prática. Uma vez que Fernando Henrique estava no fim de seu segundo e último mandato, caberia ao sucessor, Luiz Inácio Lula da Silva, levar adiante aquele programa. Acostumado a se referir o legado de FHC como uma "herança maldita", Lula não teve dúvidas em endossar a construção de duas das quatro usinas sugeridas. As hidrelétricas de Jirau e Santo Antônio, portanto, foram incluídas no Programa de Aceleração do Crescimento (PAC), pois a energia a ser produzida em Rondônia iria contribuir para ampliar as perspectivas econômicas em todo o país, sendo integrada ao Sistema Interligado Nacional por meio de uma extensa linha de transmissão da Amazônia ao município de Araraquara, em São Paulo.

A Odebrecht, tendo assumido a liderança dos estudos técnicos para as duas hidrelétricas, esperava ficar com as duas obras, e frustrou-se quando o governo federal decidiu desmembrar o projeto, promovendo dois leilões em 2007. Realizados os leilões, a Agência Nacional de Energia Elétrica anunciou que a Odebrecht, em parceria com a Andrade Gutierrez, foi escolhida para cuidar de Santo Antônio, na área de Porto Velho, enquanto a Camargo Corrêa e a empresa francesa GDF Suez ficavam com Jirau, 120 quilômetros rio acima. De acordo com os contratos, os consórcios seriam responsáveis pelas obras físicas e pela operação das usinas. Eram duas das maiores hidrelétricas do mundo, que movimentariam milhares de operários, além de criarem numerosos empregos indiretos. Mas o apetite dos Odebrecht levou a reclamações junto ao presidente Lula, fatos confirmados em 2017 pelos relatos de Emílio e Marcelo na Operação Lava Jato. Eles não se conformaram principalmente com a escolha da Suez, uma estrangeira, para entrar no conjunto.

Reclamações à parte, Santo Antônio foi uma produtiva porta de entrada para novos negócios na Amazônia, tornando-se a primeira das três usinas com a participação do grupo de Norberto naquela extensa região do Brasil. Quando os trabalhos de Porto Velho ainda estavam em andamento, a Odebrecht ficou entre as 11 empresas responsáveis pela gigantesca Belo Monte, no Rio Xingu, no Pará, 4.500 MW de potência instalada, e depois liderou a obra de Teles Pires, no Rio Teles Pires, afluente do Rio Tapajós, na divisa de Mato Grosso com o Pará, 1.820 MW de potência instalada.

ENERGIA, O NOVO CICLO DE RONDÔNIA

O economista paulista Antônio Cardilli, experiente barrageiro, personagem de duas entrevistas do autor do livro em 2009, foi o primeiro funcionário da Odebrecht a chegar a Porto Velho, em Rondônia, para os passos iniciais da obra a ser iniciada a 12 quilômetros dali. Aos 47 anos, 29 de trabalho na empresa, gerente Administrativo e Financeiro da construção, ele estava encarregado de arregimentar e preparar operários, mas também promover reuniões com as comunidades locais para explicar as vantagens da futura hidrelétrica, na tentativa de atenuar comentários de que a natureza e os moradores seriam prejudicados. Era importante definir que estava sendo iniciado na região um quinto ciclo econômico, o da energia elétrica, precedido pelos ciclos da borracha, da dramática construção da Estrada de Ferro Madeira-Mamoré, do garimpo e da chegada da agropecuária. Uma promessa de evolução, sem características predadoras. Os diálogos de Cardilli tiveram como interlocutores os líderes sindicais, representantes do comércio, moradores das margens do rio e os índios naturais dos arredores. Foram 64 reuniões, num raio de 300 quilômetros, atingindo também os Estados do Amazonas e o Acre, e também a Bolívia.

Cardilli, que atuou no lugar até a conclusão da obra, em 2016, conserva na memória o dia em que chegou a Rondônia, 14 de janeiro de 2008, como representante da Construtora Odebrecht e da empresa Santo Antônio Energia, seis meses após a concessão da licença ambiental.

O Consórcio Madeira Energia, liderado pela Odebrecht e por Furnas, ofereceu a menor tarifa pela energia a ser produzida, vencendo o leilão de concessão da usina. Foi criada a empresa Santo Antônio Energia para operar a usina por 30 anos, com o compromisso de apresentar um Projeto Básico Ambiental (PBA) com 28 linhas de ação.

Já para levar adiante a obra, o responsável foi o Consórcio Construtor Santo Antônio (CCSA), liderado pela Odebrecht e integrado também pelo Consórcio Santo Antônio Civil (Odebrecht e Andrade Gutierrez), Grupo Industrial do Complexo do Rio Madeira (Alstom, Bardella, Voith Siemens, Andritz e Areval) e tendo a Odebrecht na montagem mecânica.

José Bonifácio Pinto Júnior, o Boni, engenheiro pernambucano com extenso currículo em obras de hidrelétricas, integrado nos debates sobre as usinas do Rio Madeira desde 2002, liderou Santo Antônio nos dois primeiros anos de trabalho, na condição de diretor superintendente da Odebrecht Energia e diretor do Projeto. Com sua saída da empresa, a liderança ficou com seu rival, o diretor Henrique Valladares, amigo dos Odebrecht, mais conhecido em 2017 por ter sido um dos delatores da Operação Lava Jato.

O engenheiro Mário Lúcio Pinheiro, mineiro de Uberaba, diretor de Contrato, desembarcou em Porto Velho algumas semanas depois de Cardilli, como diretor de Contrato do Grupo Civil (Odebrecht e Andrade Gutierrez), coordenador das obras civis de Santo Antônio.

Como alimentar os 11 mil funcionários que se dedicavam à obra simultaneamente, a cada dia? Esse foi o desafio do carioca Hédio Perdomo, ex-marinheiro, responsável pela cozinha preparada para fornecer refeições para os três restaurantes do canteiro de obras. Enormes caldeirões industriais eram usados pelos 230 membros da equipe de Hédio, para garantir proteínas aos trabalhadores. Só de carne bovina, eram 4 toneladas por dia.

Não houve reclamações contra a qualidade da comida, mas, a exemplo do ocorrido com a Camargo Corrêa em Jirau, a Odebrecht enfrentou greves por reajustes salariais e por melhores condições de trabalho em Santo Antônio. Aos funcionários de postura radical, a empresa respondeu com demissões, após negociar com lideranças sindicais. Uma briga entre sindicatos pelo predomínio nas obras do Rio Madeira levou a um choque entre duas centrais sindicais – a CUT, ligada ao PT, e a Força Sindical, controlada pelo deputado federal paulista Paulinho da Força. Antigos diretores da Odebrecht admitiram, em depoimento ao Ministério Público, terem dado propina aos dois lados dessa briga, como forma de tentar levar a paz de volta ao canteiro de obras.

A FLORESTA NÃO VAI VIRAR MAR

Para construir a quarta maior usina do Brasil, num dos principais rios da Amazônia, junto à floresta, seriam necessárias soluções especiais. A escolha das turbinas do tipo bulbo apresentou a promessa de que o meio ambiente não sofreria impacto significativo. O tipo bulbo, mais moderno, oferece vantagens, pois possibilita maior geração de energia, sem inundar grandes áreas. Ao ser completada a barragem e tendo sido fechadas as comportas, em 2011, foi alagada uma área de apenas 217 quilômetros quadrados, dos quais 164 quilômetros quadrados são da própria calha do rio. Contra as previsões pessimistas de uma parte dos moradores da região, a floresta não virou mar, um contraste com o que aconteceu na Bahia 40 anos antes da epopeia de Rondônia. A famosa música de Sá, Rodrix e Guarabyra com o verso "O sertão vai virar mar, dói no coração" refere-se à Usina de Sobradinho, construída no Rio São Francisco, no interior baiano, de 1973 a 1979, e que inundou 4.214 quilômetros quadrados – 20 vezes a área atingida por Santo Antônio. Outra represa, a de Balbina, no Rio Uatunã, a 110 quilômetros no Amazonas, inaugurada em 1981, inundou 3.129 quilômetros quadrados, afetou o meio ambiente e os moradores da região. Foi idealizada para favorecer as indústrias da Zona Franca de Manaus, mas sua energia garante apenas 10% do total consumido pela capital amazonense.

Não será repetida a história de Balbina, prometeu o engenheiro Boni, no canteiro da obra de Porto Velho, onde um cartaz previa para 70 metros o nível de água do futuro reservatório para a usina de potência instalada de 3.568 MW. Algumas famílias ribeirinhas a serem atingidas pela inundação aceitaram sua transferência antecipada para novas casas numa vila construída pelo consórcio em local seguro, enquanto outras optaram por receber compensação financeira para reiniciar a vida em outras cidades. A vila ganhou lojas, áreas de serviços, um espaço para hortas comunitárias e um local para os pescadores profissionais.

Um ano e meio após as primeiras escavações, a gigantesca barragem de concreto começou a tomar forma, enquanto o curso do Rio Madeira era desviado para a construção da casa de força. Uma sirene avisava sobre a iminência de explosão de rochas com o uso de dinamite. Numa margem, o canteiro de obras terminava junto à floresta; na outra, ao lado de onde passava o trem da lendária Ferrovia Madeira-Mamoré, e via-se no horizonte Porto Velho em fase de crescimento. As equipes de trabalho se revezavam, dia e noite. Aos domingos, pausa para revisão dos equipamentos.

O engenheiro baiano Luiz Gabriel Todt de Azevedo, que atuou na área de meio ambiente do Banco Mundial, em Washington, antes de se tornar o responsável pela área de Sustentabilidade da Odebrecht Energia, fez palestras no Brasil e nos Estados Unidos para destacar o papel da Usina Santo Antônio a investidores e a entidades de preservação da natureza, explicando o papel da obra no crescimento socioambiental da região. Ele comentou que o consórcio foi muito além de atender pré-requisitos legais para atenuar impactos. A meta, de acordo com Luiz Gabriel, foi cumprida em todos os itens: promover ganhos sociais e econômicos para as comunidades da região, além de garantir oportunidades reais para a conservação ambiental. Na visão do especialista, o Brasil tem condições de provar que aprendeu com o passado e que pode estabelecer Santo Antônio como um marco de desempenho socioambiental para a futura exploração do potencial energético dos rios da Amazônia.

A Odebrecht colocou em prática, em Santo Antônio, uma iniciativa inédita no Brasil e rara em outros países: a estimativa de emissões de gases de efeito estufa, com metodologia própria. O estudo mostrou que naquela obra a maior parte das emissões de gases era proveniente do consumo de combustíveis para máquinas e equipamentos. Tal resultado levou o consórcio construtor a assumir atitudes para reduzir as emissões. Luiz Gabriel, baseado nos escritórios da Odebrecht em Brasília, colaborou com a empresa até 2016, fazendo palestras em universidades para explicar a sustentabilidade nas obras para a Olimpíada do Rio. Após essa missão, retomou sua carreira em organismos internacionais em Washington.

Assim como Santo Antônio, a Usina de Jirau foi concluída no governo Dilma Rousseff. As duas hidrelétricas restantes do programa IIRSA emperraram na resistência do presidente boliviano, Evo Morales, que contratou uma empresa canadense para Cachuela Esperanza, mas sem ter dinheiro suficiente para completar a obra, e rejeitou parceria com o Brasil para erguer a Usina de Guajará-Mirim.

O paulista Cardilli, o pernambucano Bonifácio, o mineiro Mário Lúcio, o carioca Hédio e o baiano Luiz Gabriel, personagens deste capítulo, lideraram equipes da Odebrecht que tornaram realidade a Usina Santo Antônio, atuando ao lado de milhares de operários de vários outros Estados, principalmente de Rondônia. Depois de oito anos, a casa de força e a barragem, com 50 turbinas funcionando – 6 apenas para Rondônia e Acre, e as demais 44 para o resto do Brasil – passou a ser gerada energia capaz de abastecer 44 milhões de pessoas. O concreto utilizado para erguer a hidrelétrica é equivalente a 39 vezes o usado no estádio do Maracanã. A quantidade de aço nessa obra daria para erguer 18 Torres Eiffel.

Assim como o milagre da construção da usina se deu pela força do trabalho, vale a pena decifrar o segredo da preparação dessa força – tema do próximo capítulo.

CAPÍTULO 21

O PROGRAMA ACREDITAR, SÍMBOLO DO LADO BOM

Ao longo de sete décadas na construção civil e em outros setores da economia, o grupo Odebrecht tem investido em sua imagem pública, buscando evidenciar seu lado bom e rebater críticas por comportamentos não tão aprovados pela opinião pública. E o lado bom de uma empreiteira pode ir além da fama de levar adiante obras de qualidade, cuja execução é útil não só para políticos, mas também para cidadãos e comunidades. O comando da Odebrecht, por tradição, considera fundamentais os investimentos em propaganda e marketing, mas também valoriza as ações sociais da Fundação Odebrecht, que, de certa forma, redundam igualmente em marketing.

Criada em 1965 por Norberto Odebrecht, a fundação teve o objetivo inicial de propiciar aos funcionários uma previdência privada capaz de assegurar assistência médica não coberta pelos governos e garantir uma renda mensal mais digna aos aposentados pela Previdência Social. Com o tempo, o campo de atuação se abriu. Foram lançados vários programas de apoio aos empregados e seus familiares, que se orgulhavam de pertencer à comunidade Odebrecht. Houve também programas sociais destinados à população do entorno das obras no Brasil e em outros países. Era um modo de atenuar os problemas de moradores de baixa renda e de atrair simpatia para obras que, de alguma forma, mexiam com o lugar. O primeiro presidente da fundação, Emilton Moreira Rosa, baiano de Maracangalha, chegou à construtora aos 19 anos e teve várias funções, incluindo a de secretário de Norberto. Foi um exemplo de fidelidade e longevidade, tendo atuado na empresa por mais de 30 anos. O gaúcho Sergio Foguel, que entrou na Odebrecht em 1977 e atuou por mais de 25 anos como Responsável por Planejamento e Desenvolvimento do grupo, influiu diretamente no crescimento e na modernização da fundação. De grande visão estratégica, ele não se envolveu nas práticas da Odebrecht reveladas na Lava Jato.

Uma das principais iniciativas da fundação surgiu em 2002, no município de Presidente Tancredo Neves, no Baixo Sul da Bahia: a Casa Familiar Rural, uma fazenda da Odebrecht em que jovens moradores da região são educados para aprender as técnicas agrícolas, ganhando uma profissão, aprimorando a economia local e auxiliando a comunidade. Nos últimos anos, foram criados outros núcleos desse tipo, entre os quais um no Litoral Sul da Bahia, onde a meta é preparar jovens para a pesca profissional e para a produção de camarão.

Apesar dos resultados positivos alcançados pelos projetos sociais da Bahia e de outras regiões, nada gerou tanto impacto e expressiva amplitude no lado bom da Odebrecht quanto o Programa Acreditar de Qualificação Profissional Continuada. Tal modelo de programa, nascido em março de 2008 na obra da Usina Santo Antônio, extrapolou a função de exibir o lado bom da construtora às comunidades locais e acabou sendo um negócio prático e lucrativo. Idealizado e coordenado por Antônio Cardilli logo após sua chegada a Porto Velho como funcionário pioneiro da empresa para a construção da hidrelétrica, o Acreditar teve a função de arregimentar e preparar a mão de obra regional. No auge dos trabalhos naquela obra, constatou-se que, dos 11 mil operários em atividade, 98% haviam passado pelas aulas dos módulos básico e de especialização. O sucesso da iniciativa repercutiu na cúpula da Odebrecht, que determinou a aplicação do programa em várias outras obras no Brasil, na América Latina e em Angola.

OS ORGULHOS DO BARRAGEIRO CARDILLI

Como barrageiro, Antônio Aparecido Cardilli, nascido em São Paulo, acostumou-se à vida de cigano. Chega a um lugar para uma obra, luta para concluí-la e logo parte para outro lugar, para outra obra. Em abril de 2010, pouco mais de dois anos após desembarcar em Rondônia, Cardilli recebeu em seu escritório dois repórteres paulistas interessados em conhecer detalhes do Acreditar. Sobre sua mesa, na pequena sala do canteiro de obras, as lembranças de três tipos de orgulho: medalhas, pedras e esporte. As medalhas eram cinco, todas com a logomarca da Odebrecht, recebidas como homenagens nas épocas em que completou 10, 15, 20, 25 e 30 anos de trabalho na empresa. As pedras, cada uma de uma cor, eram seis, retiradas nas escavações das obras das usinas de seu currículo: Capim Branco I e Capim Branco II, ambas no Rio Araguari, no Triângulo Mineiro; Cana Brava, em Goiás;

Itá, em Santa Catarina; Baguari, em Minas Gerais, e Santo Antônio. "Esta pedrinha cinzenta é daqui", apontou o anfitrião. Na mesa repleta de livros e pastas, a decoração é completada por um bonequinho de plástico símbolo do São Paulo Futebol Clube. "Sim, sou Tricolor, tricampeão mundial", diz, com um amplo sorriso. Ele tem duas filhas. A mais velha é jornalista formada pela USP.

O Acreditar, de acordo com Cardilli, não teria decolado se não tivesse ocorrido uma parceria entre a Odebrecht, que entrou com R$ 15 milhões, o Serviço Social da Indústria (Sesi), o Governo de Rondônia, a Prefeitura de Porto Velho e a Universidade de Rondônia. Um ano e meio depois, a empresa atraiu outro parceiro, o governo federal, abrindo o programa para beneficiários do Bolsa Família, um dos pilares do marketing do presidente Lula.

Como funciona o Programa Acreditar? Cardilli explica que um projeto do porte da construção de Santo Antônio, muito maior do que as cinco barragens anteriores de sua carreira, teria de contar com um grande efetivo de trabalhadores qualificados. Ao mesmo tempo, seria necessário atrair a população local. "Nos dois primeiros anos da obra, capacitamos 25 mil profissionais, dos quais mais de 10 mil trabalham aqui. Eles passaram por uma seleção e por treinamento na Universidade de Rondônia e no Sesi". São pedreiros, carpinteiros, armadores, vibradores e motoristas, entre diversas especialidades.

O próprio Cardillli dava as boas-vindas a cada nova turma de candidatos às vagas na corporação de Santo Antônio. Ele contava a sua história, explicando ao grupo que era de família pobre e que começou a trabalhar aos 14 anos. "Eu saía de casa para o trabalho às 5 e meia da madrugada, e depois ia direto para o colégio. Não tinha o que comer. Mas lutava. Aos 17, entrei na Odebrecht e nunca parei de estudar, de tentar evoluir. Cheguei aonde cheguei". Em seguida, eram inevitáveis os conselhos aos que seriam introduzidos às aulas e aos equipamentos, além de entrevistas com duas psicólogas: "Não cheguem atrasados. Aproveitem as oportunidades. Nada de vícios. O álcool e a droga são um caminho sem volta".

GLÓRIA, QUEDA, FUTURO

DA GRATIDÃO AO SUCESSO INTERNACIONAL

Os profissionais beneficiados pelo Acreditar, geralmente moradores de Rondônia, mas na maioria procedentes de outros Estados, compreenderam que, com o aprimoramento profissional transmitido pelo programa, eles levariam a experiência para outros trabalhos no momento em que houvesse a conclusão de Santo Antônio. Portanto, esse contingente teria salários no período da obra e depois saíam mais amadurecidos e animados para novos desafios. Cardilli recebia constantemente, em sua sala, a visita de antigos alunos do Acreditar, que lhe levavam abraços de gratidão.

Rubens Gonçalves da Silva, o Rubinho, é de Maringá, no norte do Paraná, mas já fazia seis anos que morava em Porto Velho quando soube da abertura de vagas para trabalhar em Santo Antônio. Ele se inscreveu e foi um dos primeiros formados no Acreditar, ganhando a condição de ser motorista de veículos leves na obra. "Antes, eu andava de bicicleta e não tinha perspectiva", relembrou Rubinho ao visitar Cardilli. "Com esse novo trabalho, melhorei de vida e consegui que minha filha terminasse o curso de Administração de Empresas na universidade daqui."

A semente plantada em 2008 originou uma autêntica e sólida árvore em Porto Velho, com ramificações em obras da Odebrecht no Brasil, no Peru, em Angola e em vários outros países. O sistema básico era idêntico ao lançado por Cardilli em Santo Antônio, mas adaptado a cada região. Nas obras peruanas, o programa ganhou o nome de "Creer Perú" e incluiu aulas sobre a história da Odebrecht no país, desde a pioneira construção da hidrelétrica Charcani V em Arequipa, em 1979. Em Angola, os próprios angolanos passaram a ser a grande maioria nas equipes de trabalho. Dezenas deles chegaram a assumir postos de comando, com base em programas da Odebrecht para estimular as comunidades, como Jovem Parceiro, voltado a estagiários, e o Acreditar. O sucesso internacional do Acreditar comprova que, marketing à parte, o lado bom da empreiteira não é simples obra de ficção.

CAPÍTULO 22

ESTÁDIOS QUE MEIO MUNDO VIU

Os olhos de metade da população mundial estiveram voltados aos cenários de duas obras da Odebrecht em 2014: os estádios da abertura e da final da Copa do Mundo no Brasil. Cada um desses dois jogos foi acompanhado pela TV ao vivo por cerca de 3 bilhões e meio de pessoas de mais de 200 países – do Japão à Nigéria; do Paquistão à Dinamarca; da Guatemala à Nova Zelândia. Em transmissões diretas, grandes episódios de Nova York, Londres e Paris dos últimos anos não chegaram a tanto.

Os moradores desses países, particularmente interessados no futebol ou por simples curiosidade, ignoravam o nome Odebrecht – então já conhecido no âmbito da construção civil internacional com base em seu lado positivo e prestes a ganhar manchetes por conta da citação da empresa em notícias sobre corrupção. Mas à distância, gostaram do que viram. Também o público presente naqueles jogos.

Dos 12 estádios do Brasil preparados para a Copa de 2014, a Odebrecht encarregou-se de quatro: em Salvador, cidade de origem da empresa, implodiu o antigo Fonte Nova e ergueu no mesmo lugar uma moderna arena multiuso, em parceria com a rival OAS; em São Lourenço da Mata, na região metropolitana de Recife, construiu a Arena Pernambuco; em São Paulo, as negociações de bastidores e a agilidade na engenharia foram fundamentais para tornar realidade, "aos 45 minutos do segundo tempo", a Arena Corinthians, palco da abertura da Copa e de mais cinco partidas; no Rio de Janeiro, o Maracanã foi transformado por completo para abrigar sete jogos, entre os quais a final, 64 anos após ter sido o ambiente de lágrimas pela derrota do Brasil para o Uruguai na decisão de 1950.

Cada um desses quatro estádios tem suas histórias de emoções, que vão além das jogadas dos grandes craques, artistas da bola. Vale a pena relembrar detalhes dos acontecimentos de 2007 a 2014, entre a definição do Brasil como sede e a festa da Alemanha pelo título. Alguns fatos estão na memória dos 3 bilhões e meio de telespectadores, como os 3 a 1 da seleção brasileira contra a Croácia na inauguração do Mundial, em 12 de junho, em São Paulo, e a vitória da Alemanha sobre a Argentina por 1 a 0, na prorrogação da final de 13 de julho, no Rio. A Copa e seus estádios, no entanto, também tiveram comédias, conspirações e dramas, nem todos relatados na época, que merecem uma análise.

Terminada a Copa de 2014, uma vez esvaziados os estádios do Mundial e desligados os aparelhos de TV que mostraram os espetáculos para os cinco continentes, a Arena Corinthians e o Maracanã passaram a enfrentar uma realidade não admitida oficialmente no período do planejamento e do andamento das obras. Para se compreender como a euforia se transformou em drama, é preciso retornar ao ocorrido nos sete anos anteriores à Copa.

Em 30 de outubro de 2007, o presidente da Fifa, Joseph Blatter, definiu a sede do Mundial de 2014. Dentro de um processo que estabelecia um rodízio entre os continentes, havia chegado a vez da América do Sul, onde o Brasil reunia melhores condições que seus vizinhos e, além disso, contava com o entusiasmo do presidente Luiz Inácio Lula da Silva. Para os torcedores do país de cinco títulos mundiais, seria fantástico. Para empresas, dirigentes esportivos, políticos e grupos da mídia, também. Era uma oportunidade de mostrar ao mundo o avanço econômico e social do país nos primeiros anos do milênio e ressaltar o papel do presidente Lula em tal evolução.

Futebol, a grande paixão brasileira. E um alto negócio. Paralelamente à expectativa positiva dos torcedores pela presença dos maiores craques do planeta nos seus estádios e da chance de o Brasil ser hexacampeão, o tema ganhou uma dimensão de ordem política e econômica, envolvendo a Fifa, a Confederação Brasileira de Futebol (CBF), dirigentes de clubes, governantes, parlamentares, emissoras de TV e, claro, também as grandes empreiteiras.

Com a missão de organizar a festa, o Brasil precisaria respeitar o Caderno de Encargos assumido junto à Fifa e tratar de responder a estas indagações quanto ao planejamento:

Quantas cidades receberiam os jogos da Copa?

Quais seriam essas cidades?

Quais os estádios?

Como viabilizar as obras dos estádios e da infraestrutura para adequá-los ao Padrão Fifa, termo tão citado ao longo de 2007 a 2014?

Optou-se por 12 cidades.

E, no momento da definição final, também pesaram os interesses políticos. Ficaram de fora Belém, Goiânia, Campo Grande e Florianópolis. As escolhidas foram: Porto Alegre, Curitiba, Belo Horizonte, Brasília, Salvador, Recife, Natal, Fortaleza, Manaus e Cuiabá, além de São Paulo – a maior do Brasil – e do Rio – eterna atração turística.

Por que não Belém, em vez de Manaus, se a capital paraense, de melhor futebol e com o grande estádio Mangueirão já pronto, surgia como opção mais econômica?

Por que construir um estádio de R$ 1,5 bilhão em Brasília, para 70 mil pessoas, se os clubes de futebol da cidade não evoluem e se Goiânia, ali perto, já tinha o Serra Dourada?

Interesses de políticos e de dirigentes esportivos superaram a lógica e a razão.

Enfim, uma vez definidas as 12 cidades, faltava escolher os 12 estádios e as condições para a adequação de cada um às exigências da Fifa quanto à lotação, conforto, segurança, acesso e funcionalidade.

Nesta história, é necessário relembrar que o panorama do Brasil e do mundo em 2007 era bem diferente em comparação com o atual, dez anos depois. Mudou o quadro político do país, mudou a economia, e houve uma acentuada transformação no âmbito da organização do futebol no Brasil e no mundo. Entre outros detalhes, basta relembrar a prisão de dirigentes na Suíça na época de um congresso na Fifa, em 2015, fato que viria a confirmar denúncias sobre uma rede de corrupção no mundo da bola.

Com base nas transformações, torna-se fundamental reviver os fatos que marcaram a construção ou reforma dos estádios – em especial, da Arena Corinthians e do Maracanã, temas dos dois próximos capítulos.

CAPÍTULO 23

ITAQUERA, A AVENTURA DE UM SONHO

São Paulo, 25 de junho de 2009, dia em que o mundo perde a genialidade do cantor Michael Jackson, falecido nos Estados Unidos.

Os holofotes da mídia esportiva estão voltados para o estádio do Morumbi. No fim da tarde, o presidente Lula, que havia desembarcado no Aeroporto de Congonhas, em cuja ala oficial deu uma entrevista exclusiva ao comunicador Eli Corrêa, da Rádio Capital, presenciada pelo autor do livro, citando o entusiasmo pela Copa, chega ao bairro do Morumbi de helicóptero para inaugurar uma ampliação do Hospital Albert Einstein e visitar o Estádio Cícero Pompeu de Toledo.

Lula aparece no meio de uma multidão, na vistoria do Morumbi. Ele entra em campo alegremente e chega a bater bola diante das câmeras e dos jornalistas. Também surgem o ministro dos Esportes, Orlando Silva; o presidente da CBF, Ricardo Teixeira; o secretário-geral da Fifa, Jérôme Valcke, também representante da entidade na organização do Mundial; o presidente do São Paulo Futebol Clube, Juvenal Juvêncio, e vários outros dirigentes de futebol. Percorrem o gramado, olham para as arquibancadas, visitam os vestiários e parecem estar de acordo: este será o local da abertura da Copa.

O Estádio Cícero Pompeu de Toledo, projetado pelo arquiteto Vilanova Artigas, construído para o São Paulo pela empreiteira Civilsan, foi inaugurado parcialmente em 1960, com capacidade para 55 mil pessoas, e ficou concluído dez anos depois. Tem sido um dos maiores do mundo. Chegou a receber 148 mil pessoas no segundo jogo da decisão do Campeonato Paulista de 1977 – o Corinthians ganharia o título na terceira partida contra a Ponte Preta, 1 a 0, gol de Basílio, encerrando um jejum de 22 anos – e passou por reformas nos anos 1980 e 1990 para restringir a capacidade para 75 mil diante de normas para reforçar a segurança do público.

Ao contrário de Milão, onde os dois grandes clubes rivais, Internazionale e Milan, mandam seus jogos no mesmo estádio, o San Siro, a cidade de São Paulo conta, em 2009, com dois grandes estádios – o Morumbi e o Pacaembu, este inaugurado em 1940, propriedade da prefeitura –, além de o Palmeiras estar construindo uma arena, a Allianz Parque, no terreno em que havia o Parque Antártica – e que foi inaugurada em 19 de novembro de 2014 com o jogo Palmeiras x Sport, pelo Campeonato

Brasileiro – e da ambição do Corinthians por um estádio à altura de sua enorme torcida. O pequeno Parque São Jorge, dos anos 1920, é passado.

Uma vez que faltam apenas cinco anos para a bola rolar na Copa, imagina-se que a escolha do Morumbi seja resultado de bom senso, pois sua provável utilização exige apenas uma reforma. Quanto à mobilidade, o governo do Estado de São Paulo promete completar a Linha 4 Amarela do Metrô, com uma estação ali perto, a São Paulo-Morumbi, e acelerar a obra de um monotrilho ligando essa linha ao Aeroporto de Congonhas, passando junto ao estádio.

Os meses que se seguiram à vistoria do Morumbi, entretanto, indicaram que a novela da escolha do local da inauguração da Copa estava longe de terminar. Entre quatro paredes, portas cuidadosamente fechadas, Ricardo Teixeira e Jèrôme Valcke se reuniram na sede da CBF, no Rio. E começou a surgir um plano que envolveu telefonemas para a sede do Corinthians, para a Odebrecht e para o Palácio do Planalto.

Muito simples: uma vez que Valcke fincou o pé, exigindo uma reforma radical no Morumbi, algo que sairia em pelo menos R$ 600 milhões, e Juvenal Juvêncio resistia a tais gastos, argumentando que o São Paulo não iria além de uma adaptação das instalações com R$ 350 milhões de gastos, a Fifa daria um ultimato ao clube.

Em abril de 2010, a Fifa avisa que, caso o São Paulo não cumprisse logo as exigências, seu estádio seria alijado dos planos.

Em junho, a CBF emite um comunicado, em nome do Comitê Organizador da Copa:

Não foram entregues ao Comitê Organizador Local da Copa do Mundo 2014 (COL), por parte do Comitê da Cidade de São Paulo, as garantias financeiras referentes ao projeto do Estádio do Morumbi aprovado pelo COL/FIFA no dia 14 de maio de 2010.

O Comitê da Cidade de São Paulo enviou ao COL um sexto projeto, que não será examinado.

Sendo assim, fica excluído do projeto da Copa do Mundo de 2014 o Estádio Cícero Pompeu de Toledo, o Morumbi.

Portanto, em junho de 2010, faltando apenas quatro anos para a bola rolar no Brasil diante do mundo, ainda não há estádio para a abertura.

Qual a solução?

A solução aparece de modo mágico, também a portas fechadas, após negociações.

Num primeiro momento, é levantada a possibilidade de construção de um estádio para 70 mil pessoas numa enorme área do bairro de Pirituba, na Zona Oeste de São Paulo. Mas as barreiras para essa hipótese são maiores do que o lado positivo: haveria grandes custos para o projeto, para a preparação do terreno e para as obras em si, além da corrida contra o tempo. Quem bancaria a aventura?

A fórmula mágica, encontrada logo a seguir, atende a todos os maiores interesses, a começar pelos interesses políticos do presidente Lula, de Ricardo Teixeira, e de um fiel "aliado" desses dois – o presidente do Corinthians, Andrés Sanchez.

Por que não levar adiante a antiga ambição do Corinthians de iniciar as obras de um moderno estádio em Itaquera, na Zona Leste, onde o clube assumiu por 90 anos, em 1978, um terreno da prefeitura cedido em regime de comodato pelo então prefeito Olavo Setúbal? O presidente corintiano na época, Vicente Matheus, sonhava com um estádio para 200 mil pessoas, que jamais sairia do papel. Agora, o panorama está a favor. Com uma versão menos ambiciosa, mas capaz de entrar para a história do futebol mundial.

O projeto dos arquitetos Aníbal Coutinho e Antonio Paulo Cordeiro é de um confortável estádio para 48 mil pessoas – portanto, abaixo dos 68 mil lugares que a Fifa tem exigido para a abertura do Mundial. Quanto a essa imposição, não haverá problema, conclui o grupo favorável à obra: basta preparar dois setores de arquibancadas removíveis, atrás das metas, cada um com capacidade para 10 mil pessoas, ampliando em 20 mil a lotação apenas para a Copa.

Falta uma construtora de peso para arcar com essa missão? Não! Existe a Odebrecht! A grande construtora, tendo em Lula um "Amigo" – codinome que ficou conhecido em 2017 quando das delações dos ex-diretores e ex-executivos da Odebrecht –, e que havia sido sondada anteriormente por Andrés Sanchez, utilizando o executivo Alexandrino Alencar como canal, deve ser escalada para assumir a tarefa, apesar de

GLÓRIA, QUEDA, FUTURO

já estar cuidando das obras de três outros estádios – Maracanã, Arena Fonte Nova e Arena Pernambuco. A empresa também tem no currículo o socorro dado para a conclusão do Estádio Engenhão, no Rio, às vésperas dos Jogos Pan-Americanos de 2007, além da construção de duas arenas em Miami, nos Estados Unidos – a American Airlines Arena, estrutura coberta, casa do poderoso time de basquete Miami Heat, e o estádio da Florida International University, onde joga a equipe de futebol americano Golden Panthers.

O futuro estádio corintiano, dado como certo em 30 de agosto de 2010, projetado ao custo de R$ 500 milhões, mas com o risco de chegar a R$ 800 milhões, aponta para outra pergunta: como pagar? A resposta a essa pergunta exigiu quase um ano de negociações, até ser publicado em jornais, em 20 de julho de 2011, um anúncio assinado pela Odebrecht: "Corinthians e Odebrecht se unem para a construção do estádio de Itaquera". O texto explica que "a obra será contratada pelo regime de empreitada global, com o valor de R$ 820 milhões custeado por duas fontes de recursos". A obra, de acordo com o comunicado, será arcada pelo próprio Corinthians, "por meio de linha de financiamento do BNDES disponível para a Copa do Mundo", porém com a ajuda de certificados de Incentivo ao Desenvolvimento (CIDs), a serem emitidos pela Prefeitura de São Paulo".

Na verdade, o acordo Odebrecht-Lula-Corinthians, com anuência da presidente Dilma Rousseff (eleita no final de 2010) para a construção do estádio, está fechado desde 13 de janeiro de 2011, quando de uma reunião na casa de Marcelo Odebrecht, em São Paulo, tanto que os primeiros operários chegam ao terreno de Itaquera quatro meses depois, em 30 de maio, sob o comando do engenheiro mineiro Frederico Barbosa, o Fred, da Odebrecht, gerente operacional do grande desafio. "Temos só três anos até a Copa, mas vai dar certo", diz Fred, depois de ter ocorrido a solução de um problema extra, as obras para o necessário desvio de um duto da Petrobras existente sob o terreno. Outro experiente engenheiro da Odebrecht, Antonio Gavioli, tornou-se diretor de contrato, exibindo também otimismo em seu escritório, no já erguido canteiro de obras.

O entusiasmo desses engenheiros tem razão de ser, pois eles sabem de alguns detalhes de bastidores. Em Brasília, o presidente Lula havia citado a possibilidade de o BNDES, o Banco do Brasil e a Caixa entrarem com financiamento para o Corinthians enquanto a Odebrecht banca os gastos iniciais. Em nome da "redenção nacional" e da defesa da alegria do povo, políticos de várias tendências políticas se unem ao presidente da República. O prefeito de São Paulo, Gilberto Kassab, concorda em abrir mão de impostos por meio dos CIDs. O governador Geraldo Alckmin aceita garantir obras em avenidas e na infraestrutura do entorno do futuro estádio, ao lado da estação Corinthians-Itaquera da Linha 3 Vermelha do Metrô. Nessa altura, Kassab, são-paulino, e Alckmin, torcedor do Santos, não se atrevem a conter a onda ufanista pelo estádio.

Por que daria certo? Não só por causa do peso da Odebrecht, da competência da engenharia brasileira e do empenho dos operários paulistas e dos procedentes de vários Estados.

O ESQUEMA QUE MARCELO ODEBRECHT CRITICOU

O esquema já vinha sendo trabalhado por Andrés Sanchez junto ao grupo empresarial. O diretor-presidente da Construtora Odebrecht, Benedicto Barbosa da Silva Junior, apaixonado corintiano – até então não famoso como um dos responsáveis pelo "Departamento da Propina" –, e o diretor de Assuntos Institucionais, Alexandrino Alencar, amigo de Lula e de Andrés, aceitam chegar ao presidente do grupo, Marcelo Odebrecht, e seu pai, Emílio Odebrecht, para ser sacramentada a decisão de começar a obra. O clã concorda, mas com restrições, mais tarde reveladas.

Em abril de 2017, com a divulgação de gravações de depoimentos de Marcelo Odebrecht e Emílio Odebrecht para as delações premiadas da Lava Jato, são revelados detalhes surpreendentes: filho e pai não eram tão a favor da obra de Itaquera. Marcelo contou que o projeto foi fechado na reunião informal de 13 janeiro de 2011 em sua casa, em que estiveram o governador de São Paulo, Geraldo Alckmin, o prefeito Gilberto Kassab, o prefeito do Banco de Desenvolvimento Econômico e Social (BNDES), Luciano Coutinho, o presidente corintiano Andrés Sanchez, o diretor de marketing do clube, Luís Paulo Rosenberg, e o ex-jogador Ronaldo Fenômeno. Seis anos depois, Marcelo comentaria perante os que o interrogaram em Curitiba: "Estádio de abertura de Copa do Mundo é um absurdo. Você sai de um estádio de R$ 400 milhões, que era o que o Corinthians projetava, para um de R$ 800 milhões... Você faz o estádio para um dia. É o evento da abertura, que tem 70 chefes de estado, e depois você tem de desmontar um bocado de coisa. Nenhum evento vai justificar aquele estádio". Além de tudo, Dilma retardou o empréstimo de R$ 400 milhões ao Corinthians, que inicialmente seria feito pela Caixa, depois passou para o Banco do Brasil e voltou para a Caixa. Outra reclamação de Marcelo: a prefeitura não arcou com o custo das estruturas provisórias, que permitiriam a ampliação das arquibancadas para atender à Fifa. "Isso custava entre R$ 60 milhões e R$ 100 milhões. E as CIDs não foram vendidas". Conclusão: "É um processo complicado. O país não deve funcionar assim. É um compromisso que já existia, interferência com instituição financeira, você trata as coisas com informalidade, promete as coisas e, depois, a instituição não fecha, vem uma orientação para você resolver, uma coisa que deveria ter sido resolvida da maneira correta. Essa é a zona do estádio do Corinthians".

Questionado pelo juiz sobre o papel de Lula no estádio, Marcelo respondeu: "A gente sempre ficava no pé do Lula porque, no fundo, quem tinha metido a gente nesse enrosco era ele".

A verdade é que a Arena Corinthians seria erguida com base numa ampla e poderosa rede de interesses políticos e econômicos, envolvendo intrigas, vinganças e ambições.

Estava consumada a vingança de Ricardo Teixeira, presidente da CBF por 23 anos, de 1989 a março de 2012, época em que, diante de denúncias de corrupção, acaba renunciando ao cargo, logo assumido pelo vice-presidente mais velho da entidade, o ex-governador paulista José Maria Marin.

Teixeira, acuado por pesadas denúncias de formação de quadrilha e lavagem de dinheiro tanto no Brasil quanto no exterior, em parceria com o ex-repórter esportivo J. Hawilla, milionário dono da empresa Traffic, não estaria na grande festa de 2014, apesar de pretender ser presidente até 2015, fim do seu mandato. Em 2011, numa entrevista à revista "Piauí", ele chega a dizer que ainda faria "algumas maldades" antes de sair da CBF. A maior maldade de Teixeira já havia sido feita contra o São Paulo. A derrubada do Morumbi e a ascensão da Arena Corinthians têm tudo a ver com o fato de o presidente são-paulino, Juvenal Juvêncio, ter agido constantemente como oposição ao comando continuísta do futebol, tanto que, em abril de 2010, recusou-se a votar no candidato à presidência do Clube dos 13 (entidade dos maiores clubes do País) imposto pelo poderoso chefão da CBF – o empresário e ex-repórter esportivo Kleber Leite, do Rio, afinal derrotado no pleito pelo gaúcho Fábio Koff. Entre outros temas, essa eleição envolvia o futuro de contratos de transmissão dos jogos pela TV, numa briga entre as Redes Globo e Record. Nas represálias, Teixeira contou com um serviçal agente, o presidente corintiano Andrés Sanchez, que já havia entrado em choque com Juvenal várias vezes e que se prestou a implodir o Clube dos 13, garantindo o cargo de supervisor da seleção brasileira e pavimentando o caminho para a construção do estádio de Itaquera. Uma vez que Teixeira era afilhado político de João Havelange, e foi Havelange quem indicou Joseph Blatter como sucessor na Fifa, certamente Jérôme Walcke realizaria os desejos de Teixeira, sob um jogo de cena.

Andrés Sanchez presidiu o Corinthians de 2007 a 2011. Ao deixar o cargo para o interino Roberto de Andrade e depois para o eleito Mario Gobbi, ele não abriu mão de exercer influência no clube, tendo se apossado do cargo de coordenador das obras ao lado dos engenheiros da empreiteira, Fred Barbosa e Antonio Gavioli. Caso Ricardo Teixeira permanecesse na CBF, Andrés poderia mandar na seleção brasileira em plena Copa. Se isso viesse a falhar, haveria o plano B: com o presidente Lula precisando de mais apoio no Congresso Nacional, o dirigente estrearia na política como candidato a deputado federal por São Paulo pelo Partido dos Trabalhadores, em outubro de 2014, sob o slogan marqueteiro de "corintiano vota em corintiano". Em junho, às vésperas da Copa, a candidatura é homologada.

Andrés foi eleito, mas com 169.834 votos, bem abaixo da meta de 1 milhão ambicionada por Lula e pelo próprio candidato. O PT perdeu várias cadeiras na Câmara. Sem Teixeira na CBF, Andrés foi tirado do comando da seleção.

GLÓRIA, QUEDA, FUTURO

A Arena Corinthians foi inaugurada somente em maio de 2014, após a montagem das arquibancadas removíveis, com pouco tempo para testes antes do Mundial. O atraso deixou São Paulo fora da Copa das Confederações, em 2013. No Mundial, não houve problemas no jogo de inauguração e nas cinco outras partidas programadas para o local. O estádio encolheu após a Copa, ao serem retiradas as arquibancadas provisórias, mas a torcida corintiana compareceu em massa a jogos de campeonatos em 2015, 2016 e 2017, com média de público acima de 35 mil pagantes. Aparentemente, um sucesso.

Mas havia uma maldição rondando o mundo do futebol e da política.

A MALDIÇÃO DE JUVENAL JUVÊNCIO

Juvenal Juvêncio deixou a presidência do São Paulo em abril de 2014, após oito anos seguidos no cargo, e foi substituído pelo antigo aliado Carlos Miguel Aidar, que havia virado inimigo. Vítima dos próprios erros, Aidar cairia um ano e meio depois. Carlos Augusto de Barros e Silva, o Leco, assumiu em outubro de 2015 e foi reeleito em 2017 para ficar até 2020. Nessas gestões, projetos de reforma do Morumbi e de cobertura das arquibancadas foram abandonados. Mas o velho estádio continuou recebendo bom público em jogos do São Paulo e em grandes espetáculos musicais internacionais, embora tendo nesse item a concorrência da moderna arena do Palmeiras.

Doente e sem cargos, Juvenal viu a Copa pela televisão. Morreu de câncer na próstata, aos 83 anos, em 9 de dezembro de 2015. Entre os conselheiros do São Paulo, corre a lenda de que Juvenal lançou uma maldição sobre os personagens que influíram na troca do Morumbi pela Arena Corinthians para o Mundial.

Por mais céticos que sejam os analistas da possível maldição, parece não haver dúvidas de que a história de felicidade da ampla parceria pelo estádio de Itaquera passa por capítulos dramáticos na era pós-Juvenal.

Que tal dar uma espiada no que aconteceu com cada personagem da história?

Ricardo Teixeira – Aos 70 anos, doente, reside no Rio. Com o risco de ser preso, nos Estados Unidos, percebeu que não poderia mais voltar à região de Miami, onde morou por algum tempo após sua queda na CBF, em março de 2012. Não tem tido chance de praticar novas maldades. Em 2015, seus lances de corrupção foram delatados à Justiça americana pelo antigo parceiro J. Hawilla, que permanece retido no país. Sua situação ficou mais complicada em 2017, quando a Justiça espanhola descobriu algumas de suas falcatruas, envolvendo a venda de jogos da seleção, e pediu sua extradição ao Brasil. Chegou a negociar delação premiada, algo que, em setembro, continuava sem evoluir. Grande parte das maldades do dirigente estava contada no relatório da CPI da CBF Nike de 2000, na Câmara dos Deputados, que, no entanto, não chegou a ser votada pelo plenário: Teixeira, apoiado pela bancada da bola, conseguiu o engavetamento do processo e ainda ganhou na Justiça o direito de impedir a circulação do livro sobre a CPI, escrito pelo relator Sílvio Torres e pelo presidente Aldo Rebelo.

João Havelange – Presidente da Fifa por 24 anos e inventor de Teixeira para a CBF, morreu em 2016, aos 100 anos.

CBF – Saiu Teixeira, em 2012, a presidência foi assumida por José Maria Marin, que se tornou anfitrião na Copa, mas acabou sendo preso juntamente com dirigentes de outros países, em 27 de maio de 2015, em Zurique, na Suíça, onde ocorria um congresso da Fifa. Marco Polo Del Nero, presidente da Federação Paulista de Futebol de 2003 a 2014, havia substituído Marin na CBF em 16 de abril, pouco mais de um mês antes da chegada do FBI americano ao hotel dos dirigentes na Suíça. Del Nero também estava lá, mas, em vez de apoiar Marin, tratou de embarcar de volta ao Brasil, de onde não sai desde 2015, com medo do longo braço do FBI, já que também é suspeito de integrar a máfia do futebol. Mesmo assim, chegou a 2017 ainda presidente da CBF, com planos de se candidatar à reeleição.

Joseph Blatter – O dirigente suíço não resistiu às acusações de corrupção na Fifa, por mais que garantisse ser inocente. Presidente desde 1998, como discípulo de Havelange, forçou uma nova reeleição em março de 2015, derrotando o príncipe Ali Al-Hussein, da Jordânia, mas não foi longe: acabou renunciando. Está banido do futebol. Sua vaga passou a ser ocupada em 2016 pelo também suíço Giovanni Vincenzo Infantino.

Jérôme Valcke – O dirigente francês, arrogante zelador do "Padrão Fifa", que advertiu várias vezes o Brasil na preparação para a Copa de 2014, secretário-geral da entidade, foi demitido e banido do futebol no início de 2016. Contra ele pesaram acusações de manipulação na suspeita escolha do Catar, um dos menores e mais ricos países do mundo, para sede da Copa 2022 e outros casos de corrupção.

Lula – Réu em sete ações da Operação Lava Jato, ele foi condenado pelo juiz Sérgio Moro por corrupção pela primeira vez em julho de 2017 e se defende, jurando que jamais foi beneficiado por irregularidades. Lançou-se candidato a presidente para 2018, tentando se equilibrar entre o enfrentamento a Moro e a peregrinação para eventos políticos pelo país. Em 2016, seu partido perdeu a Presidência da República em consequência do impeachment de Dilma Rousseff, em maio, e foi derrotado nas eleições municipais, em outubro.

Andrés Sanchez – Continua deputado federal pelo PT, mas declarou em 2016 que está "enojado da política" e que não tentará a reeleição em 2018. Seu nome apareceu na delação premiada da Odebrecht. Perdeu espaço no Corinthians e enfrenta cobranças diárias sobre a promessa feita em 2013 de que logo conseguiria US$ 300 milhões pelos "naming rights" da Arena Corinthians. Viajou para Dubai várias vezes, atrás de acordo com a companhia aérea Emirates, que, no entanto, não aceitou colocar seu nome na obra de Itaquera. Outras empresas foram sondadas, sem sucesso.

Arena Corinthians – Sucesso na Copa de 2014, em seis jogos dos torneios de futebol masculino e feminino da Olimpíada-2016 e em partidas do próprio Corinthians, o novo estádio contribuiu para melhorar a qualidade de vida no bairro de Itaquera e tem sido atração na Zona Leste. As arquibancadas ficaram lotadas em vários jogos nos três primeiros anos do Itaquerão. Pagar a obra, no entanto, está sendo o maior problema. O Corinthians, já atolado em dívidas de gestão do futebol, não conseguiu liquidar parcelas do financiamento da Caixa em 2016 e buscou acordo. Por esse acordo, a arena, que foi idealizada em 2010 a um preço em torno de R$ 500 milhões e que teve seu custo aumentado para 1 bilhão e 200 milhões ao ser finalizada em 2014, acabou subindo em 2017 para R$ 2 bilhões a longo prazo, verdadeiro recorde mundial. O casamento entre o Corinthians e a Odebrecht terminou em divórcio. O clube reclama, alegando que a construtora cometeu inúmeras falhas e que seriam necessárias novas despesas contra infiltrações no solo. Na etapa final das obras do Itaquerão, houve dois acidentes em que morreram três operários – dois em novembro de 2013 e um em março de 2014.

Odebrecht – Além dos fatos da crescente crise da empresa relatados no noticiário nacional e internacional nos três últimos anos e em outros capítulos deste livro, a Odebrecht confessou arrependimento quanto ao Itaquerão. Marcelo Odebrecht, preso em Curitiba desde junho de 2015, declarou em seu depoimento ao Ministério Público que era contrário a várias obras executadas pela construtora, entre as quais a Arena Corinthians. Ele deixou claro que foi uma questão política, para não desagradar a Lula, então influente no Brasil e em outros países onde a Odebrecht tinha obras. Benedicto Júnior e Alexandrino Alencar também ficaram na cadeia por algum tempo e estão entre os 77 delatores da empresa à Operação Lava Jato. Emílio Odebrecht, condenado a prisão domiciliar, a ser cumprida após o período em que vem comandando a tentativa de reestruturação do grupo empresarial, confidenciou a amigos em 2016 aquilo que diria também na delação premiada revelada em abril de 2017: "A Arena Corinthians foi um presente para o Lula".

CAPÍTULO 24

TRÊS ARENAS E SEUS DIFERENTES DESTINOS

O Maracanã, único estádio do mundo com a primazia de ter sido palco de três acontecimentos monumentais do esporte, sofre graves sequelas de suas últimas mudanças, apesar de não perder a condição de Templo do Futebol. Em 67 anos, recebeu duas finais de Copa do Mundo – 1950 e 2014 – e a abertura da Olimpíada de 2016. Inglaterra, França, Alemanha, Itália, Suécia, Espanha, Japão, México e Estados Unidos também promoveram eventos semelhantes, porém em estádios diferentes. Os ícones Wembley, Camp Nou e Azteca não se igualam ao Maracanã, que, ao longo de sua existência teve também sensacionais edições do Fla-Flu, o milésimo gol de Pelé, missa do papa João Paulo II e shows de Frank Sinatra e dos Rolling Stones. O Estádio Olímpico de Roma recebeu a abertura dos Jogos de 1960 e a final da Copa de 1990. Quando do primeiro Mundial na Itália, o de 1934, o Olímpico ainda estava em obras. A decisão, Itália 2 x Checoslováquia 1, ocorreu no Estádio Nacional do Partido Fascista, aos olhos do ditador Benito Mussolini.

O místico Maracanã manteve a fama de "maior estádio do mundo" por cinco décadas – até começar a receber reformas que, em nome da segurança, restringiram sua lotação. O público de 200 mil espectadores na decisão da Copa de 1950, chocado com a derrota do Brasil diante do Uruguai por 2 a 1, persiste como recorde mundial. Agora, o estádio carioca tem capacidade para 78.838 pessoas, todas convenientemente sentadas, padrão Fifa. Embora saudosistas prefiram a versão tradicional, o novo cenário ficou bonito e foi aprovado pela maioria dos torcedores.

As mudanças de 1999/2000, 2005/2007 e 2010/2013 foram feitas em nome da adequação para grandes eventos: a primeira corrigiu deficiências da estrutura; a segunda preparou o palco dos Jogos Pan-Americanos de 2007. A última, iniciada em 2010, atrasou alguns meses, mas terminou em tempo de o estádio ter uma prévia do Mundial de 2014: a decisão da Copa das Confederações, Brasil 3 x Espanha 0, em 30 de junho de 2013, diante de 73.531 espectadores. As transformações para a Copa de 2014 e para a Olimpíada de 2016 foram além de simples reforma: demoliu-se a antiga estrutura e construiu-se uma nova.

O modernizado Maracanã poderia ser relembrado como expressivo legado da Copa e como estímulo ao cambaleante futebol carioca. Mas transformou-se numa herança de problemas que se multiplicaram ao longo das obras durante o governo corrupto de Sérgio Cabral e da desastrosa administração do complexo esportivo de 2013 a 2017. As complicações foram tantas, após a Olimpíada, a ponto de os grandes clubes do Rio terem sido impedidos de usar o estádio em janeiro e fevereiro de 2017. Sua utilização foi retomada em 8 de março, na estreia do Flamengo na Copa Libertadores da América.

O maior estádio da cidade, propriedade de um Estado em que um ex-governador, Sérgio Cabral, foi parar na cadeia por corrupção em 2016, não poderia ser exceção no conjunto do caos financeiro e político que afetou as demais atividades do Rio. A Odebrecht, que participou das obras, também liderou o consórcio para administrar o Maracanã, mas, frustrada, tentou abandonar essa tarefa.

ENTUSIASMO COM PRAZO DE VALIDADE

A euforia brasileira de 2007 pela conquista da sede do Mundial persistiu até a realização do evento. Canteiros de obras nas 12 sedes apresentavam cartazes para registrar a contagem regressiva: quantos dias faltavam para a Copa.

E o Mundial chegou. Os torcedores estrangeiros vieram e gostaram. Em campo, o Brasil não chegou ao Maracanã: foi goleado pela Alemanha por 7 a 1 nas semifinais, em Belo Horizonte, viu escapar o sonho do hexacampeonato e a possível compensação pela perda da Copa 1950 para o Uruguai. Fora de campo, não foi nada melhor. Na hora de se fazer a conta dos gastos, a Fifa levou a maior parte dos lucros, enquanto o esperado legado do Mundial jamais se concretizou. Em 2017, três anos após o Mundial, vários estádios não passam de "elefantes brancos", a começar pelo mais caro, o de Brasília, que custou R$ 1,6 bilhão e nunca fica lotado. A Capital não tem grandes clubes de futebol. Seus moradores torcem por times de São Paulo, Rio, Minas, Sul e Nordeste.

Público não falta à Bahia e Pernambuco. O que falta aos novos estádios de Salvador e Recife é acordo para atrair todos os clubes de grandes torcidas. Mas não se mexe com tradição e rivalidade. Persiste a resistência às arenas.

Este capítulo focaliza as aventuras e desventuras de três estádios erguidos pela Odebrecht para a Copa: o Maracanã, a Arena Fonte Nova, em Salvador, e a Arena Pernambuco, na região de Recife. Três grandes estádios, belos por dentro e por fora, mas às voltas com problemas e sob a contestação aos elevados investimentos públicos e privados destinados às suas obras.

O RIO TROCA A EUFORIA PELA DEPRESSÃO

O Governo do Estado do Rio lançou a licitação para reforma do Maracanã, Estádio Mário Filho, em fevereiro de 2009, comunicando à imprensa que esperava gastar só R$ 400 milhões, com apoio de empréstimo junto ao governo federal. Em julho, foram abertos os envelopes das propostas: vitória do Consórcio Maracanã Rio 2014, liderado pela Odebrecht Infraestrutura e formado também pela Delta e pela Andrade Gutierrez. As três empresas seriam denunciadas pela Operação Lava Jato em 2014 e 2015.

O lance do grupo vencedor atingiu R$ 705 milhões e ficou R$ 7 milhões abaixo do lance da segunda colocada, a OAS. As obras ficariam mesmo em R$ 705 milhões? O tempo diria que não. Em 2012, com os aditivos ao contrato, o preço já chegava a R$ 888 milhões. E os gastos subiram ainda mais. Ao ser reinaugurado, em 2013, o novo Maracanã havia custado R$ 1,3 bilhão – por conta da corrupção no governo Sérgio Cabral e por causa da necessidade de obras não previstas inicialmente. A antiga cobertura de concreto, condenada por especialistas, precisou ser demolida, substituída por uma de lona, sustentada por um anel metálico. O Ministério Público do Rio condenou as contas da obra.

O projeto de 2009 já consistia numa reforma radical, com ampliação do gramado, eliminação do fosso junto ao campo para estender o anel inferior de arquibancadas para mais perto do espetáculo, além de reforçar a estrutura da antiga construção e mudar por completo o anel superior, as cabines de imprensa e os vestiários. Para isso, o estádio ficaria impossibilitado de receber jogos por mais de três anos.

O futebol carioca conformou-se com a perda temporária de seu querido local de espetáculos. Mas a falta do Maracanã por aquele período não teria sido tão sentida se não tivesse acontecido um grave imprevisto:

O Engenhão, segundo maior estádio da cidade, inaugurado para os Jogos Pan-Americanos de 2007, com capacidade para 45 mil espectadores, alugado ao Botafogo, sofreu interdição em março de 2013. A empresa alemã SBP havia detectado avarias na cobertura metálica, que exigiam urgentes reparos. Esse estádio, pertencente à prefeitura do Rio, no subúrbio de Engenho de Dentro, foi construído pela empreiteira Delta. Na época da conclusão, porém, houve atraso na instalação da cobertura, tendo sido necessário o socorro da Odebrecht para evitar o fracasso do Pan. A própria Odebrecht precisou reparar os novos danos.

O Engenhão, ampliado para 60 mil pessoas, foi reaberto em 2015 para receber os jogos do Botafogo e as provas de atletismo da Olimpíada e da Paraolimpíada de 2016. Em 2007, o estádio ganhou o nome de João Havelange, presidente da Fifa por 24 anos, mas, diante da evidência de corrupção desse dirigente, a homenagem foi cassada. Em 2017, o Botafogo impôs o nome Estádio Nilton Santos para celebrar um dos maiores jogadores da história do clube, bicampeão mundial pela seleção brasileira em 1958 e 1962.

A Delta, fundada em Recife em 1960 e com matriz no Rio desde 1992, pertencente ao empresário Fernando Cavendish, enfrentou denúncias de corrupção desde 2011. Em 2016, Cavendish foi considerado foragido pela Operação Saqueador, da Polícia Federal. A empresa assumiu várias obras no governo Sérgio Cabral, que, uma vez investigadas, levaram a escândalos. No caso do consórcio do Maracanã, o Supremo Tribunal Federal (STF) autorizou o uso de trechos da delação premiada de executivos da Andrade Gutierrez no âmbito da Lava Jato. Segundo eles, Cabral cobrava 5% do valor total do contrato para que a Andrade Gutierrez pudesse se associar ao consórcio das obras do estádio. Mas em 2012, a Delta não resistiu à sua crise e foi afastada do consórcio, com sua parte sendo assumida pela Odebrecht.

Uma vez concluídas as obras, o Governo do Rio promoveu uma licitação para decidir qual consórcio seria o administrador do Maracanã. Mais uma vez, a Odebrecht venceu, liderando um consórcio integrado também pelo grupo EBX, do investidor Eike Batista, e pela AEG, empresa internacional especializada em gerir arenas. Eike, cujo império empresarial desabou, foi preso em janeiro de 2017. Antes disso, a EBX já havia sido alijada do consórcio, do qual a própria Odebrecht cairia fora. A empreiteira reclamou prejuízos mensais com a tarefa de cuidar do estádio e anunciou sua desistência ao alegar que precisou gastar R$ 173 milhões com reparos feitos após a devolução do local pelo Comitê Organizador Rio 2016. Sua parte no negócio foi colocada à venda por R$ 60 milhões. Apareceram vários interessados, que desistiram diante da situação de caos no governo do Rio. Persistiu apenas o grupo francês Lagardère, numa longa novela para tentar fechar negócio.

    A temporada de futebol pós-Olimpíada começou com o Maracanã interditado. Finalmente, em 8 de março, o Flamengo fez o jogo de reabertura do estádio na estreia na Copa Libertadores da América, em que venceu o San Lorenzo, da Argentina, por 4 a 0. O público chegou a 54.052 pagantes, recorde do Brasil nos primeiros meses do ano. No entanto, o clube carioca ficou com apenas R$ 750 mil do total da renda de R$ 3,7 milhões do jogo, pois precisou encaminhar quase R$ 2 milhões para pagar os reparos no estádio e melhorar a qualidade do gramado – tarefas que deveriam ter sido assumidas pelo consórcio administrador. Clube de maior torcida, o Flamengo, aborrecido com as altas taxas cobradas no Maracanã, tratou de adaptar o Estádio Luso-Brasileiro, da Portuguesa carioca, na Ilha do Governador, para usá-lo em alguns jogos a partir de junho. E surgiu a opção "Ilha do Urubu" – em alusão ao apelido do Flamengo. Nas semifinais do Campeonato Carioca, o Maracanã teve dois clássicos com poucos torcedores: Fluminense 3 x Vasco 0, com 20.092 pagantes; Flamengo 2 x Botafogo 1, com apenas 17.140. Somados, chegam apenas à metade da capacidade do estádio. Em abril, a Odebrecht sofreu derrota na Justiça: por unanimidade, os desembargadores da 5ª Câmara Cível do Tribunal de Justiça do Rio negaram recurso contra a decisão do desembargador Henrique Figueira, que havia obrigado o consórcio a permanecer gerindo o estádio e o ginásio Maracanãzinho. Vitória jurídica do Governo do Rio, que não aceitou a cessão dos direitos da Odebrecht para outra empresa: ameaçou fazer nova licitação, prolongando a crise. Apesar de tudo, o renovado e polêmico Maracanã recebeu vários clássicos do futebol brasileiro em 2017, mas sem jamais ficar lotado.

BAHIA, FESTA DE UM CLUBE SÓ

Salvador teve um domingo histórico, barulhento, festivo, em 29 de agosto de 2010. Em vez de futebol, o espetáculo foi a implosão de seu velho e querido estádio, o da Fonte Nova. Inaugurado em 1951, o Estádio Octavio Mangabeira havia recebido jogos históricos do esporte baiano, com públicos de até 80 mil pessoas, mas a ruptura de uma parte do anel superior de sua arquibancada durante a partida Bahia x Vila Nova, de Goiânia, pelo Campeonato Brasileiro, Série C, deixou sete mortos e dezenas de feridos, em 25 de novembro de 2007. Passados os efeitos imediatos da tragédia, o Governo da Bahia, proprietário da Fonte Nova, começou a estudar as duas hipóteses para que Salvador não ficasse fora da Copa do Mundo de 2014: reformar o estádio ou construir um novo. Prevaleceu a ideia de implodir o Mangabeira para ser construída, no mesmo lugar, uma moderna arena multiuso. O local, junto ao parque do Dique do Tororó – um lago decorado por enormes bonecos que representam os orixás do candomblé – perto do centro do Pelourinho e do Elevador Lacerda, favoreceria o acesso de um público acostumado a ir ver futebol ali. E surgiu o projeto da Arena Fonte Nova, estádio em forma de ferradura, com capacidade para 45 mil pessoas e, para reforço apenas na Copa, a instalação de arquibancada removível para mais 5 mil.

As cordiais relações entre o então governador baiano, Jaques Wagner, do PT, e a também baiana empreiteira Odebrecht eliminaram dúvidas de que tal construtora seria escolhida, mas a OAS foi incluída no consórcio, dividido de forma fraterna, com 50% para cada empresa. Wagner, mais tarde ministro-chefe da Casa Civil no governo Dilma Rousseff, seria denunciado na Lava Jato sob várias suspeitas, como a de beneficiar a empreiteira em troca de doações para o candidato petista à sua sucessão na Bahia, Rui Costa. Entre outras revelações, o ex-diretor de Relações Institucionais da Odebrecht, Claudio Melo Filho, um dos 77 delatores do grupo, contou que na época em que Wagner comemorava aniversário, enviou-lhe de presente dois relógios, no valor total de 25 mil dólares (aproximadamente R$ 80 mil). Em dezembro de 2016, cobrado por repórteres a respeito dessa informação, o ex-governador admitiu ter recebido: "Guardei e nunca usei".

A implosão do Mangabeira foi um sucesso. O consórcio Odebrecht-OAS teve o cuidado de orientar os moradores da região por meio da mídia e de folhetos, ajudando a evacuar várias residências do entorno. Em alguns segundos, a antiga estrutura de concreto virou um monte de escombros. Pequenos pedaços das arquibancadas foram vendidos a torcedores como lembrança no velho estádio. Mas o maior volume foi reciclado para ser aplicado como material de construção da futura Arena Fonte Nova.

Ao preço de R$ 591 milhões, a arena ficou pronta no início de 2013, época em que recebeu a visita final da comissão de vistoria para a Copa, incluindo o secretário-geral da Fifa, Jerôme Valcke; o ministro do Esporte, Aldo Rebello; o governador Jaques Wagner; o prefeito de Salvador, Antônio Carlos Magalhães Neto; e os ex-jogadores da seleção brasileira Ronaldo Fenômeno e Bebeto. Tudo aprovado. Dilma Rousseff inaugurou o estádio alguns dias depois. O jogo de estreia, com lotação completa, em 7 de abril, foi o clássico Bahia x Vitória, válido pelo Campeonato Baiano. O Vitória ganhou por 5 a 1, em uma de suas raras presenças na arena nestes anos: ao contrário do Esporte Clube Bahia, que fez da Fonte Nova sua casa para mandar jogos, o antigo rival preferiu continuar usando o estádio Barradão, embora este seja bem menor, mais distante e menos confortável. Portanto, a arena é querida por um grande clube só, o Bahia, mas também tem sido bem usada em espetáculos musicais, como shows da cantora Ivete Sangalo.

A Odebrecht, porém, não ficaria fora de sua obra. Já na época do fechamento do contrato com o Governo da Bahia para a construção do estádio, foi atribuído à empresa Fonte Nova Negócios e Participações S.A. o direito de administrar e explorar, por 35 anos, todas as instalações, que também englobam um ginásio de esportes. Tal empresa faz parte da Odebrecht Properties, uma ramificação do grupo usada para gerir estádios e edifícios.

Para se ter em mãos um negócio rentável, capaz de garantir dinheiro não só do aluguel do estádio para jogos e shows, a Odebrecht foi atrás de uma empresa disposta a comprar os "naming rights", direito de colocar sua marca no nome da arena.

Não foi difícil. Em 2013 mesmo, o estádio de Salvador tornou-se o primeiro da Copa a vender o nome para um patrocinador pelo total de R$ 100 milhões ao longo de dez anos, até 2023.

Qual o patrocinador? Cerveja Itaipava.

Bingo! A Cervejaria Petrópolis, que produz a Itaipava, era usada como "laranja" da Odebrecht em doações para campanhas eleitorais, cujos detalhes estão em outro capítulo deste livro. O nome oficial do estádio: Itaipava Arena Fonte Nova.

Também no Nordeste, existe outra moderna arena, a 800 quilômetros de Salvador, a Itaipava Arena Pernambuco. Dois estádios patrocinados pela mesma empresa. É algo de provocar inveja ao dirigente corintiano e deputado petista Andrés Sanchez, que fracassou em quatro anos de romaria para tentar conseguir vender os "naming rights" do Itaquerão. Continua Itaquerão. Ou Arena Corinthians. Pode estar arrependido de não ter recorrido ao amigo Alexandrino Alencar, de tantas trocas de favores, para lhe pedir que fosse apresentado ao dono da Itaipava, Walter Faria.

E PERNAMBUCO NÃO SE UNE

A Itaipava Arena Pernambuco, propriedade do Governo do Estado, ficou linda, recebeu três jogos da Copa das Confederações em 2013, cinco da Copa do Mundo em 2014 e ainda foi palco, em 2016, dos 2 a 2 do Brasil com o Uruguai nas eliminatórias para o Mundial de 2018 – público recorde de 45 mil pessoas. Mas esse estádio de R$ 532 milhões está longe de unir o povo pernambucano e confirmar as previsões otimistas de sua origem.

O sonho de Eduardo Campos, governador de 2007 a abril de 2014, era ter na sua querida Recife um estádio moderno, capaz de abrigar jogos da Copa do Mundo e os dos três grandes clubes de futebol do Estado. Torcedor apaixonado do Náutico, ele inspecionou o início das obras, em 2010, e ambicionava ver seu time ganhando títulos na futura Arena, no subúrbio de São Lourenço da Mata. "Queremos trazer também o Santa Cruz e o Sport", proclamou Campos, que morreria em acidente de avião em plena campanha eleitoral para presidente da República, em 13 de agosto de 2014, um mês após a final da Copa.

Tragédia à parte, quase nada deu certo com a Arena. Ainda governador, Eduardo Campos foi à festa de inauguração, em 20 de maio de 2013, em que a presidente Dilma Rousseff deu o primeiro chute em campo. Ele voltou lá, dois dias depois, para ver o jogo da estreia oficial, o amistoso Náutico 1 x Sporting, de Lisboa, 1.

A Odebrecht, por meio do Consórcio Arena Pernambuco, uniu-se ao Governo do Estado em Parceria Público Privada (PPP) para trabalhar numa área ocupada por vegetação, ao lado do lendário Rio Capibaribe. E pensou grande: se dispôs a não só erguer a arena multiuso como também ficar responsável por sua administração e criar no entorno a Cidade da Copa – futuro loteamento em que seriam construídos casas e prédios, um novo bairro para a expansão de Recife. Transporte não seria problema: logo ficaria pronta a extensão de uma linha do metrô.

Hoje, o metrô chega mesmo ali perto: à estação Cosme e Damião, local em que, entretanto, os torcedores precisam pegar um ônibus para ir até a entrada da Arena. Torcedores dos três grandes clubes? Não. Só Náutico, de Eduardo Campos, aceitou fazer daquele estádio a sua casa. Mesmo assim, o clube, aborrecido com a distância e com os altos custos de jogos em São Lourenço da Mata, trata de reformar seu antigo estádio, Aflitos, para 15 mil pessoas, para receber times pequenos. Sua torcida, na verdade, segundo recentes pesquisas, é a terceira de Recife, com pouco além do número de adeptos dos paulistanos Corinthians e São Paulo na cidade nordestina. O Sport lidera a lista, seguido de perto pelo Santa Cruz. A má notícia para a Arena é a de que esses dois clubes manterão a decisão inicial de não abandonar seus antigos estádios – o da Ilha do Retiro, do Sport, construído em 1937 e que comporta 33 mil pessoas, e o do Arruda, do Santa Cruz, de 1972, para 55 mil espectadores. O veto ao uso da Arena Pernambuco vai além das desvantagens financeiras daquele local: os torcedores fazem de seus antigos estádios uma autêntica referência. Tradição é tradição.

A Odebrecht entregou a obra no prazo e assumiu a gestão, mas somente até junho de 2016, época em que o governo pernambucano rompeu o contrato de concessão, que era de 33 anos, e tratou de administrar a Arena por conta própria, usando a Secretaria de Turismo, Esporte e Lazer.

Cidade da Copa? Nem pensar: com a crise econômica que atingiu o Brasil e em especial o Nordeste, o setor imobiliário foi afetado. Assim, os investimentos no entorno da Arena estão congelados e não surgiu o novo bairro. Para dar vida ao novo estádio, pelo menos, há promoção de eventos de esportes e recreação para crianças e jovens, no fim de semana. A Arena está viva, mas com os pés no chão. Sem imaginar as maravilhas que um dia pensaram em lhe atribuir. Natal, Cuiabá e Brasília viveram em 2017 a evidência do superfaturamento de seus estádios, mas, pelo menos, alguns políticos foram presos, entre os quais o ex-governador do Distrito Federal Agnelo Queiroz e o ex-ministro do Turismo Henrique Alves.

CAPÍTULO 25

NO RIO OLÍMPICO,
O MAR DE LAMA

Os estrangeiros que visitaram o Rio de Janeiro para a Copa de 2014 e para a Olimpíada de 2016 se deslumbraram com o panorama no momento em que o avião sobrevoa a Cidade Maravilhosa para aterrissar no Aeroporto Tom Jobim ou no Aeroporto Santos Dumont. Músicas de Tom, como "Corcovado" e "Samba do Avião", cantam um Rio de outras épocas, que hoje conserva uma parte das virtudes. Sim, o Rio de Janeiro continua lindo, como definiu Gilberto Gil em "Aquele Abraço", de 1969, recado para driblar a censura sob a ditadura militar. Está ainda lindo, pelo menos quanto à vista aérea e a determinados recantos, mas é um Rio que tem sofrido demais, sem ter aproveitado o empurrão proporcionado pela Copa do Mundo e pela Olimpíada. Com políticos que, sem imaginar o surgimento da Operação Lava Jato, foram além do habitual apetite na tarefa de recolher propinas, o município do Rio de Janeiro e todo o Estado do Rio estão falidos, tensos e sem perspectivas.

Nada a ver com a cena da vitória da cidade na disputa da sede dos Jogos Olímpicos.

Copenhague, 2 de outubro de 2009. Tão logo o Comitê Olímpico Internacional anuncia a vitória do Rio sobre as demais candidatas, Chicago, Madri e Tóquio, o solo dinamarquês é invadido por um eufórico carnaval tropical, liderado pelo presidente Luiz Inácio da Silva, pelo governador Sérgio Cabral, pelo prefeito Eduardo Paes e pelo eterno presidente do Comitê Olímpico Brasileiro (COB), Carlos Arthur Nuzman. Pela primeira vez na história, a América do Sul receberá o maior evento esportivo do mundo. "A Olimpíada do Rio será inesquecível, pois estará cheia da magia e da paixão do povo brasileiro", discursa Lula.

Rio de Janeiro, 5 de agosto de 2016. A fantástica cerimônia de abertura, num Maracanã transformado, empolga o público das arquibancadas, os atletas de mais de 200 países e a maioria dos 3,5 bilhões de telespectadores que acompanham a festa em todos os continentes. Na sequência, por duas semanas, o Brasil é o centro do mundo, disputando espaço com o drama dos refugiados da Ásia e da África, com o trauma da Europa pelo terrorismo e com a corrida presidencial nos Estados Unidos.

Rio de Janeiro, 10 de setembro de 2017. Do metrô ao Parque Olímpico, do Porto Maravilha à Vila dos Atletas, do Engenhão ao Maracanã, as obras da Odebrecht haviam sido presença constante na Olimpíada 2016, mas os cenários atuais levam à depressão. O incrível velocista jamaicano Usain Bolt, o craque brasileiro medalha de ouro Neymar e outros campeões passaram por lá. As obras e suas sequelas ficaram. A empreiteira, mais conhecida nos últimos tempos pelos desdobramentos da Lava Jato do que pelo seu inegável potencial para grandes construções, assumiu a rentável missão de garantir instalações para os Jogos e modernizar alguns cenários da Cidade Maravilhosa. E agora? Que fim levou o prometido legado, no qual foi investido tanto dinheiro? Em setembro de 2017, foi preso novamente em uma rádio enquanto apresentava um programa.

ASSALTO AOS COFRES PÚBLICOS... E FALÊNCIA

Nos 13 anos e meio de gestão dos presidentes Luiz Inácio Lula da Silva e Dilma Rousseff, o Rio de Janeiro foi beneficiado por imensas verbas federais para obras, que lhe permitiriam assumir os compromissos com a Copa e a Olimpíada e que poderiam lhe garantir infraestrutura necessária para se consolidar como opção turística de americanos, europeus, asiáticos e latino-americanos. A parceria entre o PT, de Lula, e o PMDB dos governadores Sérgio Cabral e Luiz Fernando Pezão, e do prefeito Eduardo Paes, foi constantemente celebrada no período de preparação do Rio para os dois grandes eventos esportivos. Essa aliança se traduziu em votos para Dilma nas eleições de 2010 e 2014. Lula não se cansou de elogiar as qualidades de Cabral, qualidades que, longe do marketing, desembocaram na realidade: o ex-governador praticou um autêntico assalto aos cofres públicos e foi parar na cadeia, no Complexo Penitenciário de Bangu. Outro ex-governador do Rio, Anthony Garotinho, ficou preso por alguns dias, em 2016, por causa de irregularidades em campanhas eleitorais.

O Rio está falido. Não apenas os cofres foram afetados, levando à perda de recursos para pagar funcionários e para manter serviços básicos à população, como o atendimento à saúde. Pezão, sucessor de Cabral, também citado na Lava Jato, andou por Brasília, de pires na mão, para pedir ajuda financeira, mas sabendo que o governo Michel Temer já não tinha como socorrer, a não ser com um programa de ajuste de contas, que acabou saindo em setembro. Manchete de primeira página do jornal "O Estado de S. Paulo", em 23 de abril de 2017, retrata o drama: "Falido, Rio deve passar pelo menos uma década em crise". Uma reportagem interna de quatro páginas mostrou os detalhes, também constantemente focalizados pelo "O Globo", do Rio, e pela "Folha de S. Paulo". O caos econômico, político e social que atinge o Rio – Estado com o segundo maior PIB, atrás apenas de São Paulo – expõe o lado mais dramático das dificuldades enfrentadas pelo setor público no país. Atolado numa crise financeira sem precedentes, o Rio foi vítima de inépcia administrativa, da recessão, de um rombo bilionário na previdência do funcionalismo e do apagão da indústria do petróleo e gás, fundamental para a arrecadação estadual. Esse quadro ficou ainda mais grave com os escândalos de corrupção que levaram o ex-governador Cabral, ex-secretários de governo e conselheiros do Tribunal de Contas à prisão.

A Vila dos Atletas, na Barra da Tijuca, que recebeu representantes de mais de 200 países, é resultado de uma parceria entre o governo e a prefeitura do Rio com duas empresas: a Odebrecht e a Carvalho Hosken se uniram para a construção do bairro planejado Ilha Pura. Em junho de 2012, o terreno de 800 mil metros quadrados, propriedade da imobiliária Carvalho Hosken, começou a receber 37 edifícios residenciais de 16 andares, em vários condomínios de alto padrão, construídos pela Odebrecht. Um acordo com os governos e com o Comitê Organizador da Olimpíada Rio 2016 fez com que Ilha Pura se tornasse a solução para o alojamento dos atletas. Centenas de apartamentos começaram a ser vendidos em 2014. Os compradores pagaram as primeiras prestações sabendo que receberiam os imóveis somente em meados de 2017, um ano após a saída das delegações e uma necessária reforma.

Houve denúncias de que esse acordo tinha características de cartel, pois não houve licitação para a Vila dos Atletas. O empreendimento também está entre aqueles dos quais Marcelo Odebrecht reclamou ao depor no ciclo das delações premiadas da Lava Jato. Ele disse que a empresa entrou no negócio apenas por pressão dos governos. Governos que, na verdade, propiciavam à Odebrecht outras obras no Rio e em outras cidades do país.

A Odebrecht participou da construção da extensão da Linha 4 do metrô de Ipanema até a Barra, ergueu os vários recintos de competições do Parque Olímpico, reformou o Maracanã e o Engenhão, levou adiante o Porto Maravilha com uma completa reurbanização da zona portuária carioca junto à Praça Mauá e o início da Avenida Rio Branco, participou da implantação das linhas do BRT (Bus Rapid Transit System) e do VLT (Veículo Leve sobre Trilhos), e assumiu a gestão do Aeroporto Internacional Tom Jobim (Galeão), ao lado da companhia Changi, de Cingapura. As obras foram concluídas e várias delas têm sido úteis. No entanto, o esperado legado das instalações olímpicas está indo rumo ao sucateamento. Abandonados, uma parte desses locais não vem sendo usada, frustrando os moradores da cidade e as entidades esportivas. Em abril, a Odebrecht abriu mão da concessão para administrar o Galeão e foi substituída pelo grupo chinês HNA. O empreendimento Porto Novo, que consistiu em demolir antigos edifícios e armazéns na Gamboa e junto ao porto para a construção de modernos edifícios, numa versão ampliada do que fez Buenos Aires com Puerto Madero, emperrou. Emperrou tanto quanto o Rio, já que, com o país, o estado e a cidade em crise, não há como convencer as empresas a investir nessa área para instalar suas sedes. O sonho acabou.

O pavilhão Bangu 8, obra do governo Sérgio Cabral, em que o próprio Cabral permaneceu no decorrer de 2017, não foi feita pela Odebrecht. As penas de prisão que lhe são impostas pela Justiça prometem ser mais longas que seus 8 anos de governo e de opulência.

PESQUISA APONTA DEFICIÊNCIAS NO LEGADO CULTURAL

Um amplo estudo sobre o legado cultural dos Jogos de 2016 foi apresentado em 15 de agosto de 2017, em São Paulo, e no dia 17, no Rio, por Paulo Nassar, presidente da Associação Brasileira de Comunicação Empresarial (Aberje) e professor de Jornalismo na Escola de Comunicação e Artes (ECA) da USP, e outros participantes do projeto. Trata-se de um trabalho realizado por pesquisadores da Universidade de Liverpool, da USP e da Aberje, em que foram analisados mais de 500 artigos e reportagens no Brasil e no exterior, levando a conclusões opostas ao difundido por defensores dos Jogos no período anterior ao evento.

O texto de apresentação do levantamento explica: "Em 10 de agosto completa-se um ano desde o fim das Olimpíadas do Rio de Janeiro. O evento, que custou bilhões de dólares aos cofres públicos e deveria ser um marco na história do país, difundindo os aspectos culturais e fortalecendo a imagem do Brasil, no entanto, não deixou marcas permanentes no imaginário popular, seja aqui ou no exterior". É um estudo inédito, realizado pelo Institute of Cultural Capital, instituição ligada à Universidade de Liverpool, em parceria com a Escola de Comunicações e Artes da USP e a Associação Brasileira de Comunicação Empresarial (Aberje), com o apoio do Newton Fund, agência de fomento à pesquisa em humanidades e ciências sociais do governo britânico.

De acordo com Paulo Nassar, o estudo "Legado Cultural dos Jogos Olímpicos do Rio 2016" foi realizado a partir de uma análise profunda da mídia brasileira e britânica em períodos chave para a narrativa dos Jogos, onde foram identificadas as oportunidades aproveitadas e perdidas ao longo de todo o ciclo olímpico do Rio, desde 2009 até o início de 2017. Segundo os pesquisadores, o contexto sócio-político brasileiro ocupou a maioria dos espaços midiáticos que normalmente se dedicariam à repercussão esportiva e cultural dos Jogos, sobretudo no período pós--olímpico, impedindo que uma narrativa positiva pudesse se estabelecer.

A pesquisadora Beatriz Garcia, coordenadora do trabalho e membro do Comitê Olímpico Internacional (COI), que analisa o impacto cultural dos Jogos Olímpicos desde Sydney-2000, explicou: "Nossa pesquisa engloba todo o ciclo das Olimpíadas do Rio, desde o momento da escolha do Brasil como país-sede até a cerimônia de encerramento do evento. Infelizmente, os escândalos de corrupção e a grave crise financeira pela qual o país atravessa fez com que as notícias relacionadas ao esporte e à cidade do Rio de Janeiro ficassem em segundo plano". Ela salientou que as histórias que foram contadas na mídia durante o evento não ajudaram a mudar os estereótipos do Brasil: "Está claro que a diplomacia e a comunicação de marca país e de marca cidade falharam, sobretudo pela ausência de um investimento estratégico em cultura".

No total, foram analisados mais de 330 reportagens e artigos publicados pelos veículos de comunicação no Brasil e outros 144 na mídia britânica em busca das narrativas estabelecidas pela imprensa sobre os Jogos em momentos chave: a escolha do Rio como cidade-sede (2009), um ano antes da Olimpíada (2015), o período dos Jogos (2016) e as retrospectivas do ano, em dezembro de 2016 e início de 2017. As análises de mídia foram relacionadas ao contexto sócio-político brasileiro nos mesmos períodos, para contextualizar a informação. Isso permitiu ao estudo comparativos entre os Jogos de diferentes anos, sobretudo os de Londres-2012.

O relatório apontou outros fatores que contribuíram fortemente para a geração de pautas negativas após os Jogos: os escândalos de corrupção envolvendo membros do Comitê Olímpico Internacional e a construção das arenas olímpicas, o abandono das estruturas após os Jogos, as dívidas milionárias deixadas pelo evento, a falência do Estado do Rio, além da suspensão dos patrocínios de vários atletas brasileiros – entre eles alguns medalhistas olímpicos. Essas notícias ocuparam o espaço que poderia ter sido usado para lembrar casos de sucesso da Rio 2016.

O professor Paulo Nassar salientou: "O bom legado simbólico prometido pela realização das Olimpíadas Rio-2016 foi devorado pelas más notícias geradas em dimensões olímpicas. A imprensa tradicional, brasileira e britânica, nos períodos imediatamente pré e pós-Jogos, destacaram os recordes de violência, corrupção e instabilidade política. Nesse período, o Brasil queimou em uma pira de maus acontecimentos, deixando de lado a diversão, inovação e diversidade, aspectos culturais que seriam destacados pelos Jogos".

Nassar disse que a Associação Brasileira de Comunicação Empresarial, em seu papel de *think tank* brasileiro voltado para as narrativas organizacionais, foi uma peça-chave para a realização do estudo. Ao lado do Institute of Cultural Capital da Universidade de Liverpool e do Grupo de Estudos de Novas Narrativas da Escola de Comunicações e Artes da USP, a Aberje abraçou o projeto com o objetivo de dar continuidade às pesquisas e ações que vêm desenvolvendo desde os anos 1990, como a série de Brazilian Corporate Communications Day, realizados em Nova York, Londres, Paris, Milão, Buenos Aires, Mumbai, entre outras cidades globais, sempre buscando fortalecer internacionalmente a imagem do Brasil, de suas cidades, instituições e empresas.

Manchete de página do jornal "O Estado de S. Paulo" de 4 de agosto destacou: "Rio sofre com arenas caras e vazias". A reportagem mostrou o fato de a maioria das instalações olímpicas estar abandonada. O Parque Olímpico da Barra, de tantos recintos esportivos, é aberto à população somente nos fins de semana. Uma dessas obras, a Arena do Futuro, usada para as competições de handebol com a previsão de que após os Jogos sua estrutura seria desmontada para que o material garantisse a construção de quatro escolas, permanece abandonada, vazia. Eleito em 2016, o prefeito do Rio, Marcelo Crivella, alega falta de verbas para cuidar daquele parque e de outros legados. O dirigente carioca Carlos Arthur Nuzman, ex-jogador de vôlei, que foi presidente da Confederação Brasileira de Vôlei por 20 anos e preside o Comitê Olímpico Brasileiro (COB) desde 1995, completou 22 anos de permanência no cargo em 2017 sem mostrar vontade de sair. Ele foi o grande artífice da conquista da sede dos Jogos Pan-Americanos de 2007 pelo Rio e do direito de o Brasil sediar a Olimpíada de 2016. No aniversário da abertura dos Jogos Olímpicos, deu entrevistas dizendo que a Olimpíada brasileira foi um sucesso e que quase não houve gastos do setor público: "Apenas do setor privado". Em setembro de 2017, cresceram as evidências de que o Brasil subornou dirigentes de outros países para conquistar a sede dos Jogos Olímpicos para o Rio. Escândalo internacional. A Polícia Federal foi atrás do eterno presidente do Comitê Olímpico Brasileiro (COB), Carlos Arthur Nuzman, que se disse inocente. Em seu apartamento, foram encontrados valores em cinco moedas diferentes que somavam cerca de R$ 480 mil. "Viajo muito", alegou Nuzman.

CAPÍTULO 26

DEZ DERRAPADAS NUM CAMINHO DE CONQUISTAS

Lava Jato e propinas à parte, o grupo Odebrecht tornou-se um grande vencedor, construindo histórico de obras de qualidade, como se viu na maioria dos capítulos anteriores. No entanto, a trajetória envolvida pela intensa ambição, entre a pressa e o lucro, também foi marcada nas últimas décadas por algumas derrapadas ou acidentes de percurso. Houve casos até de tragédias, que contribuíram para arranhar o conceito da poderosa marca em determinadas ocasiões, mas sem abalar o ímpeto e a obsessão dos Odebrecht por novas conquistas. Não faltaram crises com clientes e brigas com antigos sócios do patriarca Norberto.

As revelações contidas nas delações premiadas de Emílio e Marcelo Odebrecht na Lava Jato e nos depoimentos para o Tribunal Superior Eleitoral deixaram evidentes as divergências entre integrantes do comando no momento de assumir complicadas decisões de interesse político e financeiro. Os choques e o mau humor da família de empreendedores ficavam restritos às quatro paredes de uma das salas nas sedes de Salvador e de São Paulo, mas às vezes chegavam também aos governantes aparentemente amigos, principalmente diante de pedidos exóticos.

Diz a constantemente lembrada Tecnologia Empresarial Odebrecht (TEO) que o cliente sempre tem razão. Governo, seja do Brasil ou de outro país, é cliente. Os riscos, em princípio, existem em qualquer missão, mas a Odebrecht chegou a assumir missões quase impossíveis, com episódios que não terminaram bem. Assim, as derrapadas do grupo, algumas noticiadas com destaque pela mídia, podem ter chegado a dezenas ou até centenas. Mas, para este capítulo, foram selecionados somente dez casos, com uma necessária observação do autor: a Odebrecht exerceu o direito de defesa em todas as crises, dando sua versão e informando sobre possíveis soluções ou compensações.

1 – OS DIAS DA RETIRADA DA LÍBIA EM CHAMAS

A ditadura de 42 anos de Muamar Khadafi na Líbia (1969-2011) terminou em sangrenta revolução, seguida de guerra civil. Foragido, Khadafi foi encontrado em seu esconderijo no deserto e morto a tiros por forças rebeldes em 20 de outubro de 2011. A Odebrecht, atraída pela riqueza

GLÓRIA, QUEDA, FUTURO

do petróleo líbio, já não estava lá, quando da execução do tirano: saiu às pressas, no final de fevereiro de 2011, quando Marcelo Odebrecht, percebendo que o governo Khadafi não resistiria, ordenou a retirada dos 3.200 funcionários de várias nacionalidades, entre os quais cerca de 200 brasileiros, que ainda atuavam na área. Foram fretados vários aviões. O primeiro grupo de 446 pessoas, composto de empregados e familiares, saiu de Trípoli para um voo curto, até a ilha de Malta, pequeno país independente ao sul da Itália, para depois ser levado para Roma e transportado para São Paulo, com apoio do governo do Brasil.

O Aeroporto Internacional de Trípoli, última paisagem da Líbia observada de relance pelos retirantes brasileiros através da janelinha do avião, foi um dos locais em que a equipe trabalhou. A meta era construir um novo terminal, que ampliaria a capacidade do aeroporto para 20 milhões de passageiros por ano. A obra, que garantiu milhões de dólares à empresa, já estava quase pronta. Muamar Khadafi havia tido épocas de autêntico terrorista, como nos anos 1980, quando ordenou ataques a um avião da companhia americana Pan American na Escócia e um mortal ato terrorista numa discoteca em Berlim em que estavam soldados dos Estados Unidos. O atentado contra a discoteca, em 1986, teve imediata reação do presidente americano Ronald Reagan, que determinou o bombardeio de Trípoli. Por causa dessas tensões, a Líbia começou a sofrer embargo econômico internacional em março de 1992. O bloqueio persistiu até setembro de 2003. Com a nova fase, o ditador continuava o mesmo, mas seu estilo pareceu mais suave, sinal verde para a Odebrecht se interessar em ampliar suas fronteiras, tendo chegado ao país do norte da África em 2005. Na verdade, tal conquista ocorreu por meio da construtora portuguesa Bento Pedroso (BP), então já integrada à Odebrecht. A BP havia começado as negociações políticas e financeiras para a assinatura dos primeiros contratos. E deu tudo certo.

O engenheiro baiano Daniel Villar, amigo de Marcelo Odebrecht, foi destacado pela empresa em janeiro de 2008 para comandar a missão de consolidar a presença no país. Já na edição de março, a revista "Odebrecht Informa" publicou extensa reportagem sobre o projeto de modernização do aeroporto e uma entusiasmada declaração de Villar: "É um orgulho poder participar do desafio do início da operação da Odebrecht na Líbia, um país cheio de riquezas e de oportunidades. Mas o caminho para alcançá-las será o de extrema dedicação e eficiência para devolver ao povo líbio a confiança em nós depositada". Ele sabia que dedicação e competência da engenharia não seriam suficientes. Era também necessário torcer pelo humor de Khadafi e pelo controle dos movimentos rebeldes.

As obras do aeroporto começaram bem e, assim, foi fácil conquistar mais um contrato importante: o do Terceiro Anel Viário de Trípoli, que reduziria os congestionamentos de trânsito na capital. O nome Odebrecht, porém, foi misturado com os de empresas locais para a execução desse trabalho ao ser constituída a Libyan-Brazilian Construction & Development (LBCD), uma companhia líbica em parceria com a Urban Development Holding Company (UDHC). A Odebrecht ficou com 60% de participação acionária. A UDHC, presidida por Mustafa Sola, estava subordinada à Jihaz – Secretaria de Habitação e Infraestrutura –, órgão responsável pela realização de estradas, viadutos, saneamento, tratamento de água e projetos de moradias populares. O contrato com o Jihaz foi o primeiro da LBCD, abrindo caminho para a possibilidade de novas obras, que, no entanto, foram atropeladas pela crise do governo. Mesmo assim, o amplo rodoanel havia avançado bastante, quando da súbita debandada de 2011.

A debandada, porém, não foi completa. A Odebrecht esperou alguns meses, negociou com o novo governo líbio e retomou o trabalho no aeroporto, já que o velho terminal havia sido destruído na guerra civil. Mas em julho de 2017 o grupo brasileiro recebeu uma péssima notícia: diante da repercussão da Lava Jato e das suspeitas de corrupção nas iniciativas de Khadafi em obras públicas, o governo da Líbia anunciou a troca de consórcio para completar as obras do novo terminal. Foi afastado o consórcio formado pela Odebrecht e outras cinco empresas, entre as quais a Vinci, da França, e a TAV, da Turquia. Os planos líbios ficaram menos ambiciosos, com uma redução dos investimentos, e coube a um consórcio liderado pela empresa italiana Aeneas assumir a etapa final das obras. Adieu, goodbye, Odebrecht.

GLÓRIA, QUEDA, FUTURO

2 – A CONVIVÊNCIA COM A GUERRILHA COLOMBIANA

Para levar adiante, a partir de 2011, a duplicação e modernização de um trecho de 528 quilômetros da Rodovia do Sol, na Colômbia, a equipe da Odebrecht teve de atravessar regiões anteriormente controladas por guerrilheiros das Farc e ainda sob ameaças do grupo. Diante do risco de sequestro de engenheiros e operários, todos os funcionários passaram por intenso treinamento de segurança e mantiveram o hábito de não sair do acampamento à noite. Cada visitante teria de avisar antecipadamente sobre sua ida e, ao chegar, assistir a um filme sobre as normas especiais de segurança, além de ganhar a companhia de um profissional para sua constante proteção em todas as áreas. O autor do livro passou por essas experiências na região. Tais cuidados tiveram um alto preço financeiro. A construtora precisou investir fortemente nesses cuidados ao longo das margens do Rio Magdalena, mas, ao lutar para conquistar o contrato da obra, já sabia dos riscos provocados pela mais antiga guerrilha das Américas.

Uma vez que nada é eterno, o acordo de paz entre as Farc e o governo colombiano foi assinado em 2016 e colocado em prática em 2017. Novos tempos. Por coincidência, no mesmo período em que a obra da rodovia estava quase encerrada, as reações aos escândalos revelados nos desdobramentos da Lava Jato indicavam a possibilidade de o caminho da Odebrecht no país ter chegado ao fim.

3 – AS SAGAS E AS CHAGAS DAS NAÇÕES AFRICANAS

Sob a linguagem do otimismo e do marketing institucional, a presença da Odebrecht na África poderia ser explicada como um ato de eficaz solidariedade às jovens nações que haviam sofrido com o colonialismo europeu e com a luta pela independência. Mas, quando se trata de empresa brasileira em expansão internacional, caso da Odebrecht, a prioridade é o lucro – mesmo em lugares onde são elevados os riscos quanto à segurança da equipe de trabalho e ao modo de receber o pagamento. Esse sofrido continente de pouco mais de 1 bilhão de habitantes começou a se libertar dos colonizadores nas décadas de 1950 a 1970, vislumbrando a proteção de seus antigos costumes e o possível desenvolvimento econômico pela qualidade de vida de sua gente. Mas, na África Negra, a África Subsaariana, o que tem prevalecido nesta época são as lutas entre grupos étnicos, os choques entre facções políticas e, além de tudo, prolongadas ditaduras corruptas sob o disfarce de democracia.

A Odebrecht já tinha ideia dessa situação, nos anos 1980, ao colocar os pés em Angola para participar da construção da Usina Hidrelétrica de Capanda, e teve oportunidade de consolidar tal visão ao se expandir naquele país a ponto de ter o governo de José Eduardo dos Santos – 38 anos seguidos no poder – como seu principal cliente fora do Brasil, com inúmeras obras, como foi mostrado num capítulo anterior. Em Angola, as equipes da Odebrecht viveram a época da guerra civil, o aumento da criminalidade, os precários recursos para evitar doenças como a malária, denúncias de prática de trabalho escravo no projeto de açúcar e álcool na Fazenda Biocom e as incertezas para receber o dinheiro pelas obras, problema atenuado pelas bondades brasileiras do BNDES nos anos 2000, propiciadas pelas afinidades entre os governos dos dois países. Diretamente de sua sede em Salvador e da representação regional em Luanda, o grupo Odebrecht vislumbrou a chance de ampliar a presença na África e colocar mais estrelas em seu mapa do mundo.

A estratégia deu certo: foram conquistados novos clientes, com destaque para Moçambique, também de colonização portuguesa. Nos últimos anos, a Odebrecht Engenharia & Construção Internacional desenvolveu duas obras no país. A principal é a construção do Aeroporto Internacional de Nacala, no extremo norte, a 2.300 quilômetros da capital, Maputo, e perto das fronteiras com Tanzânia, Malauí e Zimbábue. A outra missão ficou por conta do aprimoramento da infraestrutura na mina de Moatize, reserva de carvão natural explorada pela companhia brasileira Vale.

Em 2011, o BNDES liberou US$ 80 milhões a título de exportação de bens e serviços de engenharia destinados às obras de construção do terminal e das pistas de Nacala. Dois anos depois, o banco forneceu mais US$ 43 milhões para as obras complementares. Em 2017, os maiores jornais do Brasil noticiaram que o governo moçambicano estava dando o calote no BNDES, deixando de pagar algumas prestações do financiamento, fato que alertou a nova diretoria do banco para redobrar a atenção em relação à África, já que Angola também apresentou problemas para liquidar alguns de seus compromissos.

De acordo com a Organização das Nações Unidas (ONU), a África tem 53 países independentes. No Brasil, pouca gente já ouviu falar em Djibuti. Mas Djibuti existe, e foi cliente da Odebrecht. Com apenas 23 mil quilômetros de área – o tamanho do Estado de Sergipe – e população de 950 mil habitantes, essa nação, antiga Somália Francesa, se situa no Chifre da África, junto à instável Somália. As línguas oficiais são o árabe e o francês. Em 2006, no mesmo período em que fez parte de um consórcio com a Maersk para montar plataformas de petróleo no Mar do Norte, no Reino Unido – um dos poucos países da Europa em que esteve presente –, a Odebrecht atuou na construção do Terminal de Contêineres de Doraleh no porto de Djibuti com uma equipe de operários de 16 nacionalidades. É um porto bastante movimentado, por ficar junto ao Mar Vermelho, rota para o Canal de Suez. O trabalho foi feito em conjunto com a empresa local Soprim e teve final feliz.

Em Gana, também correu bem a presença da Odebrecht para construir dois trechos do Corredor Rodoviário Oriental, da capital, Acra, à região leste do país. Na Libéria, a missão foi a restauração de uma ferrovia de 260 quilômetros para o transporte de ferro, em que a empresa utilizou a experiência da construção de uma ferrovia brasileira em que trafega um dos trens mais longos do mundo – a que liga a mina de Carajás, no Pará, ao porto de São Luís, no Maranhão.

A tentativa de incluir Guiné Equatorial na lista de clientes da Odebrecht, entretanto, esbarrou numa série de trapalhadas, tema de reportagem de capa da revista "Época" em outubro de 2015. Já como ex-presidente do Brasil, Luiz Inácio Lula da Silva teria atuado como lobista a serviço da empresa pela possível conquista da tarefa de construir o Aeroporto de Mongomeyen, destinado a servir as cidades de Mongono e Oyala. Em 2011, Alexandrino Alencar, então responsável por Desenvolvimento de Negócios da Odebrecht, acompanhou a visita que Lula, designado representante oficial de Dilma Rousseff, fez à Guiné Equatorial, um país pequeno, mas de promissores recursos naturais, como as reservas de petróleo. A tática não deu certo, para aparente sorte da própria Odebrecht, que ficou sem a obra: o país é dominado há 38 anos pelo ditador Teodoro Obiang, cuja chegada ao poder ocorreu no sangrento golpe contra outro ditador, Macías Nguema. Em diferentes épocas, ambos promoveram um banho de sangue. O país tem hoje 550 mil habitantes. Poderia ter mais 100 mil, número de vítimas mortas nos conflitos e nas execuções. A experiência na violenta Angola estimulava a Odebrecht a tentar também Guiné Equatorial, com todos os perigos. A também brasileira OAS, com apoio de Lula, assumiu a construção de uma rodovia entre a capital, Malabo, e Luba. O primeiro contato de Lula com Obiang foi em julho de 2010, no exercício da presidência, em visita oficial a vários países da África. Diante de uma cordial recepção em Malabo, o líder brasileiro elogiou o anfitrião, prometeu parcerias e elogiou a "democracia de Guiné Equatorial".

4 – TRÊS CRUZES NO ESTÁDIO DA ABERTURA DA COPA

Às margens de estradas que cortam o Brasil, estão fincadas inúmeras pequenas cruzes de madeira, que frequentemente recebem flores. Elas são marcos de locais de acidentes rodoviários que deixaram mortos e lições. Na altura da cidade de Pindamonhangaba, por exemplo, uma cruz ao lado da Via Dutra recorda a morte do cantor Francisco Alves, o "Rei da Voz", vítima da fatalidade na colisão de seu automóvel com um caminhão na viagem de São Paulo para o Rio de Janeiro, em 1952. Chico Alves fazia a alegria de uma multidão de fãs.

O futebol, alegria de milhões de pessoas no Brasil, viveu a febre da Copa do Mundo de 2014, cujo lado esportivo não terminou bem para os torcedores do time de Felipão. O prometido legado da Copa também não deixa boas lembranças, conforme detalhes focalizados em capítulos anteriores deste livro. Além de tudo isso, há casos de tragédias. Os operários da construção, heróis anônimos que erguem cidades e gigantes de concreto, sofreram nove baixas no período de preparação dos 12 estádios para o Mundial. Nove mortes, nove cruzes imaginárias ao lado de recintos destinados à alegria do povo.

Com o estádio da abertura da Copa, a Arena Corinthians, não foi diferente do ocorrido nos acidentes de Manaus, Cuiabá e Brasília: três daquelas mortes aconteceram na obra sob a responsabilidade da Odebrecht, em São Paulo. Em 27 de novembro de 2013, o motorista Fábio Luiz Pereira, de 42 anos, e o montador Ronaldo Oliveira dos Santos, de 44 anos, morreram quando uma peça de 420 toneladas, içada para a cobertura do estádio, tombou do guindaste, atingindo os dois trabalhadores. Em 30 de março de 2014, também na obra de Itaquera, morreu Fábio Hamilton da Cruz, de 23 anos, ao cair do alto de uma arquibancada provisória em cuja montagem vinha trabalhando.

Simples fatalidades ou culpa da pressa para compensar, no Itaquerão, o atraso decorrente da misteriosa engenharia política e financeira que levou a Odebrecht a aceitar a tarefa de erguer a Arena em tempo recorde sem prejudicar a abertura da Copa e o nome do Brasil? Perícias técnicas e investigações policiais não chegaram a conclusões concretas. O estádio lotou em seus jogos do Mundial e em dezenas das partidas do Corinthians lá realizadas desde 2014. Em torno da alegria de tanta gente, três cruzes imaginárias poderiam relembrar que o campeonato internacional responsável por encher os cofres de dirigentes esportivos, de políticos e de empresários deixou tragédias, sequelas e lições.

5 – A INTOLERÂNCIA DO PRESIDENTE DO EQUADOR

A apressada retirada da Odebrecht do Equador, em 2008, foi diferente em relação ao que ocorreria na Líbia três anos depois. O motivo não foi uma guerra civil e a queda de um ditador, mas sim a intolerância de um presidente populista, Rafael Correa, que quis jogar para seu público ao contestar a qualidade da obra de uma complexa usina hidrelétrica. Em capítulo anterior, centrado em ações na América do Sul, foram focalizados os altos e baixos, os pousos e decolagens da construtora brasileira em terras equatorianas.

Aqui, cabe uma análise mais detalhada sobre a obra da Odebrecht e a atitude de Correa. De fato, logo após a inauguração, houve problemas técnicos na Central Hidrelétrica de San Francisco, com capacidade de geração de 230 megawatts, na Província de Tuncurahua. No entanto, o presidente rejeitou a explicação da construtora de que se tratava de algo já previsto e que seria solucionado com um trabalho gratuito adicional. A usina havia sido construída entre dois vulcões, ao sul de Quito, numa área sujeita a constantes terremotos – um difícil desafio. Com seu empenho em seguir o estilo da política bolivariana de tentar a eternização no poder, Correa não quis saber de desculpas: não só expulsou a Odebrecht do país como também disse que daria o calote nas parcelas do financiamento do BNDES. As duas decisões surpreenderam o presidente do Brasil, Lula, que se preocupou com o banco do governo e com o futuro da amiga Odebrecht. As afinidades políticas ajudaram e, após negociações, Correa aceitou normalizar os pagamentos, mas sem perdoar a construtora. Os reparos na usina foram feitos, os funcionários brasileiros tiveram de bater em retirada e a sede de Quito foi fechada. No entanto, houve uma nova fase, três anos depois, ainda no governo Correa: a Odebrecht voltou lá e desenvolveu seis novas obras.

6 – O ENGENHEIRO SEQUESTRADO E MORTO NO IRAQUE

Ao contrário do Canadá e de várias nações da Europa que aderiram às forças aliadas com os Estados Unidos, o Brasil evitou participar da guerra contra o Iraque. Mas, apesar disso, o País tem uma vítima a lamentar: o engenheiro João José Vasconcellos Júnior, da Odebrecht. A construtora de Norberto, a exemplo de outras empresas brasileiras, manteve relações financeiras de trabalho com o regime iraquiano de Saddam Hussein nos anos 1980 e 1990, mesmo depois da Guerra do Golfo, ocorrida em 1991. Quando as forças americanas bombardearam Bagdá, em 2003, iniciando represálias contra o terrorismo e um suposto arsenal de armas de destruição em massa de Saddam, o governo brasileiro rejeitou aderir ao grupo aliado e recomendou a retirada dos cidadãos do país eventualmente em atividade naquela região do Oriente Médio. No entanto, a Odebrecht, apesar de, oficialmente, não estar mais com obras no Iraque, manteve lá um pequeno grupo de funcionários, entre os quais Vasconcellos. Em 19 de janeiro de 2005, o engenheiro foi sequestrado por guerrilheiros das brigadas Mujahidin e do Exército de Ansar al Sunna, durante o ataque a um comboio em que estavam várias outras pessoas. Por meio de uma nota, a construtora explicou que seu profissional fazia parte de um grupo que executava obra no norte do país e que, após o sequestro, esses empregados foram enviados de volta ao Brasil, via Amã, na Jordânia. Apesar da intervenção do governo brasileiro por meio do Ministério de Relações Exteriores e da ajuda de soldados americanos para tentar localizar o cativeiro em que eram mantidos os reféns, nenhuma notícia surgiu por dois anos e meio. Finalmente, em 14 de junho de 2007, ocorreu a confirmação daquilo que já se esperava: Vasconcellos estava morto, executado pelos sequestradores. Seu corpo foi encontrado no deserto e sepultado em Juiz de Fora, em Minas Gerais. Marcelo Odebrecht esteve no velório. Algumas semanas depois, a família do engenheiro entrou em litígio com a Odebrecht, reclamou do fato de o funcionário ter sido enviado para região claramente perigosa e divergiu das cifras da indenização pela morte.

Saddam Hussein morreu antes. Ele foi derrubado do poder pelas forças aliadas em março de 2003, esteve foragido, foi capturado pelos americanos em dezembro, entregue ao governo iraquiano e julgado sob a acusação de promover genocídio. Condenado à morte, foi enforcado em 5 de novembro de 2006. A guerra persistiu por mais alguns anos. Os conflitos continuam, com frequentes atos terroristas. O Iraque permanece um dos países mais perigosos do mundo. A Odebrecht não apareceu mais.

7 – O ACIDENTE EM OBRA DO METRÔ DE SÃO PAULO

Na manhã de uma sexta-feira, 12 de janeiro de 2007, uma tragédia nas obras da Linha 4-Amarela do metrô de São Paulo. Na construção da estação Pinheiros, que exigia profundas escavações até o túnel, abriu-se uma cratera de 80 metros de diâmetro. Sete pessoas morreram soterradas: um motorista que trabalhava em caminhão da obra, quatro ocupantes de um micro-ônibus engolido pela cratera e dois pedestres que passavam pelo local, junto à Marginal do Rio Pinheiros.

Deputados estaduais exigiram explicações do governo paulista, que controla a Companhia do Metrô, e do consórcio responsável pela construção daquele trecho da Linha Amarela.

Quase dez anos depois, em 18 de outubro de 2016, a Justiça de São Paulo inocentou os 14 réus da ação pela tragédia da cratera de Pinheiros: funcionários da Companhia do Metrô, do Consórcio Via Amarela e de empresas que projetaram a obra. O consórcio Via Amarela era formado pelas empresas Odebrecht, OAS, Queiroz Galvão, Camargo Corrêa e Andrade Gutierrez. Em decisão anunciada em maio de 2016, a juíza Aparecida Angélica Correia, da 1ª Vara Criminal, havia considerado estar provado que os réus não concorreram para a infração penal. O Ministério Público defendeu na denúncia que os funcionários foram negligentes, citando que foram detectados problemas no túnel no mês anterior à tragédia e, na véspera, a decisão dos responsáveis pela obra foi por instalar tirantes – estruturas de reforço. A obra prosseguiu, porém, sem a instalação dessas estruturas. O recurso do Ministério Público foi rejeitado pela Justiça em outubro. Ninguém foi condenado pelas sete mortes.

A estação Pinheiros do metrô funciona desde 2011, na forma de terminal intermodal, uma conexão que beneficia diariamente milhares de passageiros da Linha Amarela do metrô e de uma linha de trens metropolitanos da CPTM. Na atualidade, a linha liga o Butantã, do outro lado do Rio Pinheiros, junto à sede da Odebrecht, à estação da Luz, na região central de São Paulo. Falta concluir quatro estações – Higienópolis-Mackenzie, Oscar Freire, São Paulo-Morumbi e Vila Sônia, cujas obras foram retardadas por causa da desistência do grupo espanhol que havia assumido esse trabalho.

8 – CRISES EM REFINARIA E FERROVIA DE PERNAMBUCO

Duas obras emblemáticas do Estado de Pernambuco destinadas a intensificar o desenvolvimento econômico do Nordeste, ambas com a participação da Odebrecht, acabaram emperrando em problemas de difícil solução.

No município de Ipojuca, junto ao novo porto de Suape, na região metropolitana de Recife, começou a ser construída, há dez anos, a Refinaria Abreu e Lima, idealizada principalmente para produzir óleo diesel. Mas os acidentes de percurso foram imensos, a começar pelo fracasso dos planos de ser uma sociedade entre o Brasil, de Lula, e a Venezuela, de Hugo Chávez. Uma parceria que não funcionou porque a Venezuela deixou de entrar com sua parte para a formação do capital necessário da obra. E o pior: por culpa da corrupção na Petrobras, tema de alguns dos primeiros escândalos divulgados pela Operação Lava Jato, e das falhas no planejamento, o preço original da obra foi multiplicado por quatro e já passa de R$ 20 bilhões, sem que a refinaria esteja totalmente pronta. A Odebrecht tem participado dos trabalhos, integrando o consórcio Conest.

O mesmo porto de Suape foi escolhido como local de origem da Ferrovia Transnordestina, destinada a atravessar todo o Estado de Pernambuco e a ter dois ramais na altura da cidade de Salgueiro – um em direção ao sul do Piauí e outro entrando no Ceará para atingir o porto de Pecém. A Odebrecht animou-se ao assumir a obra encomendada pelo governo federal e pela Companhia Siderúrgica Nacional (CSN). A construtora chegou até a preparar aquela que seria a maior fábrica de dormentes de concreto do mundo para formar a base dos trilhos a serem assentados. Os trilhos, porém, ficaram limitadas ao interior de Pernambuco. Com o corte dos investimentos, as obras pararam, a Odebrecht caiu fora e não há sinais de reaquecimento, como observou o autor ao visitar a obra. Um "elefante branco" pode ser observado em vários municípios pernambucanos, em que locomotivas azuis estão abandonadas, à espera dos trilhos e das cargas. No auge dos trabalhos, em 2012, a Odebrecht desenvolveu ações sociais na região, como "Olha o Trem!", tentando animar os cidadãos para as perspectivas positivas da obra dos sonhos. Ou dos pesadelos.

9 – SERIA ÓTIMO SE O MARACANÃ TIVESSE DADO CERTO

O Maracanã já foi o maior estádio do mundo e, mesmo depois de ter encolhido com as reformas pelas quais passou – a última, radical, para ser local da final da Copa do Mundo de 2014 –, ainda poderia estar exercendo um importante papel para o futebol brasileiro, em especial para os clubes do Rio. A Odebrecht, líder do consórcio responsável pela completa transformação do Maracanã para o Mundial, vislumbrou a possibilidade de continuar tendo lucro com o estádio. Assim, lutou para conquistar, por meio de um novo consórcio, o direito de administrar todo o conjunto esportivo. E conseguiu, ao liderar o Consórcio Maracanã S.A., inicialmente ao lado do ex-bilionário Eike Batista e depois com a AEG. Porém, a Odebrecht, já tumultuada pelas revelações e reflexos da Lava

Jato, verificou, já no final de 2016, que o negócio não era tão lucrativo. Tentou vender sua parte por R$ 60 milhões, mas até mesmo o grupo francês Lagardère, um dos poucos interessados, acabou desistindo.

O governo estadual do Rio, falido e desgastado com os rastros de corrupção do ex-governador Sérgio Cabral, exigiu que a Odebrecht cumprisse suas obrigações. A Justiça também ameaçou a empresa, mas o Campeonato Estadual do Rio de 2017 começou, em janeiro, sem que os grandes clubes pudessem usar o Maracanã. O Vasco já tinha o Estádio de São Januário, enquanto o Botafogo exercia o direito de mandar seus jogos no Engenhão. O Flamengo, clube de maior torcida no País, buscou solução por conta própria, evitando as altas taxas de aluguel do Maracanã: como já dito, fez um acordo com a Portuguesa carioca, que lhe cedeu seu pequeno Estádio Luso-Brasileiro, na Ilha do Governador, logo reformado e batizado de "Ilha do Urubu" – em alusão ao apelido flamenguista. Deu certo. Sucesso da Ilha. Maracanã, só para os grandes clássicos. Por sua vez, a Odebrecht fica com um problema do tamanho do Maracanã, que chegou a ser escalado pela CBF para receber um dos últimos jogos da seleção brasileira nas eliminatórias da Copa 2018, mas acabou ficando de fora, por causa de sua crise e da crise do Rio.

10 – E NÃO É QUE OS GRADIN NÃO ERAM TÃO AMIGOS?

As famílias baianas Odebrecht e Gradin demonstravam ser eternas amigas. Pelo menos até 2010. No mundo dos negócios, pouca gente sabia, mas 20,6% das ações da holding Odebrecht estavam nas mãos da família Gradin, liderada pelo patriarca Victor Gradin – amigo de Norberto e Emílio Odebrecht. Tão amigo que o filho de Victor, Bernardo Gradin, se tornou presidente da Braskem em 2008. Outros membros da família ocuparam cargos no conselho e nas empresas, caso de Miguel Gradin, que em 2007 participou na missão de instalação de plataformas de petróleo no Mar do Norte, na costa do Reino Unido.

Em 2010, surgiram as nuvens. Foi quando os Odebrecht, representados pela empresa Kieppe, tentaram comprar a fatia dos Gradin, donos da Graal. Houve um barulhento litígio, os Gradin foram afastados de todos os seus cargos. Bernardo, por exemplo, foi substituído na gigante da petroquímica por Carlos Fadigas. A briga foi parar nas várias instâncias da Justiça, tendo ocorrido um acordo em 2015, um ano após a morte de Norberto Odebrecht e alguns meses depois da prisão de Marcelo Odebrecht. As atuações positivas dos Gradin na Odebrecht não se apagam: estão registradas na história. As negativas também não: Bernardo foi citado em delações premiadas da Odebrecht para o Ministério Público e nos depoimentos de executivos perante o Tribunal Superior Eleitoral. Os advogados das duas famílias continuam com trabalho. Amigos para sempre? Só na música da Olimpíada de 1992 em Barcelona.

CAPÍTULO 27

MARCELO É PRESO.
E A CASA COMEÇA A CAIR

São Paulo, 19 de junho de 2015 – Marcelo Odebrecht acordou cedo, em sua mansão no bairro do Morumbi. Já se preparava para os habituais exercícios físicos antes de seguir para a sede de suas empresas, no Butantã, quando ficou sabendo que a Polícia Federal estava à sua porta. Ao receber os agentes, ele manteve a compreensível arrogância de presidente de um grande grupo empresarial e insistiu na argumentação de que nada havia feito de errado. Convocado para acompanhar os inesperados visitantes à Superintendência Regional da Polícia Federal, na Lapa, do outro lado da cidade, Marcelo despediu-se da esposa, dizendo que voltaria para o jantar. Não voltou.

Curitiba, 19 de junho de 2017 – Aniversário sem motivo para festa. Marcelo Odebrecht completou dois anos de cadeia, sem jamais ter voltado para casa e para seu escritório. Nesse período, foi manchete em jornais, TVs, rádios, revistas e internet. A arrogância ficou pelo caminho. A relutante declaração de inocência havia sido trocada pela confissão da delação premiada ao Ministério Público para atenuar a pena de 19 anos e 4 meses de prisão a que fora condenado na Lava Jato por corrupção, lavagem de dinheiro e associação criminosa, em março de 2016. Sua delação, juntamente com as do pai e as de 77 antigos integrantes de diretorias e gerências do grupo, viriam a expor, com detalhes, relações promíscuas com políticos, responsáveis por transformar o país em República Federativa da Odebrecht. Só o Brasil? Não: a cultura da propina havia sido exportada para outros países. E sofreu reação na forma de uma espécie de Lava Jato universal, tão ampla quanto o mapa internacional de clientes do grupo. Nesses dois anos, aconteceu de tudo. Passou seu $47^{\underline{o}}$ aniversário, em 18 de outubro, num quase silêncio, reanimado pela visita da esposa. Também seria assim ao completar 48 anos. Informava-se de tudo pela televisão, na expectativa de que, entre as más notícias sobre seu futuro, surgisse alguma notícia positiva. Na falta de algo alentador, ele se entregou à rotina de limpar a cela e o banheiro, fazer ginástica, tomar banho de sol, conversar com outros presos na Polícia Federal do Paraná, rabiscar projetos sem saber como e quando executá-los, receber a esposa uma vez por semana e o pai, Emílio, só de vez em quando. Teve tempo para refletir sobre o que se passou desde aquele dia em que não voltou para casa. A cada episódio, apareciam sinais de que a imaginária Casa Odebrecht, construída por Norberto, tijolo por tijolo, ampliada pelo próprio patriarca e dinamizada por três gerações ao longo de sete décadas, estava começando a cair. Cairia de vez? Resistiria? "Manter a perseverança" era o relembrado conselho do avô, falecido em 2014. O neto, tido no ambiente empresarial como "O Príncipe" desde a ascensão à presidência do grupo, da qual foi obrigado a se demitir em dezembro de 2015, sabia da impossibilidade de resgatar conquistas, mas conservava a esperança de, ao sair da cela para cumprir o resto da pena em regime semiaberto, pudesse retornar à vida simples dos tempos em que conheceu Isabela, sua querida "Bela", forma carinhosa de chamar a esposa. Em 1989, Marcelo tinha 21 anos, estudava Engenharia Civil na Universidade Federal da Bahia e já era doutrinado pelo avô para desenvolver o talento de gestor. Simpatia, ao contrário do avô e do pai, não estava entre suas virtudes. Mesmo assim, Isabela, de 15 anos, de uma família de classe média de Salvador, aceitou o pedido de namoro. Era seu primeiro namorado. Casaram seis anos depois, ele se tornou presidente do grupo no final de 2008, e foram felizes enquanto a Lava Jato permitiu.

DO POSTO DE GASOLINA A TRÊS PRESIDENTES DA REPÚBLICA

Onde estava Marcelo Odebrecht em março de 2014, época do início da Operação Lava Jato? Estava em São Paulo, na sede da empresa, agitado, buscando informações pelo celular a respeito dos últimos detalhes da conclusão das obras da Arena Corinthians para que, da parte da construtora, tudo corresse bem na abertura da Copa, em 12 de junho. Nada poderia falhar, determinou ele ao fiel lobista Alexandrino Alencar, destacado para acompanhar a Operação Itaquerão antes mesmo do início da construção, em 2011. Marcelo também estava preocupado com a saúde do avô. De fato, Norberto andava abatido, em Salvador. Morreria em 19 de julho – uma semana após o estádio, a festa e o jogo Brasil x Croácia terem sido mostrados pela TV para o mundo inteiro.

Ao acessar a internet, ou ao ver os noticiosos noturnos da TV, Marcelo completava o conhecimento reforçado pelos boletins do departamento de comunicação do próprio grupo e da grande assessoria de imprensa Companhia de Notícias (CDN), da qual a Odebrecht é cliente há mais de 15 anos. Havia motivos para que as informações sobre política também o deixassem preocupado. A Lava Jato ia crescendo, assim como os sinais de que a presidente Dilma Rousseff, favorita para obter nova vitória nas eleições de outubro, continuava perdendo força diante de denúncias de irregularidades em seu governo e em seu partido.

A 13ª Vara Criminal Federal de Curitiba, sob a liderança do juiz Sérgio Moro, 45 anos, formado em Direito pela Universidade Estadual de Maringá em 1995 e professor na Universidade Federal do Paraná, tornou-se o centro do Brasil, o polo de notícias que influíram diretamente na política e no mundo empresarial. Moro chegou à condição de juiz federal já em 1996 e trabalhou no caso do escândalo do Banestado. Ampliou sua experiência, em seguida, ao participar da equipe da ministra do STF Rosa Weber no julgamento do escândalo do mensalão. Nada que pudesse ser comparado ao volume e às consequências da Lava Jato, identificada como o maior caso de corrupção e lavagem de dinheiro apurado no Brasil, com ramificações por países de quatro continentes, levando à prisão empresários, executivos e políticos.

Três presidentes da República foram atingidos diretamente pela operação e sofreram pesadas consequências. Dilma Rousseff foi afastada do poder por meio do impeachment aprovado na Câmara e confirmado pelo Senado em 2016, por conta de pedaladas fiscais e outras irregularidades, mas também por ter sofrido desgaste político na prisão de alguns dos seus principais colaboradores. Seu antecessor, Luiz Inácio Lula da Silva, citado em delações como "amigo da Odebrecht", tornou-se o primeiro ex-presidente do Brasil condenado por corrupção. Em sentença de primeira instância, em 12 de julho de 2017, Sérgio Moro lhe impôs nove anos e meio de cadeia, com direito a aguardar em liberdade a decisão do Tribunal Regional sobre seu recurso. Réu em quatro outras ações a serem julgadas, Lula teria recebido da empreiteira OAS o polêmico apartamento tríplex do Guarujá, que, na visão de Moro, foi uma propina em troca de vantagens no governo. Mas o sucessor de Lula e Dilma no Palácio do Planalto, Michel Temer, que assumiu em 12 de maio de 2016, balançou bastante após revelações tornadas públicas em 17 de maio de 2017, pelas quais a delação premiada de outro grande empresário, Joesley Batista, fez a JBF, do grupo J&F, empatar com a Odebrecht na indesejável disputa do campeonato da corrupção. Odebrecht ou JBF? Cada uma em seu tempo. Moro, o procurador-geral, Rodrigo Janot, e os membros do Supremo Tribunal Federal (STF) e do Tribunal Superior Eleitoral (TSE) se transformaram em personagens constantes das notícias sobre denúncias, prisões e julgamentos. Por pouco, Temer não foi cassado pelo TSE no julgamento que analisou as irregularidades da campanha eleitoral que o elegeu juntamente com Dilma em 2014, mas passou junho e julho sob fogo cruzado de Janot, de políticos da oposição e de grupos da mídia por causa do seu envolvimento no escândalo JBF. E foi no cargo que ele viu chegar agosto, o mês das crises do fim dos governos Getúlio Vargas, com tragédia, Jânio Quadros, com renúncia, e Dilma Rousseff, com a homologação do impeachment no Senado.

Por que o nome Lava Jato? Em 17 de março de 2014, foi preso o doleiro Alberto Youssef, três dias depois de o ex-diretor de Abastecimento da Petrobras, Paulo Roberto Costa, ter ido para a cadeia. Youssef, para despistar, atuava num posto de gasolina de Brasília, o Posto da Torre. Já que os postos costumam ter serviço de lavagem de automóveis, a criatividade da Justiça Federal e da Polícia Federal lançou o nome Lava Jato para designar a operação como um todo. A cada nova etapa de denúncias e prisões, outro nome era idealizado, em geral com termos em latim ou em grego.

Por que o Paraná? As investigações começaram, na verdade, em 2009, em cima das suspeitas de que o ex-deputado federal José Janene, envolvido em antigas falcatruas, vinha participando de lavagem de dinheiro com os doleiros Alberto Youssef e Carlos Habib Chater em Londrina, no norte do Paraná. Vítima de problemas cardíacos e AVC, Janene morreu em 2010, mas as investigações evidenciaram seu papel numa quadrilha que se reunia frequentemente em várias cidades, entre as quais São Paulo, onde o local predileto de hospedagem era o L'Hôtel, na Alameda Campinas, junto à Avenida Paulista. Coube a Moro juntar as peças do quebra-cabeça, cruzando informações e interrogando os presos levados pela Polícia Federal a Curitiba. Em julho de 2013, com a interceptação de conversas telefônicas de Chater, foram descobertas quatro organizações criminosas lideradas por doleiros e que se conectavam. Uma das organizações era a do próprio Chater, em cuja investigação surgiu o nome de Operação Lava Jato. As outras três eram as de Nelma Kodama, Operação Dolce Vita; Alberto Youssef, Operação Bidone, e Raul Srour, Operação Casa Blanca.

O monitoramento das comunicações revelou que Alberto Youssef, mediante pagamentos de terceiros, entregou um carro Land Rover a Paulo Roberto Costa, que, por sua vez, era investigado pela compra da Refinaria de Pasadena, nos Estados Unidos, pela Petrobras. A partir disso, foi possível desmantelar um esquema de corrupção na empresa estatal e em empreiteiras, com desdobramentos que levaram à prisão, entre outros, os ex-ministros José Dirceu e Antonio Palocci, três ex-tesoureiros do Partido dos Trabalhadores, o ex-presidente da Câmara Eduardo Cunha, o ex-senador Delcídio do Amaral, o ex-governador do Rio Sérgio Cabral e inúmeros empresários e executivos. Outros políticos do PT, PMDB, PSDB, PP e partidos pequenos foram citados, como o ex-governador mineiro Aécio Neves (PSDB), derrotado por Dilma nas eleições de 2014.

O dinheiro desviado – bilhões de reais – servia para pagamento de propina a agentes públicos, parlamentares e partidos, sob os mais variados disfarces. Em 2015, o ministro relator da Lava Jato no STF, Teori Zavascki, autorizou a abertura de inquérito contra 50 políticos. Teori ficou com o processo até mesmo durante as férias do Tribunal, em janeiro de 2017, quando, ao tentar descansar por alguns dias no litoral do Estado do Rio, morreu na queda do pequeno avião que o transportava de São Paulo a Parati. A missão de relator foi então herdada, em fevereiro, pelo ministro Luiz Edson Fachin. Em março, a "Lista de Fachin" daria o que falar.

LAVA JATO APERTA O CERCO ÀS EMPREITEIRAS

Em 17 de março de 2014, enquanto o Brasil vivia o clima de Copa do Mundo, foram cumpridos 81 mandados de busca e apreensão, 18 mandados de prisão preventiva, 10 mandados de prisão temporária e 19 mandados de prisão coercitiva em 17 cidades de seis Estados e no Distrito Federal. Agentes federais chegaram ao prédio em que funcionava a empresa Costa, vinculada a Paulo Roberto Costa, no Rio de Janeiro, e, ao evitar arrombar a porta, foram buscar as chaves no prédio de apartamentos em que morava o suspeito. Na portaria, eles descobriram nas câmeras de monitoramento a apressada retirada de sacolas e mochilas de documentos, provas dos crimes. Paulo Roberto foi preso na operação seguinte, em 20 de março. Novas investigações e prisões, e o cerco sobre as empreiteiras apertou, especialmente pelo fato de várias delas, inclusive a Odebrecht, estarem mantendo amplos negócios com a Petrobras.

No final de 2014, a Polícia Federal detêve vários diretores e executivos de empreiteiras, como Camargo Corrêa, OAS, UTC e Engevix, levando-os para Curitiba. Nos meios políticos, jurídicos, policiais, empresariais e jornalísticos a pergunta que mais se fazia era: e a Odebrecht? Faltava chegar a vez da rainha das construtoras. Quando chegou a vez, foi de forma arrasadora: a Polícia Federal, por determinação do juiz Sérgio Moro, foi direto ao presidente, e algo mais. Naquele 19 de junho, além de terem buscado Marcelo em sua casa, os policiais vasculharam a sede do grupo, em São Paulo, e levaram pastas e computadores, enquanto outras ações atingiam as sedes de Salvador e do Rio. A Operação Erga Omnes (expressão do latim que significa "vale para todos") também prendeu outros integrantes da Odebrecht, caso dos diretores Alexandrino Alencar e Márcio Faria da Silva.

Para a Odebrecht, era apenas o começo da crise. Para a Lava Jato, era uma etapa que, aos poucos, teria novos estágios, contribuindo para revelar segredos e envolver políticos dos mais variados partidos. Da resistência inicial de Marcelo até a realização da "Delação do Fim do Mundo", foi um ano e meio de idas e vindas, num percurso marcado pela descoberta do "Departamento da Propina". O suspeito – mais tarde, réu – acreditava estar coberto de razão ao insistir que "nada foi feito de errado", mas cabia à Justiça julgar até que ponto aquilo era "tudo certo" ou "autêntico crime". Os dias de Curitiba ficaram longos, frios, cinzentos.

CAPÍTULO 28

DECIFRADO O "DEPARTAMENTO DA PROPINA"

Maria Lúcia Guimarães Tavares trabalhou na Odebrecht, em Salvador, por quase 40 anos, mas não aparecia nas festas de inauguração de obras. Ela foi admitida em 1977 como datilógrafa, conquistou a confiança da direção da Odebrecht e tornou-se secretária do Departamento de Operações Estruturadas, mas seu nome não era dos mais conhecidos entre os quase 200 mil funcionários do grupo. Maria Lúcia foi presa temporariamente em março de 2016, durante a Operação Acarajé, a 23ª fase da Operação Lava Jato. Ficou confinada na Polícia Federal, em Curitiba, por dez dias. Chorou, e foi a primeira pessoa da Odebrecht a colaborar com a Justiça. Em troca de liberdade e de um possível perdão judicial, a secretária relatou aos investigadores o passo a passo de sua vida dedicada à empreiteira e também a rigorosa rotina do Setor de Operações Estruturadas, o "Departamento da Propina", da Odebrecht, responsável por encaminhar dinheiro para diretores de estatais, agentes públicos e políticos. Documentos apreendidos na casa de Maria Lúcia e nas sedes da Odebrecht em Salvador e São Paulo foram fundamentais para a descoberta de detalhes da autêntica máquina de propinas.

Hoje, o Brasil sabe da "secretária da propina da Odebrecht" e de sua importância na luta da Lava Jato para desvendar os mistérios. Se não fossem a delação de Maria Lúcia e a estratégia do Ministério Público e da Polícia Federal para apertar o cerco, Marcelo e seus executivos poderiam manter o silêncio por um bom tempo.

Na ocasião, o maior e mais tradicional jornal da Bahia, "A Tarde", de Salvador, apresentou esta manchete de página: "Secretária presa na Bahia revela jogo de corrupção na Odebrecht". O texto da reportagem, com informações semelhantes às espalhadas pela mídia em todo o Brasil, motivou cidadãos baianos a descartar o orgulho de terem visto uma empresa de seu Estado crescer pelo Brasil e pelo mundo: "Uma secretária da Odebrecht, que foi presa em Salvador durante a fase Acarajé da Lava Jato, foi crucial nas investigações que culminaram na 26ª etapa da operação deflagrada na terça-feira, dia 22, na Bahia e em outros seis Estados – São Paulo, Rio de Janeiro, Santa Catarina, Rio Grande do Sul, Piauí e Minas Gerais –, além do Distrito Federal. De acordo com delegados da Polícia Federal, informações e documentos obtidos com

Maria Lúcia Guimarães Tavares levaram à descoberta de um setor de operações estruturadas para pagamento de propinas pela empreiteira. Na casa de Maria Lúcia, foram encontradas planilhas, além de e-mails dela para um executivo da empresa, com o objetivo de prestar contas sobre as transações ilícitas. A secretária de executivos da Odebrecht era responsável pela produção das planilhas que controlavam o pagamento de 'acarajés' – como eram chamadas as transações. De acordo com as investigações, esses valores eram repassados para diversos políticos e pessoas ligadas a partidos. Um dos possíveis beneficiários seria o publicitário João Santana, que foi preso durante a fase Acarajé".

Por 11 anos, Maria Lúcia atuou no Setor de Operações Estruturadas. Antes dela, as funções ficaram a cargo de outra secretária, Conceição Andrade, que trabalhou na sede baiana da Odebrecht de 1979 a 1990. A repórter Malu Gaspar, da revista "Piauí", autora da reportagem "O Código Odebrecht", edição de outubro de 2016, descobriu Conceição em Salvador e levou adiante um eficiente trabalho de jornalismo investigativo. A ex-secretária contou a Malu que todos os dias o seu então chefe, Antônio Ferreira, lhe ditava uma lista com nomes, codinomes e valores a serem pagos. A reportagem explica: "Ao lado dos nomes da lista, quase sempre havia a indicação de uma obra. Conceição anotava tudo, preenchia as ordens de transferência bancária e, em seguida, passava a tomar as providências para que o dinheiro chegasse ao seu destino... Ela conhecia os nomes dos políticos e sabia que o dinheiro era propina, mas fazia como os outros funcionários do departamento – tratava tudo rotineiramente, sem nunca perguntar "Como?" ou "Por quê?". Conceição admitiu saber que estava fazendo algo ilegal, mas, com medo, evitava comentar o assunto com colegas de trabalho.

Emílio Odebrecht reconheceria, em 2016 e 2017, de modo natural, que o Setor de Operações Estruturadas fornecia quantias para políticos, mas nos anos 1980 e 1990 ainda não era tão sofisticado quanto nas duas últimas décadas. Conceição contou a Malu que eram feitos depósitos nas contas bancárias de agentes públicos, mas às vezes, essas pessoas apareciam na empresa e recebiam envelopes de dinheiro das mãos de Antônio Ferreira. Os apelidos dos políticos foram recordados pela ex-secretária. Nos tempos anteriores à chegada do PT ao poder, os codinomes mais marcantes eram os de Jader Barbalho, do PMDB do Pará, "Whisky"; de Antônio Imbassahy, do PFL baiano, "Almofadinha"; Sarney Filho, do Maranhão, "Filhote"; sua irmã, Roseana Sarney, "Princesa". A lista continha cerca de 400 nomes. Os poderosos da época, o presidente José Sarney (1985-1990) e o governador, ministro e senador Antônio Carlos Magalhães, eram amigos de Norberto Odebrecht, mas não estavam na lista. Às vezes, eram recebidos por Norberto numa sala do quarto andar do prédio.

Maria Lúcia Tavares, ao fazer a delação, não conseguiu decifrar os codinomes das propinas, em 2016. Mas, na mesma operação em que ela foi presa, os policiais encontraram num escritório do Rio de Janeiro a chave para decifrar o enigma: um lote de papéis. A sala principal era frequentada pelo presidente da Construtora Norberto Odebrecht, Benedicto Barbosa da Silva Júnior, executivo de grande importância estratégica para o grupo e que, por conta da Lava Jato, ficaria conhecido como coordenador do "Departamento da Propina". Entre os documentos apreendidos estava uma lista de mais de 200 políticos, com seus respectivos apelidos – ou codinomes. Então, a mídia divulgou esses apelidos: o então presidente da Câmara dos Deputados, Eduardo Cunha, mais tarde também preso, era o "Caranguejo"; presidente do Senado, Renan Calheiros, o "Atleta"; o prefeito do Rio, Eduardo Paes, o "Nervosinho"; a bonita deputada federal Manuela d'Ávila, do Rio Grande do Sul, "Avião"; o governador do Rio, Sérgio Cabral, preso desde 2016, "Próximus". O ex-presidente Lula poderia ser o "Amigo", mas havia outras formas de a Odebrecht tentar agradá-lo, incluindo pagamento de mais de R$ 4 milhões por palestras no Brasil e no exterior.

Tudo indicava que "Italiano" era o ex-ministro Antonio Palocci, homem-chave na Lava Jato, também preso desde 2016. Em 3 de fevereiro de 2017, Maria Lúcia Tavares foi ouvida pelo juiz Sérgio Moro como testemunha de acusação contra Palocci e Marcelo Odebrecht. Ao depor, ela voltou a explicar como funcionava o "Departamento da Propina", responsável por movimentar quase R$ 3 bilhões no decorrer de oito anos, até 2015. "Era o seguinte... A gente recebia uma planilha. Essa planilha havia uns codinomes, esses codinomes vinham com os valores e a data da entrega. Esperava o chefe mandar para mim os endereços e eu passava para o prestador de serviço", disse Maria Lúcia.

De acordo com as investigações, uma das planilhas, o chamado "Programa Especial Italiano", contabilizava os repasses para o Partido dos Trabalhadores. De 2008 a 2013, teriam sido R$ 128 milhões. Para a Lava Jato, quem gerenciava esse caixa geral era Palocci. A secretária admitiu ter feito depósitos para o "Italiano", mas disse não saber se o apelido era referente a Palocci. E completou afirmando que nunca esteve com o ex-ministro dos governos Lula e Dilma.

Já em 10 de março de 2017, Maria Lúcia precisou depor novamente, desta vez perante o corregedor-geral do Tribunal Superior Eleitoral (TSE), ministro Herman Benjamin, relator da ação pedida pelo PSDB para que fosse apurado o eventual abuso do poder político e econômico pela chapa Dilma-Temer nas eleições de 2014. A secretária confirmou as informações prestadas a Moro e pouco influiu no julgamento da ação, em maio, que a chapa foi absolvida, resultado que evitou a cassação do presidente Michel Temer.

O "Departamento da Propina" era composto de apenas sete funcionários, além da coordenação de Benedicto Júnior e outros executivos: três trabalhando na sede da Odebrecht em Salvador e quatro na de São Paulo. Cabia a esse grupo processar os pedidos de outros departamentos da empresa e das subsidiárias. Havia sugestões de executivos para acrescentar à lista de amigos um ou outro político a quem a Odebrecht deveria fazer um agrado.

Hilberto Mascarenhas Alves da Silva Filho, apontado como líder do setor de distribuição desses agrados, havia sido detido e cumpre prisão domiciliar. Ele depôs perante Sérgio Moro e, depois, diante de Herman Benjamin, confirmando detalhes que começaram a ser revelados por Maria Lúcia. Subordinado diretamente a Marcelo até junho de 2015, Hilberto tinha salários mensais em torno de R$ 50 mil, além de vários benefícios, como gratificações anuais pelo desempenho. Os caminhos complicados do dinheiro transferido pelo grupo empresarial para os políticos passavam, às vezes, por empresas offshore.

Entre os envolvidos nas operações offshore estava o advogado Rodrigo Tacla Durán, que, por ter cidadania espanhola, refugiou-se na Espanha na época das prisões pela Polícia Federal e disse numa entrevista ao jornal "El País", de Madri, em julho de 2017, que "a Odebrecht pagou propina para mais de mil pessoas, um volume de dinheiro muito maior do que o informado nas delações". A Espanha negou sua extradição para o Brasil. A Odebrecht divulgou nota afirmando que Tacla Durán jamais trabalhou como advogado do grupo, tendo sido apenas "um operador financeiro de atividades ilícitas, já informadas pela Odebrecht em seu processo de delação".

Na época anterior à Lava Jato, a cúpula da Odebrecht e seus homens de confiança agiam no esquema sem ser incomodados. A mídia foi incapaz de descobrir esses artifícios, a ponto de Emílio Odebrecht, em seu depoimento de delação premiada, ter falado com naturalidade sobre caixa 2 e as gentilezas com políticos, mostrando surpresa pelo fato de a imprensa não ter abordado o tema em outras épocas. As explicações de Emílio fizeram parte da "Delação do Fim do Mundo", tema do próximo capítulo.

CAPÍTULO 29

DELAÇÕES: A ODEBRECHT REVELA SEU ESTILO

Algumas imagens entram para a história por falarem sozinhas pelos fatos. Pelé dando soco no ar na Copa de 1970. John Kennedy sendo atingido pela bala assassina. Adolf Hitler vociferando aos seus soldados. Multidão nas ruas de Paris festejando o fim da guerra. Francisco acenando como novo papa. Fernando Collor descendo a rampa do Planalto após a queda. O Muro de Berlim sendo derrubado. As Torres Gêmeas desabando. Em cada explosão de raiva ou de alegria, prevalece uma cena – talvez duas – para falar por milhões de palavras.

E a Operação Lava Jato? Em três anos e meio da Lava Jato, qual seria a melhor imagem para retratar a crise moral do Brasil e esse autêntico marco divisório do combate à corrupção? Uma eventual votação pode apontar preferência pelo momento da prisão de um político ou de um empresário ao lado do "Japonês da Federal". Mas duas cenas devem ser ressaltadas e vão ficar na memória de muita gente: as de Marcelo Odebrecht e Emílio Odebrecht em depoimentos ao juiz Sérgio Moro para explicar as relações de suas empresas com os políticos. Uma vez que os noticiosos noturnos da TV reproduziram o som e a imagem dos Odebrecht em abril de 2017, a sensação de milhões de brasileiros foi a de que estavam recebendo, em casa, a honrosa visita de dois cordiais empresários. De modo direto, os dois expuseram ao juiz e aos telespectadores, em forma de bate-papo, o estilo de atuação, o modo de comprar tudo e todos: obras, leis, diretores de empresas estatais, partidos políticos, deputados, senadores, governadores, ministros e o entorno de presidentes da República. Sempre numa postura de perfeita naturalidade, como se estivessem analisando um clássico de futebol Bahia x Vitória na Arena Fonte Nova. Nada a ver com aquele Marcelo de seus primeiros dias de prisão, o "Príncipe" arrogante, avesso à possibilidade de fazer revelações; Marcelo sustentou por bom tempo a "tese" do "Não tenho nada a delatar…".

Marcelo Odebrecht, depois de quase dois anos de prisão, admitiu a Moro que a Odebrecht mantinha o Setor de Operações Estruturadas, o autêntico "Departamento da Propina": "Esta planilha, esta questão de eu ser um grande doador, é o quê? No fundo, é abrir portas. Tudo o que eu pedia gerava uma expectativa enorme de retorno".

Emílio Odebrecht, ao reconhecer que o "retorno" era constituído de dinheiro para os políticos na compra de vantagens junto ao alto poder e que determinados interlocutores exigiam "mais e mais", disse a Moro ter feito uma reclamação a Lula: "Lembro de ter dito ao presidente que o pessoal dele estava com a goela aberta. Estavam passando de jacaré para crocodilo".

Os detalhes dos depoimentos de Marcelo e Emílio foram repetidos de modo constante nas emissoras de TV e de rádio, transcritos por jornais, revistas e sites de internet, e comentados por analistas de todas as tendências. Chocaram o Brasil e repercutiram no exterior. As palavras dos dois empresários do comando do grupo Odebrecht após a retirada de Norberto, somadas às gravações de outros diretores e executivos no processo de delação premiada representaram uma evidente "caixa preta" da empresa que foi longe demais.

Emílio, sucessor de Norberto no comando da empresa, diretor-presidente de 1991 a 2002, revelou para Moro detalhes do relacionamento promíscuo. Diante da pergunta do juiz sobre o uso de caixa 2 na máquina de propinas, ele contou: "O que nós temos no Brasil não é um negócio de cinco, dez anos. Estamos falando de 30 anos atrás. Desde a época de meu pai, a minha época, e também a do Marcelo. Então, tudo que está acontecendo era um negócio institucionalizado, era uma coisa normal, em função de todo esse número de partidos. Eles brigavam era por cargos? Não. Era por orçamentos gordos. Ali, os partidos colocavam seus mandatários com a finalidade de arrecadar recursos para o partido, para os políticos. Há 30 anos que se faz isso".

Pelo menos 30 anos do Brasil como paraíso de propinas, com o uso do caixa 2 no relacionamento entre empreiteiras e políticos.

No final de 2016, o ministro Teori Zavascki, relator da Lava Jato no Supremo Tribunal Federal, anunciou que não participaria das férias que o Poder Judiciário costuma tirar em janeiro: ao lado de seus assessores, ele se debruçaria no estudo das delações premiadas, com planos de, em fevereiro de 2017, divulgar a lista das personalidades citadas nos depoimentos. Não foi possível.

Teori morreu em 19 de janeiro de 2017, na queda do pequeno avião de um amigo que o levava para um rápido descanso de fim de semana em Parati, no sul do Estado do Rio. Fatalidade ou crime? Num caso como a Lava Jato, seria normal admitir a possibilidade de crime, a possível sabotagem ao avião a mando de algum suspeito. Mas as investigações não apontaram nada de concreto. Prevaleceu a ideia de que foi um capricho do destino. E, alguns dias depois, o destino colocou os pacotes de documentos e gravações nas mãos de outro ministro do STF, Edson Fachin, escolhido para ser o novo relator da Lava Jato.

Em 4 de abril, após prolongados estudos, Fachin assinou despacho, determinando a abertura de inquérito contra oito ministros do governo Michel Temer, 24 senadores e 39 deputados federais. A notícia foi dada em primeira mão pelo jovem repórter pernambucano Breno Pires, do jornal "O Estado de S. Paulo", uma semana depois. O tema passou a ser focalizado por toda a mídia. A "Lista de Fachin" era formada por 108 alvos dos 83 inquéritos que a Procuradoria-Geral da República havia encaminhado ao STF com base nas delações de 78 executivos e ex-executivos do grupo Odebrecht. Todos esses alvos, com foro privilegiado no STF. Os ex-presidentes Lula e Dilma não apareceram naquela lista porque naquela época já não tinham foro especial, mas já estavam citados em outras ações com base na atividade de empreiteiras, como a própria Odebrecht, a OAS, a UTC, a Camargo Corrêa e a Andrade Gutierrez. A inclusão de nomes do PSDB na lista contribuiu para rebater a tese do PT de que a Lava Jato usava o critério de seletividade para ir atrás dos casos de corrupção. O senador Aécio Neves, por exemplo, principal adversário de Dilma Rousseff nas eleições de 2014, teria recebido propina em sua época de governador de Minas para a construção da Cidade Administrativa – um enorme conjunto de prédios para receber a sede do governo e as secretarias estaduais. Outro tucano, José Serra, ex-governador de São Paulo, candidato à presidência em 2002 e 2010, ex-ministro de Temer, surgiu na lista. Quanto ao PMDB, já estava preso, entre outros, o deputado Eduardo Cunha, que, além de ser do partido de Temer, havia acolhido o pedido de impeachment contra Dilma Rousseff e conduzido a votação antes de ter o mandato cassado. O

PSD esteve representado por Gilberto Kassab, ex-prefeito de São Paulo e ministro nos governos Dilma e Temer. O PP, envolvido no escândalo de corrupção na Petrobras, também apareceu. Partidos menores entraram igualmente na lista. Também foram corrompidos até prefeitos e vereadores de pequenos municípios. Para a empresa, não havia preferência por partido: a ordem era privilegiar os que estavam por cima, porém pensando na possível subida dos de baixo. Isso explicava o fato de Aécio ter sido abastecido pela Odebrecht em tempos de oposição, como explicou Marcelo a Moro: "Estimulei isso, pois ele era o único ponto de relevância que a gente tinha com o PSDB".

A administração do destino das propinas, de acordo com Marcelo, tinha dois setores: o de negócios, que lidava diretamente com os políticos locais das regiões em que a Odebrecht mantinha ou buscava obras, e o de relações institucionais, responsável por negociar diretamente com os políticos de Brasília, onde interessava à construtora a aprovação ou rejeição de projetos de lei e de medidas provisórias. No Congresso, o destaque era o PMDB, que, além de tudo, detinha a presidência da Câmara e a do Senado. E foi possível à Odebrecht liquidar duas ameaçadoras CPIs da Petrobras. No escândalo do petrolão, o PMDB e o PT prevaleciam. Para obras federais, o PT se beneficiava por estar no poder, recebendo doações legais e ilegais. Um dos antigos tesoureiros do PT preso, João Vaccari Neto, se referia ao dinheiro do achaque como "pixuleco". A cada nova "doação", ele festejava a chegada de mais pixuleco. Havia uma conta paralela para o "Amigo", apelido de Lula nas planilhas, com créditos de milhões de reais.

Os ministros de Temer citados na Lista de Fachin eram Moreira Franco (PMDB), da Secretaria-Geral da Presidência, investigado por corrupção ativa, passiva e lavagem de dinheiro; Eliseu Padilha (PMDB), da Casa Civil, por corrupção ativa, passiva e lavagem de dinheiro; Aloysio Nunes Ferreira (PSDB), das Relações Exteriores, por corrupção passiva e lavagem de dinheiro; Blairo Maggi (PP), da Agricultura, por corrupção passiva e lavagem de dinheiro; Gilberto Kassab (PSD), da Ciência, Tecnologia, Inovações e Comunicações, por corrupção passiva e lavagem de dinheiro; Marcos Pereira (PRB), da Indústria, Comércio Exterior e Serviços, por peculato, lavagem de dinheiro e falsidade ideológica eleitoral; Bruno Araújo (PSDB), das Cidades, por corrupção passiva e lavagem de dinheiro, e Helder Barbalho (PMDB), por corrupção passiva e lavagem de dinheiro. O presidente Temer não seria investigado, apesar de denúncias de que pediu doações para a candidatura de Paulo Skaf ao governo de São Paulo: na ocasião da lista, ele possuía imunidade temporária. A simples abertura de inquérito, no entanto, não significa que todos os citados sejam culpados de receber caixa 2 como propina disfarçada.

Em sua delação, Marcelo Odebrecht optou pela generalização: "Não existe ninguém no Brasil eleito sem caixa 2. O cara pode até dizer que não sabia". Tomou conta do País uma intensa discussão sobre até que ponto caixa 2 é crime.

Gilmar Mendes deu entrevistas e fez palestras, mostrando-se o mais tolerante ministro do STF quanto a esse tipo de artifício financeiro no campo da política. Em entrevista ao site da BBC Brasil, Gilmar disse que existem no Brasil pelo menos quatro caixas – o primeiro, legal; o segundo, clandestino, "mas sem outros vícios". O terceiro, registrado na Justiça, mas fruto da propina. O quarto, com o objetivo de corromper. Para vários outros especialistas, só o caixa 1 não é crime.

O ex-membro e ex-presidente do Supremo Tribunal Federal (STF) e do Tribunal Superior Eleitoral (TSE) Carlos Ayres Britto, respeitado jurista, tem posição oposta. Ele explicou: "A interpretação dos institutos jurídicos, com o caixa 2 no meio, tem de se fazer na perspectiva do fortalecimento do princípio republicano e não no seu enfraquecimento. Se o princípio republicano não se estender à Lei Eleitoral e à Lei Penal, não é República, mas um simulacro, uma República insipiente, ainda adolescente. Daí a fundamentalidade histórica do mensalão, porque esse princípio alcançou finalmente a Lei Penal e agora está alcançando a Lei Eleitoral. Tenho opinião nada complacente com o caixa 2 desde o meu tempo de presidente do TSE". Ayres Britto manifestou-se contrário à proposta de anistia ao caixa 2 na efervescência da Lava Jato: "Para começar, a Constituição não concebeu o instituto da anistia em matéria eleitoral. Não existe a figura da autoanistia. O instituto da anistia não foi concebido com o intuito de autoperdão. O Estado não pode perdoar a si mesmo. É inconcebível, um disparate, um contrassenso, uma teratologia. É a negação do estado de direito. Não existe".

Os depoimentos dos delatores da Odebrecht deixaram claro que algumas das entregas de dinheiro a políticos e partidos não tinham contrapartida, mas que outras, sendo por uso do caixa 2 ou do caixa 1, eram o modo evidente de comprar vantagens, como a conquista de obras ou a aprovação de leis – nestes casos, propina de verdade. O colunista Ricardo Noblat, do jornal "O Globo", do Rio, escreveu um comentário sob o título "O que caixa 2, 3 ou 4 é!", em que fez comparações: "Bons tempos aqueles em que os caixas de campanha se limitavam a dois. O primeiro, legal – a doação de dinheiro informada à Justiça. O segundo, ilegal – a doação de dinheiro por baixo do pano. Os que se valiam do caixa 2 negavam com veemência que o fizessem. Maus tempos, estes. De cara limpa, admite-se a existência de três ou mais caixas. E criminosos tramam uma anistia em causa própria". Noblat conclui: "Caixa 2, 3, 4 ou 5 é crime – e, como tal, sujeito aos rigores da lei. Caberá à Justiça dizer mais cedo ou mais tarde o que seria uma anistia aprovada por um bando de suspeitos para escapar de eventuais punições", referindo-se ao movimento no Congresso Nacional para impor lei de tolerância ao caixa 2 em época de pleno avanço da Lava Jato. Os maiores jornais do Brasil fizeram editoriais, com tese semelhante à de Ayres Britto e definindo que um eventual processo para banir a corrupção das relações entre empreiteiras e políticos não pode admitir perdão ao caixa 2 ou lances misteriosos de bancos em paraísos fiscais como fez a Odebrecht nos tempos que Emílio e Marcelo consideraram de perfeita normalidade. Antes de ser divulgada a "Delação do Fim do Mundo", Marcelo havia sido convocado pela Justiça Eleitoral para depor sobre a ação referente à campanha política da dupla Dilma-Temer. Ele contou que tinha contato constante com o alto escalão do governo para negociar repasses federais, e desabafou. "Eu não era o dono do governo, eu era o otário do governo. Eu era o bobo da corte do governo", disse, admitindo divergências com o pai a respeito de obras exigidas pelo Palácio do Planalto, por ele consideradas desvantajosas.

O entorno da Lava Jato ficou na expectativa por novas delações de políticos, como a do ex-ministro da Fazenda, Antonio Palocci, o "Italiano" da Odebrecht, que numa prévia atribuiu ao seu sucessor, Guido Mantega, a responsabilidade pela administração de propinas no alto poder petista. Faltava também ouvir o casal de marqueteiros João Santana e Mônica Moura. Na tentativa de reduzir a pena a que foram condenados, Santana e Mônica decidiram falar. E falaram bastante, tanto a Moro quanto à Justiça Eleitoral – assunto para o próximo capítulo.

CAPÍTULO 30

AS TRÊS VIDAS DE JOÃO SANTANA

João Santana assumiu três diferentes vidas na carreira profissional. O jornalista Santana foi repórter de denúncias de corrupção, depois tornou-se o mais influente marqueteiro político da América Latina e, por fim, chegou à terceira vida ao ser preso e fazer a delação de seus clientes envolvidos em casos de corrupção.

As vidas de Santana são marcadas por 1992, época de repórter de uma revista em que ajudou a derrubar o presidente Fernando Collor; 2006, quando trabalhou no marketing para reeleger o presidente Lula e ganhou força para assumir outras campanhas; e 2016, ano em que foi preso juntamente com a esposa e sócia, Mônica Moura, acusados pela Operação Lava Jato. Ficaram confinados na Polícia Federal, em Curitiba, por seis meses. Em fevereiro de 2017, os dois foram condenados pelo juiz Sérgio Moro a oito anos e quatro meses de cadeia por lavagem de dinheiro, mas absolvidos do crime de corrupção passiva. Aceitaram participar da delação premiada.

Moro destacou a atuação do casal na propaganda eleitoral de Dilma Rousseff em 2015 e fundamentou sua sentença: "A lavagem encobriu a utilização de produto de corrupção para remuneração de serviços eleitorais, com afetação da integridade do processo político democrático, o que reputo especialmente reprovável. Talvez seja essa, mais do que o enriquecimento ilícito dos agentes públicos, o elemento mais reprovável do esquema criminoso da Petrobras, a contaminação da esfera política pela influência do crime, com prejuízos ao processo político democrático". O juiz citou que o marqueteiro e a mulher dele confessaram em juízo as transferências de dinheiro, o contato com o operador Zwi Skornick e o ex-tesoureiro do PT João Vaccari Neto, e os artifícios para ocultação e dissimulação das transferências, como a utilização de conta offshore em paraísos fiscais, além da simulação de contratos de prestação de serviços para conferir aparência lícita a tais operações financeiras. A Justiça Federal determinou o bloqueio de bens do casal até o total de R$ 4,5 milhões. Moro fixou no correspondente a US$ 30,4 milhões os danos da ação dos marqueteiros. A serem reparados. Quatro meses depois desse julgamento, os dois réus sofreram nova condenação, desta vez a sete meses e meio de detenção – a serem cumpridos em casa, usando tornozeleira, já que haviam fechado acordo para fazer delação premiada e obter a redução das penas.

A colaboração foi homologada em 4 de abril pelo ministro do STF Edson Fachin, relator da Lava Jato no STF. Uma semana depois, Fachin derrubou o sigilo das delações, cujo conteúdo, exposto com destaque pela mídia, chocou a opinião pública e levou a contestações de Lula e Dilma. Em 24 de abril, Santana e Mônica tiveram de depor também ao Tribunal Superior Eleitoral a respeito de pagamentos ilícitos na campanha da chapa Dilma-Temer, suspeita de abuso de poder político e econômico. De acordo com os marqueteiros, Santana conversou com Dilma em meados de maio de 2014 sobre pagamentos que seriam feitos via caixa 2; a Odebrecht concordou em pagar R$ 70 milhões por meio de doações legais e outros R$ 35 milhões por meio de caixa 2, sob conhecimento da presidente. Uma vez divulgada esta revelação, Dilma veio a público para dizer que o casal mentiu para ganhar a liberdade. Santana não se deu por vencido: explicou que Dilma não só sabia do uso de recursos não contabilizados em sua campanha como também se sentia "chantageada" por Marcelo Odebrecht. O objetivo da possível chantagem seria intimidar a então presidente a ponto de fazê-la impedir o avanço da Lava Jato. Dilma teria dito que jamais gostou do "Menino", apelido que usava no Planalto para definir Marcelo.

As reações às contestações de Dilma aos depoimentos do casal foram ainda mais rudes por conta de Mônica Moura. Se ao ser presa, em fevereiro de 2016, Mônica exibia silêncio e um constante sorriso debochado, foi com jeito humilde e solícito que ela relatou a Moro, alguns meses depois, detalhes das diversas campanhas eleitorais a cargo da dupla. E definiu como um difícil trabalho atuar na propaganda vitoriosa de 2014, citando os problemas de comunicação da candidata do PT: "Dilma é muito ruim!".

Mônica e o marido sabem muito bem das qualidades e dos defeitos de Dilma Rousseff. O trabalho de Santana com a presidente não se limitou às campanhas eleitorais de 2010 e 2014: ele circulava pelo Palácio do Planalto como um autêntico "ministro sem pasta", tentando preparar Dilma para enfrentar entrevistas e para gravar pronunciamentos em cadeias nacionais de rádio e TV. Esse esforço parece ter sido em vão, pois, ética e talento para governar à parte, Dilma foi um desastre a cada novo discurso, ainda mais quanto partia para o improviso, gerando uma coleção de trapalhadas no "YouTube". Sua linguagem, o "dilmês", levou o jornalista Celso Arnaldo

Araújo a lançar, em 2016, o livro "Dilmês, o Idioma da Mulher Sapiens", coletânea das principais pérolas dos cinco anos e meio de governo.

As aventuras de Santana e Mônica invadiram outros países da América Latina, por influência de Lula, que indicou o casal para acelerar a eleição de vários políticos aliados, incluindo a Venezuela, com Hugo Chávez em 2012 e Nicolás Maduro em 2013. Angola também acolheu a dupla com entusiasmo. Em agosto de 2012, a dupla orquestrou a vitória de José Eduardo dos Santos, amigo de Lula e da Odebrecht. No poder desde 1979, o presidente assegurou condições para completar 38 anos de domínio do país em 2017. Em seus depoimentos, Mônica explicou que o preço total de Angola pelos serviços de fevereiro a agosto ficaria em US$ 50 milhões e que dirigentes do partido governista MPLA haviam exigido da Odebrecht uma colaboração de US$ 20 milhões para liquidar a conta. A marqueteira afirmou que o diretor regional da empresa, Ernesto Baiardi, depois de consultar Marcelo Odebrecht, aceitou transferir US$ 15 milhões para uma conta offshore de Santana e entregar-lhe US$ 5 milhões em dinheiro vivo, em Angola mesmo. Foi fácil conseguir essa permissão, por causa da manifestada torcida da Odebrecht pela reeleição de José Eduardo, que evitaria mudanças políticas num país de tantas obras em execução pelo grupo. Tais informações, saindo da boca de Mônica, contrariaram antigas declarações de seus clientes Lula e Dilma e de sua parceira Odebrecht a respeito do uso da matemática financeira do pagamento de campanhas.

Mônica Regina Cunha Moura, 55 anos, natural de Feira de Santana, na Bahia, é a sétima mulher de João Santana. Conhecido por seu jeito impulsivo, Santana tem em Mônica uma companheira capaz de transmitir equilíbrio nos momentos de trabalho intenso, na euforia por vitórias e, por fim, na fase em que o casal foi preso em 23 de fevereiro de 2016, por conta da Lava Jato, ao retornar ao Brasil. De acordo com Mônica, foi Dilma Rousseff quem avisou sobre a prisão quando a dupla estava em campanha eleitoral da República Dominicana.

O JOVEM REPÓRTER E MÚSICO DA BAHIA

João Cerqueira de Santana Filho, 64 anos, conhecido como "Patinhas", baiano da cidade de Tucano, mostrou talento para o jornalismo e para a música nos tempos de juventude em Salvador. Um de seus primeiros empregos como repórter foi no "Jornal da Bahia", liderado pelo escritor João Ubaldo Ribeiro. Depois colaborou na sucursal do "Jornal do Brasil" e na revista "Veja". Em 1992, Santana trabalhava para a revista "IstoÉ" e participou de uma reportagem que teve influência no desgaste e na queda de Fernando Collor, a entrevista em que o motorista Eriberto França descreveu o esquema de corrupção que envolvia o poder. Esse trabalho, assinado também por Mino Pedrosa e Augusto Fonseca, conquistou o Prêmio Esso de Jornalismo. Escreveu um livro, o romance "Aquele Sol Azulado". Sua versatilidade o levou a frequentar os meios musicais baianos, convivendo com Caetano Veloso e Gilberto Gil. Acompanhou Caetano em várias viagens pelo Brasil. Fez letras e músicas, atuando no grupo Bendegó.

O campo político começou a ser trilhado já em 1986, como secretário de Comunicação da Prefeitura de Salvador na gestão de Mário Kertész. Em seguida, Santana participou da implantação de unidades hospitalares federais em Salvador, São Luís e Brasília, e passou a frequentar outros Estados. No interior de São Paulo, por exemplo, ele participou do marketing do então prefeito Antonio Palocci, divulgando o projeto municipal de urbanização. Palocci, mais tarde ministro duas vezes e preso em 2016 por corrupção, cruzou com Santana em Curitiba. Em 2002, o trabalho foi em Mato Grosso do Sul, onde atuou na vitoriosa campanha para o Senado de Delcídio do Amaral (PT), também preso no decorrer na Lava Jato.

O cenário nacional foi invadido por João Santana em 2002, quando era discípulo de outro marqueteiro baiano, Duda Mendonça, responsável pela campanha que levou Lula à Presidência da República. Duda já era famoso por ter ajudado Paulo Maluf a ser prefeito de São Paulo e a fazer o sucessor Celso Pitta – este com uma campanha à base de ficção, em que o milagroso "Fura-Fila", sistema de transporte prometido pelo candidato, era exibido nos filmes de TV; na prática, ficou em obras emperradas, afinal completadas por outros prefeitos. Duda caiu em desgraça em 2006, com o escândalo do mensalão, por ter recebido pagamento por meio de paraísos fiscais. Foi a grande chance de João Santana: no PT, "rei morto, rei posto". Nada como um baiano criativo após o outro. Ao lado de Mônica, Santana foi colecionando uma série de vitórias: Lula reeleito em 2006, Dilma eleita em 2010 e reeleita em 2014.

De 2009 a 2014, a dupla participou de campanhas vitoriosas de candidatos de esquerda, aliados de Lula, em outros países latino-americanos, como Mauricio Funes em El Salvador, além de Chávez e Maduro na Venezuela, e Danilo Miranda na República Dominicana. Em São Paulo, foi responsável pela propaganda de Fernando Haddad, eleito prefeito pelo PT em 2012.

O excesso de ficção, por meio de recursos eletrônicos e uma linguagem de promessas, caracterizou a campanha de Dilma em 2014, que, além de ter sido cara e com o uso de caixa 2, recebeu críticas de especialistas em marketing. O professor Júlio Darvas, de São Paulo, um dos autores do livro "Economia é Política, Política é Economia", em que analisa as campanhas de candidatos à Presidência da República desde a primeira eleição direta após os tempos de ditadura, lamenta que no Brasil o termo "marqueteiro" tenha sido desvirtuado ao longo nas últimas disputas políticas. "A propaganda tem de ser baseada na ética, na verdade, nos planos de governo, sem tentar enganar o eleitor. Marketing é coisa séria e não deveria ser campo para aventureiros", diz ele, que em sua carreira de mais de 40 anos, colecionou sucessos, como as pesquisas eleitorais de 1985 à Prefeitura de São Paulo para a Rádio Record, que apontaram a vitória de Jânio Quadros contra a tendência do Ibope e de outros institutos que apostaram em Fernando Henrique Cardoso. O vencedor foi Jânio, por apenas 147 mil votos de vantagem.

Aventureiros no marketing, na política, no meio empresarial. A história bem-sucedida da primeira vida de João Santana e da explosão de vitórias na segunda vida poderia ter tido um final feliz, se o excesso de ambição do casal marqueteiro e seus parceiros não tivesse deixado rastros recolhidos pela Lava Jato. A terceira vida faz de Santana e Mônica uma dupla que, de repente, passou a criticar e denunciar antigos clientes e parceiros, que, por sua vez, responderam com a clássica frase "é mentira". Como se fosse novidade a convivência entre realidade e mentira no uso do marketing na política brasileira. João Santana não é obra da Odebrecht, mas atuou como se tivesse crachá da empresa. E enfrentou um inferno astral quase paralelo ao de Marcelo. Quando tiver liquidado totalmente seus compromissos com a Justiça, Santana poderá tentar uma quarta vida, se possível perto do estilo da primeira. E o "Patinhas" buscará ser feliz, mesmo sem conviver com tanto dinheiro e poder quanto na segunda.

CAPÍTULO 31

A ODEBRECHT PEDE DESCULPAS. E A TEO

Todas as atitudes da Odebrecht em defesa e em ataque nas diferentes fases da convivência com a Lava Jato apontaram para a obsessão do grupo em sobreviver e, se possível, reduzir as inevitáveis perdas provocadas pelos escândalos. Afinal, o lema "sobreviver, crescer e perpetuar" faz parte das regras básicas impostas por Norberto Odebrecht aos seus liderados ao longo do tempo e difundidas orgulhosamente pelo mundo como ponto de partida para a Tecnologia Empresarial Odebrecht (TEO), conjunto de regras em defesa da ética e da educação pelo trabalho. No entanto, em 2 de dezembro de 2016, os principais jornais do Brasil publicaram duas páginas de um anúncio pago pela Odebrecht – a primeira página com o título "Desculpe, a Odebrecht errou"; a segunda, com "Compromisso com o futuro". Os mesmos jornais apresentaram, naquelas mesmas edições, manchete de primeira página destacando o fato de, na sequência da divulgação de irregularidades da Odebrecht no Brasil e em outros 11 países, o Departamento de Justiça dos Estados Unidos, junto com autoridades brasileiras e da Suíça, ter estabelecido pesadas sanções ao grupo, prevendo pagamento de multa de R$ 6,9 bilhões e a necessidade de formular um pedido de desculpas à opinião pública. Uma vez que os departamentos, na estrutura do governo americano, correspondem aos ministérios de outros países, a decisão partiu da autoridade máxima. E a imposição do pedido de desculpas teve tudo a ver com as duas páginas de anúncio da Odebrecht na mídia.

As cifras foram fechadas pelas autoridades em Nova York e Washington, com a presença de advogados do grupo brasileiro. O dinheiro da multa seria dividido entre os três países. A Odebrecht tratou de buscar dinheiro para liquidar esse compromisso, ampliando ainda mais sua dívida, que havia crescido com a perda de algumas obras no advento da Lava Jato. A Braskem, sozinha, teria distribuído propinas de um total correspondente a R$ 3,5 bilhões entre 2006 e 2014, inclusive nos Estados Unidos, país que costuma ser rigoroso no combate à corrupção e às irregularidades relacionadas com o fisco. Sem se limitar à divulgação desse desfecho, o Departamento de Justiça americano emitiu uma nota, mostrando o total de propinas em cada um dos 12 países e concluindo estar diante de um recorde. "É o maior caso de suborno internacional da história".

"A ODEBRECHT ERROU", E PROMETE TRANSPARÊNCIA

A primeira página do anúncio de duas páginas da Odebrecht nos jornais "O Estado de S. Paulo", sob a forma de "expressão de opinião", teve o título "Desculpe, a Odebrecht errou" e o seguinte texto elaborado com a ajuda de assessores jornalistas da empresa:

"A Odebrecht reconhece que participou de práticas impróprias em sua atividade empresarial.

Não importa se cedemos a pressões externas. Tampouco se há vícios que precisam ser combatidos ou corrigidos no relacionamento entre empresas privadas e setor público.

O que mais importa é que reconhecemos nosso envolvimento, fomos coniventes com tais práticas e não combatemos como deveríamos.

Foi um grande erro, uma violação dos nossos próprios princípios, uma agressão a valores consagrados de honestidade e ética.

Não admitiremos que isso se repita.

Por isso, a Odebrecht pede desculpas, inclusive por não ter tomado antes esta iniciativa.

Com a capacidade de gestão e entrega da Odebrecht, reconhecida pelos clientes, a competência e comprometimento dos nossos profissionais e a qualidade dos nossos produtos e serviços, definitivamente não precisávamos ter cometido esses desvios.

A Odebrecht aprendeu várias lições com s3eus erros. E está evoluindo.

Estamos comprometidos, por convicção, a virar a página.

Odebrecht S.A.".

A segunda página do anúncio começa com o título "Compromisso com o futuro" e apresenta uma série de itens por meio deste texto:

"O Compromisso Odebrecht para uma atuação Ética, Íntegra e Transparente já está em vigor e será praticado de forma natural, convicta, responsável e irrestrita em todas as empresas da Odebrecht, sem exceções nem flexibilizações.

Não seremos complacentes.

Este Compromisso é uma demonstração da nossa determinação de mudança.

1 – Combater e não tolerar a corrupção em quaisquer de suas formas, inclusive extorsão e suborno.

2 – Dizer não, com firmeza e determinação, a oportunidades de negócio que conflitem com este Compromisso.

3 – Adotar princípios éticos, íntegros e transparentes no relacionamento com agentes públicos e privados.

4 – Jamais invocar condições culturais ou usuais do mercado como justificativa para ações indevidas.

5 – Assegurar transparência nas informações sobre a Odebrecht, que devem ser precisas, abrangentes e acessíveis, e divulgadas de forma regular.

6 – Ter consciência de que desvios de conduta, sejam por ação, omissão ou complacência, agridem a sociedade, ferem as leis e destroem a imagem e reputação de toda a Odebrecht.

7 – Garantir na Odebrecht e em toda a cadeia de valor de Negócios a prática do Sistema de Conformidade, sempre atualizado com as melhores referências.

8 – Contribuir individual e coletivamente para mudanças necessárias nos mercados e nos ambientes onde possam haver indução aos desvios de conduta.

9 – Incorporar nos Programas de Ação dos Integrantes avaliação de desempenho no cumprimento do Sistema de Conformidade.

10 – Ter convicção de que este Compromisso nos manterá no rumo da Sobrevivência, do Crescimento e da Perpetuidade.

A sociedade quer elevar a qualidade das relações entre o poder público e as empresas privadas.

Nós queremos participar dessa ação, junto com outros setores, e mudar as práticas até então vigentes na relação público-privada que são de conhecimento generalizado. Apoiamos os que defendem mudanças estruturantes que levem governos e empresas a seguir, rigorosamente, padrões éticos e democráticos.

É o nosso Compromisso com o futuro.

É o caminho que escolhemos para voltar a merecer a sua confiança. Odebrecht S.A.

Para saber mais, acesse: http://nossocompromisso.com".

GLÓRIA, QUEDA, FUTURO

NORBERTO JÁ NÃO PENSAVA NISSO?

O anúncio publicado nos jornais repercutiu em todo o Brasil. A aparente boa vontade da Odebrecht em admitir ter cometido erros surgiu como algo positivo. Mas houve quem perguntasse: a Odebrecht apenas errou? Na verdade, ela foi acusada de crimes e não simplesmente de erros, e os integrantes de seu comando, mesmo não assumindo a ação criminosa, admitiriam práticas que levaram a empresa e dezenas de seus membros à condenação pela Justiça.

No Compromisso com o Futuro, a Odebrecht apresenta a tábua dos 10 Mandamentos de sua nova história, a história posterior à Lava Jato. No entanto, o lema da "Sobrevivência, do Crescimento e da Perpetuidade" que aparece no final da segunda página do anúncio de 2016 constituiu a essência da TEO, Tecnologia Empresarial Odebrecht, lançada pelo patriarca Norberto 50 anos antes dessa crise. De simples exercício filosófico de bases cristãs evangélicas de raízes luteranas adaptadas para a prática dos negócios, a TEO tornou-se uma rígida coletânea de normas e de regras, transformada em livros para completa assimilação por parte dos profissionais que viessem a vestir a camisa da Odebrecht. A ética teve destaque nessas regras. Funcionários dos mais diferentes setores do grupo empresarial entrevistados nas reportagens da revista "Odebrecht Informa" ao longo de 40 anos citavam a TEO como a luz capaz de norteá-los à conduta da perfeição no trabalho e nas relações pessoais e profissionais.

Diz o texto oficial das empresas Odebrecht que a TEO é um conjunto de princípios, conceitos e critérios, com foco na educação e no trabalho, que prevê os fundamentos éticos, morais e conceituais para a atuação dos integrantes da Organização. Valoriza potencialidades do ser humano, como a disposição para servir, a capacidade e o desejo de evoluir e a vontade de superar resultados. Prevê, ainda, um processo de delegação planejada, baseada na confiança e na parceria entre Líderes e Liderados. A TEO é a base da cultura Odebrecht e direciona a ação das Pessoas nos diferentes Negócios, países e contextos culturais em que atuam. Assim, é possível atender às necessidades dos Clientes, agregar valor ao patrimônio dos Acionistas, reinvestir os resultados alcançados e crescer em frentes distintas.

Ainda de acordo com o texto oficial, "a TEO é o instrumento que os Acionistas colocam à disposição do Empresário para que este possa coordenar o trabalho dos Seres Humanos que dominem as tecnologias específicas indispensáveis à Satisfação do Cliente, integrá-los em Equipes sinérgicas e contributivas, e levá-los a produzir riquezas morais e materiais sempre melhores e maiores, à disposição do Cliente e da Comunidade. Sobreviver, Crescer e Perpetuar, Tecnologia Empresarial Odebrecht".

"O empresário deve estar sempre aberto para reconhecer e pronto para corrigir rapidamente seus erros", diz um dos itens básicos das regras de Norberto. Mas será que Marcelo, ao assumir o comando do grupo em dezembro de 2008, não prestou atenção a essa filosofia do avô?

O primeiro livro de Norberto Odebrecht foi lançado em 1968 pela Editora Fundação Odebrecht sob o título "Tecnologia Empresarial Odebrecht. De que necessitamos?". O patriarca estava entusiasmado com a evolução da empresa, mas preocupado com os riscos característicos do crescimento rápido. Uma vez que o número de desafios aumentava a cada ano e o quadro de funcionários crescia, ele já não tinha condições de bater papo com cada um dos colaboradores, daí a validade da impressão da "Bíblia", expondo conceitos de influência luterana, desenvolvidos por sua visão. Em 1970, Norberto escreveu outro livro, "Pontes de Referência, as Bases da TEO". Mas não ficou nisso. Com a internacionalização das obras e com a diversificação do grupo, o presidente publicou em 1983 três volumes da obra "Sobreviver, Crescer e Perpetuar", em que ampliou os conceitos dos anos 1960 e sistematizou a TEO. Em 1984, mais um livro para a biblioteca da legião dos integrantes do grupo empresarial, "Influenciar e ser Influenciado", em que Norberto recorre a valores da psicologia. A coleção de obras se completa em 1991, com "Educação pelo Trabalho". Com edições em português, espanhol e inglês, os livros passaram a ser vendidos pela Fundação Odebrecht por R$ 25,00 cada. Não foi por falta de normas e de promessas éticas que a Odebrecht caiu ao que assume no anúncio de 2016 como "cedemos a pressões externas". Uma vez identificados os vícios e as pressões, com empresas e políticos devidamente julgados e condenados por conta da Lava Jato, cabe aos responsáveis pela nova Odebrecht evitar os alegados erros do passado e cumprir, de vez, as promessas de 1968, repetidas e ampliadas publicamente 48 anos depois.

CAPÍTULO 32

O CENÁRIO PARA A BUSCA DE RECUPERAÇÃO

Não devem ser subestimadas a tenacidade e a capacidade da Odebrecht para assimilar as lições da crise, tentar colocar em prática a promessa de seguir padrões éticos, reconstruir a imagem vencedora e se manter na condição de um dos maiores grupos empresariais do mundo. Com a ajuda do tempo para recuperar o conceito da marca nascida nos tempos da 2ª Guerra Mundial e resistente ao mar de instabilidades, esse conjunto de empresas sabe que terá mesmo de se adaptar aos novos tempos, assimilando as transformações anunciadas. E já começou a se transformar. O processo inclui outras etapas de um encolhimento iniciado no auge da crise: menos empresas, menos funcionários, menos instalações. As relações internas também já começaram a mudar, mesmo porque os acordos com a Justiça e com as autoridades para a subsistência da Odebrecht e para a conquista de obras no Brasil e no exterior impuseram até a presença de fiscais de conduta nas sedes, além da criação de um amplo Setor de Conformidade. As políticas de conformidade foram revisadas e os funcionários tiveram em seus crachás plásticos a inclusão dos dez mandamentos anticorrupção do grupo.

Sim, o "Departamento da Propina" foi fechado. E vai sendo cumprida a promessa de um novo estilo de relacionamento com governos, agentes públicos e demais políticos de plantão.

É uma Odebrecht sem Odebrecht no comando. Mas o comando nega planos de a Odebrecht sem Odebrecht até no nome, tido como desgastado pelos escândalos. Nos últimos meses, época em que o futuro do grupo havia ficado mais cinzento, especialistas em economia de mercado apontaram o risco de fechamento da Odebrecht ou de venda para algum grupo estrangeiro, talvez chinês – hipóteses negadas pelo Conselho Administrativo e por diretores. No entanto, a admissão de novos sócios dispostos a investir no pagamento de dívidas e no aquecimento dos negócios está sendo estudada. O conjunto de empresas vai sendo redesenhado. O que existe de certeza, por enquanto, é que Marcelo está banido da cúpula mesmo ao deixar a cadeia. Emílio permanece, por enquanto, na presidência do Conselho Administrativo, mas terá de cumprir quatro anos de prisão domiciliar a que foi condenado em 2016 pelo juiz Sérgio Moro. Por conta da delação premiada, ele não iniciou a pena de imediato, tendo recebido da Justiça permissão para cuidar das mudanças do grupo enquanto seu filho estivesse preso. Nos dois primeiros anos, cumprirá prisão domiciliar: poderá trabalhar de dia e ir para casa à noite. Nos outros dois anos, Emílio usará tornozeleira eletrônica e ficará em liberdade, mas sob a imposição de ficar em casa nos fins de semana. De passaporte retido, não poderá passear em Nova York ou visitar obras na América Latina.

O novo diretor-presidente da Odebrecht S.A. é Luciano Nitrini Guidolin, que assumiu o cargo em 12 de maio de 2017, tendo Mônica Odebrecht, irmã de Marcelo, em seu quadro de assessores. Guidolin substitui Newton de Souza, que no final de 2015 aceitou ser o presidente da transição diante da demissão de Marcelo. Em suas primeiras entrevistas, em 30 de junho, ele disse que o grupo planeja reestruturar seus negócios nos próximos três anos, num processo inicialmente debatido na sede. E antecipou, nos pronunciamentos, o mote a ser seguido nas próximas etapas da recuperação: "A Lava Jato não foi o fim e esse não será o fim da Odebrecht". Como? "Nós cresceremos, de uma base menor do que a que tivemos, mas uma base mais sólida". Uma das metas já em prática é liberar liquidez, inclusive com a venda de empresas e de concessões, fórmula vislumbrada nos primeiros meses da permanência de Marcelo Odebrecht na cadeia.

Eis a realidade dos números: no exercício de 2016, a Odebrecht perdeu mais de 30% de sua antiga receita anual de US$ 40 bilhões, com previsão de queda também em 2017; o quadro de funcionários encolheu drasticamente, com a demissão de quase 100 mil integrantes da força de trabalho desde 2013; as empresas do grupo, que haviam chegado a 15 na avassaladora gestão de Marcelo, caíram para 11 em 2017, e deverão diminuir ainda mais. As principais são as da área de construção, origem da Odebrecht, e a Braskem, a cereja do bolo, que deverão sobreviver, com novas estruturas e novos métodos. Estas são as empresas que subsistem: Odebrecht Engenharia & Construção – Infraestrutura, Odebrecht Engenharia & Construção – Engenharia Industrial, Braskem, Odebrecht Agroindustrial, Odebrecht Defesa e Tecnologia (de produção de submarinos, radares e mísseis), Odebrecht Latinvest (para buscar investimentos e obras na América Latina), Foz, Odebrecht Realizações Imobiliárias, Odebrecht Transport, Odebrecht Óleo e Gás, Enseada Indústria Naval. A Odebrecht Ambiental, especializada em projetos de redes de água e esgoto, tendo contratos com o Estado de Tocantins e com vários municípios, como Limeira (SP), Uruguaiana (RS) e Cachoeiro do Itapemirim (ES), foi vendida, mas o grupo manteve a marca original, Foz, para permanecer também nessa atividade. Uma área em evolução é a da Odebrecht Realizações Imobiliárias, que desenvolveu nos últimos anos vários condomínios residenciais de alto padrão, caso da Reserva do Paiva, em Recife, e construiu edifícios residenciais e comerciais em vários Estados.

O JUIZ MORO RECLAMA DOS POLÍTICOS

A saída de Marcelo Odebrecht da prisão, em dezembro de 2017, para iniciar outro tipo de regime de aplicação da pena por seus crimes, mas proibido de exercer cargos nas empresas, pouco mudará nos novos caminhos trilhados pelo grupo já na ausência do antigo presidente.

No Brasil, que se debate entre crise política e econômica, vislumbrar as eleições de 2018 pode favorecer o crescimento de ações sadias da sociedade por um país melhor, sem os abusos da politicagem. E que, nesse processo de âmbito nacional, a Odebrecht se mantenha distante de candidatos e dos antigos métodos para a conquista de espaço!

O juiz Sérgio Moro e outro jovem, Deltan Dallagnol, procurador da República e coordenador da força-tarefa que conduz a operação em Curitiba, continuaram em evidência por meio de suas decisões jurídicas, suas entrevistas e seus livros. Condenar Lula a 9 anos e meio de prisão, a primeira condenação de um ex-presidente por corrupção na história do País, em 12 de julho, foi vista como uma das atitudes arrojadas de Moro, assim como sua decisão de não decretar a prisão do réu antes de o recurso ser julgado em segunda instância da Justiça Federal. O estilo de Moro e a Lava Jato foram temas de livros escritos por terceiros. A favor e contra, Dallagnol, por sua vez, lançou seu próprio livro para explicar a operação que virou o país de cabeça para baixo.

Numa entrevista a repórteres da "Folha de S. Paulo" e de outros jornalistas do grupo internacional colaborativo "Investiga Lava Jato", publicada em 30 de julho, Moro reclamou: "Os políticos não têm interesse em combater a corrupção. Lamentavelmente, vejo a ausência de um discurso mais firme das autoridades políticas brasileiras. Fica a impressão de que essa é uma tarefa única de policiais, procuradores e juízes em relação à corrupção".

Uma parte da classe política não só deixa de participar do combate à corrupção como também tem agido para barrar a Lava Jato em Curitiba, em Brasília, em São Paulo, no Rio. Apesar de tudo, a Lava Jato vai seguir seu caminho, com o apoio dos cidadãos de bem.

No mundo, o grupo Odebrecht prosseguirá sua campanha para convencer os governantes e a Justiça dos países clientes de que o pesadelo acabou. Em cada país, é necessário enfrentar um incêndio, como o do Peru. Na Venezuela, o próprio país pegava fogo pela insistência do presidente Nicolás Maduro de ampliar uma forma de ditadura, originando choques sangrentos com integrantes da oposição, sob os protestos de outros governantes. Nos Estados Unidos, o espetáculo girava em torno das loucuras diárias de Donald Trump com os grandes temas. Trump ignorou a Odebrecht e a Braskem, entregues às ações do Departamento de Justiça, mas os Odebrecht permaneceram lutando nos bastidores para consolidar sua companhia petroquímica naquele país e no México.

O ESCÂNDALO DA J&F CONQUISTA ESPAÇO

Em maio, quando ainda era intensa a repercussão das delações premiadas da Odebrecht, época da escolha de Guidolin para o cargo que foi de Marcelo, o Brasil começou a viver mais um escândalo envolvendo políticos e outro grupo empresarial, a J&F. O espaço assumido pela Odebrecht e outras empreiteiras passou a ser dividido com o grupo de origem goiana, que começou com um açougue em Anápolis e cresceu sob a gestão dos irmãos Joesley e Wesley Batista, chegando a somar mais de 40 empresas, entre as quais a JBS, maior produtora de proteína animal do mundo, de produtos como Friboi e Seara. Uma vez que o crescimento rápido pode ser artificial ou ligado à corrupção, como o de Eike Batista, que acabou desmoronando e levando o próprio empresário à prisão, não foi diferente no caso da J&F. Inicialmente, o noticiário falava em prejuízos do BNDES decorrentes de negócios com o grupo goiano, investigados no âmbito da Procuradoria-Geral da República e da Polícia Federal, tendo chegado ao STF.

Em 17 de maio, às 19h30, o site do jornal "O Globo" divulgou reportagem de Lauro Jardim contando que Joesley e Wesley haviam estado na presença do ministro Edson Fachin no STF e confirmaram algo a ser difundido em seguida pela mídia: o conteúdo de uma gravação de uma longa conversa tida em março entre Joesley e o presidente Michel Temer, no Palácio do Jaburu, em que se focalizou o possível pagamento de propina ao ex-deputado Eduardo Cunha para tentar o silêncio daquele político em futuras delações. Temer citou o ex-deputado paranaense Ricardo Rocha Loures, do PMDB, como sendo seu amigo, "de confiança", para resolver um problema da J&F. No conjunto das denúncias, apareceu um filme da Polícia Federal em que Loures surgiu no estacionamento de uma pizzaria de São Paulo com uma mala de R$ 500 mil entregue por Ricardo Saud, diretor da JBS. O filme foi mostrado e repetido nos noticiários da televisão.

Temer, que já estava fragilizado por outros episódios de seu governo e pelo seu baixo índice de aprovação nas pesquisas, passou a ser alvo constante do procurador-geral, Rodrigo Janot, de políticos da oposição e até de sua base e de alguns grupos da mídia, todos tentando provocar a queda do presidente. No dia seguinte, "O Globo" noticiou que Temer estava com a carta de renúncia pronta, mas o que se viu na TV, em seguida, foi o presidente negando envolvimento em corrupção, chamando os irmãos Batista de "bandidos" e garantindo que seguiria no cargo.

Seguir no cargo era algo que dependeria também do Congresso Nacional, que recebeu vários pedidos de impeachment e que deveria discutir a permanência ou não do presidente no Palácio do Planalto. O STF, tendo o caso em mãos, passou à Câmara dos Deputados a tarefa de chegar a uma definição. Temer, que havia escapado de cassação com a absolvição da chapa Dilma-Temer no Tribunal Superior Eleitoral por abuso do poder político e financeiro, venceu nova batalha na Comissão de Constituição e Justiça (CCJ) da Câmara, em julho, com a rejeição das acusações, que, no entanto, ainda seriam votadas pelos deputados em plenário, em agosto. Janot, o artífice das acusações a Temer, ficaria na Procuradoria-Geral até setembro, a ser substituído por Raquel Dodge, segunda mais votada pelos procuradores, escolhida por Temer. O presidente ia ganhando tempo, alimentado por sua estratégia de oferta de favores a políticos e pelas notícias positivas da área da economia, comandada por Henrique Meirelles.

GLÓRIA, QUEDA, FUTURO

Direto de sua cela, em Curitiba, Marcelo Odebrecht se queixou. Ele queria saber como Joesley, ao contrário do que acontece com ele, não foi parar na cadeia depois de ter ficado claro o papel dos irmãos Batista no gigantesco esquema de compra de favores no BNDES e em outras áreas do governo. A decisão do procurador-geral Janot de não pedir a prisão preventiva dos donos do grupo J&F por ocasião do acordo de delação premiada foi criticada também por alguns juristas e por uma parcela da mídia. Dois pesos e duas medidas? O desabafo de Marcelo foi publicado pelos jornais: "Prefiro ter mais tempo de prisão do que ser obrigado a gravar alguém". Em setembro de 2017, ele receberia a notícia da prisão de Wesley Batista, que será discutida mais adiante.

Mas quem disse que no rescaldo do escândalo J&F ficaria esquecido o escândalo Odebrecht? Em 27 de julho, por ordem de Sérgio Moro, a Polícia Federal prendeu o ex-presidente do Banco do Brasil e ex-presidente da Petrobras Aldemir Bendine. Motivo: ser suspeito de ter recebido R$ 3 milhões em propina da Odebrecht. Era a 42ª fase da Lava Jato, desta vez com o sugestivo nome de Operação Cobra. De acordo com Moro, Bendine, em plena efervescência da Lava Jato, em seus tempos de presidente do banco no governo Dilma Rousseff, do qual passaria ao cargo de presidente da estatal de petróleo, pediu propina à Odebrecht para aliviar a cobrança de dívida da Odebrecht Agroindustrial, uma das empresas do grupo. Bendine negou as acusações, mas Moro transformou sua prisão temporária em prisão preventiva.

Escândalos com empresas contribuem para derrubar governos e impor barreiras a candidaturas. Dilma Rousseff, do PT, caiu por causa das pedaladas fiscais, mas seu governo havia se desgastado com as várias fases da Lava Jato, que atingiram também o currículo e as perspectivas de seu antecessor, Luiz Inácio Lula da Silva. Já no caso de Temer, com sua luta para não cair, as denúncias partiram de empresários de um grupo industrial de múltiplas atividades, principalmente em torno da cadeia produtiva da carne. A exemplo do ocorrido na Odebrecht, os irmãos Batista, com monumentais dívidas, trataram de vender algumas de suas empresas, a começar pela Alpargatas, da marca de sandálias Havaianas, e pela Vigor, de leite e de laticínios, e pela Eldorado, de papel e celulose. Os caminhos se cruzam, o Brasil vai aprendendo, ainda chocado com o que vê e ouve.

CAPÍTULO 33

A PALAVRA DA ODEBRECHT

Este livro não poderia deixar de ter um capítulo em que ficasse registrada a palavra oficial da Odebrecht. Ao longo dos capítulos anteriores, foram apresentadas histórias em torno desse grupo empresarial que, por vários motivos, ganhou fama no mundo. Algumas das histórias refletem o lado positivo da Odebrecht, as qualidades que a levaram a inúmeras conquistas no decorrer de sete décadas. Outras indicam situações não tão positivas, cujas características já não são negadas pelo próprio comando do grupo. Cada leitor que vem percorrendo estas páginas pode tirar conclusões a respeito do passado, do presente e do futuro do grande complexo de empresas. E, por uma questão de respeito à ética e ao verdadeiro estilo de jornalismo, este livro, é claro, abre espaço para o personagem central – o grupo Odebrecht – nele exercer o direito de explicar a virada de página, seu atual momento de transformações e suas perspectivas.

Este capítulo apresenta a palavra da Odebrecht, exercida por fontes oficiais: o presidente do Conselho de Administração, Emílio Odebrecht; o novo diretor-presidente da Odebrecht, Luciano Nitrini Guidolin, e a responsável por Conformidade, Olga Pontes.

Em 16 de dezembro de 2016, em Salvador, um comunicado assinado por Emílio Odebrecht e pelo diretor-presidente da holding na época, Newton de Souza, explicou aos funcionários, aos clientes e à opinião pública que o grupo havia aprovado, em 9 de novembro, a Política sobre Conformidade, que "ampliou e qualificou o Código de Conduta até então em vigor". A nota do alto comando prosseguiu com estas informações: "Em seguida, os Conselhos de Administração dos nossos Negócios aprovam suas orientações sobre o assunto, com os mesmos Conceitos Básicos e com os complementos necessários para adequá-las às especificidades de cada um. Políticas e processos são muito importantes para definir com clareza as orientações necessárias. A efetiva atitude e o comportamento de cada um de nós, de forma convicta e embasada nas orientações definidas, farão a diferença. Este é o caminho para alcançarmos resultados e crescimento sustentáveis. Compromisso de todos e de cada um de nós".

A MENSAGEM DE EMÍLIO ODEBRECHT

Em 16 de maio de 2017, o presidente do Conselho de Administração, Emílio Odebrecht, enviou aos funcionários do grupo uma mensagem para informar a chegada de Luciano Nitrini Guidolin à presidência da S.A. e manifestar seu otimismo. O texto está veiculado no site www.odebrecht.com.br, à disposição da opinião pública, e é aqui reproduzido integralmente:

"Após conduzir a Odebrecht S.A. com serenidade e firmeza durante os dois anos mais sensíveis da história da empresa, Newton de Souza está transferindo, nesta data, o cargo de Diretor Presidente para Luciano Nitrini Guidolin, Líder de uma nova geração no nosso grupo empresarial.

O novo Diretor Presidente da Odebrecht S.A., 44 anos de idade, é paulista, formou-se em Engenharia de Produção na Escola Politécnica da Universidade de São Paulo (USP) e tem mestrado em Administração de Empresas na Universidade de Harvard (EUA).

Luciano Guidolin começou na Odebrecht como estagiário nas empresas que deram origem à Braskem. Durante 12 anos, passou por várias áreas da nossa indústria petroquímica (Comercial, Planejamento, Marketing, Tecnologia e Exportação), até chegar a Diretor.

Em três anos de implantação e expansão da antiga ETH, hoje Odebrecht Agroindustrial, foi Diretor Financeiro e de Planejamento. Teve passagem de um ano como Vice-Presidente (VP) de Finanças na holding Odebrecht S.A. e voltou à Braskem, onde permaneceu durante cinco anos como Vice-Presidente da Unidade de Polímeros Brasil e Europa e de Tecnologia & Inovação.

Desde o início deste ano, trabalhando ao lado de Newton de Souza como Vice-Presidente de Investimentos da Odebrecht S.A., Luciano Guidolin ampliou a sua visão sobre todos os negócios do nosso grupo.

Newton de Souza passará a ser Vice-Presidente do Conselho de Administração da Odebrecht S.A. Estamos dando um passo importante na renovação das equipes na sustentabilidade empresarial, em direção ao nosso Rumo Sobreviver, Crescer e Perpetuar.

Somos muito gratos a Newton por ter exercido um papel decisivo desde que as circunstâncias desencadeadas pela Operação Lava Jato o levaram a assumir, em 2015, a liderança da gestão da Odebrecht S.A. Ajudado pela disciplina e rigor de sua formação como advogado, Newton comandou com êxito o início de um processo de transformação que, sem dúvida, trará resultados importantes nos anos vindouros, quantitativa e qualitativamente.

Neste período, foi assinado Acordo de Leniência com o Ministério Público Federal no Brasil e a Justiça dos Estados Unidos, da Suíça e da República Dominicana, e foram iniciadas negociações, já bem adiantadas, para acordos semelhantes em outros países. Ficará marcado na história da Odebrecht como o da criação de um novo e mais independente modelo de governança para as empresas do grupo.

Cada Negócio, como são denominadas as nossas nove áreas de atuação, passou a ter Conselho de Administração. A meta é que cada Conselho tenha, pelo menos, 20% de membros independentes de origem externa. Em 2015, havia seis posições destes conselheiros independentes. Hoje, já são 13 posições. A perspectiva é chegar a 24 conselheiros independentes dentro de alguns meses. Os conselheiros independentes não têm vínculo empregatício ou relação comercial com as empresas. Eles promovem a diversidade e reforçam a transparência e a capacidade de julgamento independente.

Também durante este período foi ampliada a Política sobre Conformidade com responsabilidades diretas assumidas pelo Conselho de Administração e pelos Líderes, na Holding e nos Negócios. Ela se tornou mais profunda e abrangente, com regras claras sobre o relacionamento das empresas com agentes públicos, fornecedores e clientes, para que a nossa atuação empresarial seja sempre pautada pela ética, integridade e transparência.

Há, desde então, em todas as empresas do grupo, esforço e engajamento por uma evolução contínua do Sistema de Conformidade. Já temos nove Responsáveis por Conformidade, um na Holding e um em cada Negócio, diretamente vinculados aos respectivos Conselhos de Administração. Até o fim do ano, as equipes de Conformidade terão um total de 60 pessoas, responsáveis pela criação e melhoria de processos e controles, por projetos de educação e treinamento e pela investigação de eventuais denúncias.

A nova governança, o Sistema de Conformidade e o compromisso de não admitirmos qualquer forma de corrupção são os alicerces da Odebrecht que estamos construindo com o apoio de todos os nossos Integrantes.

Newton iniciou a reestruturação empresarial, com a venda de empresas e a determinação de assegurar liquidez aos Negócios. A conclusão, em 25 de abril, da venda da Odebrecht Ambiental e o acordo com os maiores bancos brasileiros, junto com outras operações em andamento, permitem investimentos nos nossos Negócios e nos dão fôlego de caixa no horizonte de dois anos. A continuação desse trabalho, junto com a missão de nos levar de volta ao crescimento, é um dos desafios iniciais de Luciano Guidolin, que já vinha fazendo parte ativa do esforço para atingirmos este novo patamar tangível e intangível da nossa Odebrecht.

Luciano Guidolin, com toda a equipe sob sua liderança, tem experiência e talento para levar a Odebrecht a completar esta travessia e se consolidar como um grupo empresarial com higidez financeira, perspectiva de crescimento e reputação de empresa ética, íntegra e transparente.

É assim que desejamos ser para voltar a merecer a confiança da sociedade. Este é o nosso Compromisso com o Futuro."

LUCIANO GUIDOLIN: "A ODEBRECHT NÃO VAI ACABAR"

No cargo desde maio de 2017, o presidente da Odebrecht S.A., Luciano Nitrini Guidolin concedeu entrevistas exclusivas a quatro dos principais jornais do Brasil – "O Estado de S. Paulo", "Folha de S. Paulo", "O Globo" e "Valor Econômico" –, em junho e julho, nas quais negou a possibilidade de a crise levar o grupo a encerrar suas atividades e contou os planos. "A Odebrecht não vai acabar" foi a frase de Guidolin escolhida pelo "Estado" para destacar a entrevista em chamada na primeira página da edição de 31 de julho.

Aos repórteres David Friedlander e Renée Pereira, do "Estado", Guidolin afirmou que a companhia se afastou do vício da corrupção, paga caro por seus erros e, por isso, merece continuar operando. Ele reconheceu as dúvidas no mercado sobre a capacidade de reação da companhia, mas disse que "a Odebrecht não vai acabar". Guidolin confirmou que o grupo já vem se desfazendo de patrimônio para pagar dívidas e arcar com multas pesadas para acertar as contas com a Justiça. Para virar definitivamente a página da Lava Jato, porém, a holding precisa que os negócios voltem a crescer e gerem dinheiro novo.

Para continuar no jogo, o grupo definiu que o próximo passo será tentar atrair um sócio e, ao mesmo tempo, tentar abrir o capital de sua construtora – que, apesar de todos os percalços, ainda é a maior do País. A ida à Bolsa, de acordo com Guidolin, é uma alternativa estudada também para outros braços do grupo Odebrecht. Antes, no entanto, será necessário sanar dívidas, melhorar sistemas de controles internos e convencer o Brasil de que mudança na governança não é apenas um artifício. O presidente contou que uma das principais transformações foi o fortalecimento da governança de cada uma das empresas: "Cada negócio passou a ter um conselho de administração e conselheiros independentes. Temos 14 conselheiros técnicos e chegaremos a 23. Com isso, vamos aprimorar decisões, tornando-as mais transparentes. No nosso planejamento, as empresas do grupo vão ter sócios e ações em Bolsa, se o mercado permitir. E o papel da holding vai ser prover estratégia, aconselhamento e alocar capital.

Diante da pergunta sobre a possibilidade de a Odebrecht mudar de nome, Guidolin respondeu: "Não estamos discutindo a mudança de nome da Odebrecht S.A. A simples troca de nome poderia ser entendida como uma tentativa de não haver mudança de processo, de ser uma mudança apenas cosmética. Não faremos mudanças cosméticas. Cada negócio vai construir vida própria. Alguns deles já tiveram outros nomes no passado". E a imagem atual da Odebrecht? "Acredito que, com a mudança de postura, as virtudes da Odebrecht ficarão mais visíveis. É uma empresa que ganha prêmios na área de engenharia. São esses atributos que vão atrair sócios".

No entanto, a mudança de nome está mesmo em cogitação. As transformações começaram pelo visual, no segundo semestre de 2017, com a mudança de nomes de algumas empresas subsidiárias e com novas versões das logomarcas, afastando, aos poucos, a palavra Odebrecht.

Luciano Guidolin admitiu que enfrentar a rejeição em alguns países da América Latina onde a Odebrecht executou obras e pagou propinas, como o Peru e o Equador, é um dos grandes desafios. "As reações iniciais foram mais intensas, mas estamos colaborando e eles entendem que a empresa merece continuar operando, até para pagar as multas estabelecidas pelos acordos. Já fechamos acordos com a República Dominicana e o Equador. Estamos em tratativas com outros países".

A Odebrecht se desfez de empresas e de concessões e, segundo alguns levantamentos, demitiu quase 100 mil funcionários em três anos, ficando com a metade da antiga força de trabalho. A receita recuou 13%, a dívida subiu para R$ 75 bilhões. Mas Guidolin prevê que, a partir dos resultados positivos das mudanças agora implantadas, a Odebrecht S.A. voltará a crescer em 2019, e não pensa em sair da Braskem, uma das maiores empresas de petroquímica do mundo e uma das principais do grupo.

OLGA PONTES: "NO CAMINHO DA INTEGRIDADE"

Olga Pontes, baiana de 41 anos, engenheira civil pela Universidade da Bahia, graduada em Processamento de Dados pela Rui Barbosa, possui MBA em Governança Corporativa pela Fundação Instituto de Pesquisas Contábeis, Atuariais e Financeiras (FIPECAFI) e MBA em Gestão Empresarial, pela Fundação Getúlio Vargas, e trabalhou em várias empresas até chegar ao grupo Odebrecht, em 2006, como responsável por Segurança da Informação na Braskem. Três anos depois, tornou-se responsável por Segurança Empresarial. Desde abril de 2016, é a responsável por Conformidade na Odebrecht S.A. Nesse trabalho, que tem tudo a ver com a recuperação da credibilidade do grupo, Olga conta com o apoio do próprio presidente do Conselho, Emílio Odebrecht, e de um experiente executivo do grupo, o gaúcho Sérgio Foguel, amigo de Emílio, coordenando uma equipe reforçada para novas contratações. Em 22 de maio, a holding lançou o canal "Linha de Ética", dedicado a receber relatos e denúncias de comportamentos antiéticos e violações às políticas internas, regras e legislações. O recebimento das denúncias passou a ser terceirizado, mudança tida no grupo como um aprimoramento para garantir mais segurança e anonimato dos denunciantes e evitar possíveis retaliações.

A Odebrecht S.A. e cada uma das empresas têm sites e telefones (ligação gratuita, 0800) próprios para o registro das denúncias, disponíveis no www.odebrecht.com/linhadeetica. O sistema está ativo 24 horas, nos 7 dias da semana. O website do novo canal "Linha de Ética" e o atendimento pelo telefone de ligação gratuita estão disponíveis em português, inglês e espanhol.

Sob o título "O processo de mudança na Odebrecht no caminho da integridade", este artigo assinado por Olga Pontes, veiculado no site do grupo, aponta as novas tendências quanto à ética e à transparência:

"O processo de transformação da Odebrecht nos últimos meses, nas áreas de Governança e Compliance, reflete com exatidão o compromisso assumido com a ética, integridade e transparência. A determinação de deixar no passado erros e atos não condizentes com as melhores práticas empresariais, reconhecidos publicamente, provocou mudanças que são acompanhadas pela implementação de novas políticas, controles e práticas de monitoramento.

O ponto de partida desse processo foi o patrocínio da alta liderança. Na Odebrecht, a convicção do acionista e o engajamento dos líderes foram decisivos para mobilizar todas as áreas e assim criar condições necessárias para a revolução que vivemos atualmente. Esse aval está explícito no ambiente interno das diversas áreas, nos recursos humanos e financeiros dedicados para fomentar uma cultura de compliance e também na agilidade da tomada de decisão.

Foram adotadas mudanças importantes para fortalecer a governança. A primeira delas foi a decisão de criar um Conselho de Administração próprio para cada um dos negócios do grupo. Adicionalmente, houve a determinação da presença de conselheiros independentes para promover a diversidade e reforçar a transparência e a capacidade de julgamento independente.

A terceira medida adotada foi a criação do Comitê de Conformidade, conhecido no mercado como comitê de auditoria.

Na Odebrecht S.A. e em todas as empresas do grupo foi contratado um Responsável por Conformidade. Essa posição já existia nas empresas, mas era uma atribuição da área jurídica e subordinada à gestão. O aperfeiçoamento veio com a decisão de melhor especificar o perfil da posição para os temas de compliance e definir o reporte ao Conselho de Administração, dando mais autonomia e independência de atuação.

As novas práticas de Governança implementadas são boas práticas internacionais de mercado, características de empresas com ações negociadas em bolsa de valores. Nossa decisão, portanto, foi ir além para inserir o grupo em padrões mundiais de referência.

Para orientar o comportamento e as ações de todos os funcionários, foi aprovada no final de 2016 a Política sobre Conformidade, com orientações sobre práticas anticorrupção, lavagem de dinheiro, conflitos de interesse, relacionamentos público-privados, com fornecedores e acionistas, entre outros.

No entanto, por melhor que seja a prevenção, ela pode não ser suficiente para eliminar riscos. E por isso existem as medidas de detecção e remediação. Uma vez detectada uma exposição a risco, ela deve ser rapidamente tratada de acordo com sua natureza e a sua gravidade.

Todas essas medidas foram elaboradas e implementadas no período de um ano e mostram o vigor da determinação do grupo Odebrecht para escrever um novo capítulo na sua história. Esses movimentos, neste porte e velocidade, são difíceis de encontrar no mundo corporativo.

Estamos engajados, motivados e determinados a sermos reconhecidos como referência em uma atuação ética, íntegra e transparente. São as nossas atitudes que estarão refletidas nas relações internas e externas."

CAPÍTULO 34

O FUTURO DA ODEBRECHT E DO PAÍS

O Brasil, que no início dos portugueses foi Terra de Santa Cruz, já passou por inúmeras crises, mas soube superá-las. A grave crise atual, que vem mexendo com políticos e empresários e afetando cidadãos de modo geral, tem sido longa e cruel. A solução, porém, deverá ser encontrada. E a Lava Jato, demonizada por uma parcela desse contexto e apoiada pela maioria, faz parte da reação.

Quando alguém se dispõe a estudar os caminhos para uma Odebrecht de céu azul, tem de levar em conta a necessidade de seus integrantes irem à luta com toda a garra, sem esquecer as lições do passado. Com base nas palavras dos seus líderes, reproduzidas no capítulo anterior, já se percebe o enorme esforço empreendido em cada sede e em cada canteiro de obras desse grupo empresarial. Esperança? Sim, existe.

E o Brasil da Odebrecht, das demais empreiteiras, de políticos, da Lava Jato e de um povo trabalhador tão sofrido pela grave crise política, econômica e moral? Esperança, também. Esperança a ser acompanhada de atitudes.

JOESLEY É PRESO: EMPATE COM MARCELO

O campeonato entre empresas para apurar qual delas alcança maior evidência na mídia em época da Lava Jato tem sido bastante movimentado. O grupo Odebrecht, que liderou a disputa principalmente após a prisão de Marcelo Odebrecht, em 2015, e se manteve nas manchetes com os desdobramentos das delações premiadas, permaneceu na frente nos primeiros meses de 2017, mas foi surpreendido – assim como o Brasil inteiro – pelos fatos em torno do grupo J&F, controlador da JBS e várias outras empresas, a partir de 17 de maio de 2017. Gravações e denúncias colocaram em foco os irmãos Joesley e Wesley Batista, que, então, já haviam feito acordo com o Ministério Público para que, apesar da confissão de crimes de corrupção envolvendo políticos e agentes públicos, não fossem presos. Sob as flechadas do procurador-geral da República, Rodrigo Janot, endossadas por uma influente parcela dos veículos da mídia, o presidente Michel Temer chegou a balançar, como se analisou em capítulo anterior, mas resistiu aos ataques antigos e novos. Na manhã de 18 de setembro de 2017, Temer acompanhou a posse da nova procuradora-geral, Raquel Dodge, sucessora de Janot, e embarcou para Nova York a fim de participar da Assembleia Geral da ONU e jantar com o presidente americano, Donald Trump.

Setembro foi incrivelmente movimentado. A Semana da Pátria teve o habitual desfile de forças militares e civis diante do presidente da República, no dia 7, em Brasília, mas com os inéditos aplausos do público para a Polícia Federal, sinal de apoio às ações da corporação nos três anos e meio da Operação Lava Jato.

No dia 4 de setembro, a semana havia começado com um Janot transtornado diante da TV para denunciar que o ex-procurador Marcelo Miller havia se aliado aos irmãos Batista com a finalidade de favorecê-los no processo. Na mesma época, a divulgação do áudio de uma conversa entre Joesley e um de seus assessores no J&F, Ricardo Saud, expôs as intenções criminosas do empresário. Entre tantos absurdos constatados na gravação, Joesley zomba do então procurador-geral da República: "Janot, nessa escola sua, eu fui professor".

O próprio Janot disse que pediria ao STF a nulidade dos benefícios concedidos em maio aos donos do J&F, admitiu ter cometido erros, mas insistiu em acusações contra Temer, preparando um dossiê sobre o chamado "Quadrilhão do PMDB", que encaminharia ao STF antes de sua despedida do cargo, ocorrida no dia 15 de setembro de 2017. Em outro pacote de seus últimos dias no papel do mais poderoso promotor do Brasil, ele incluiu tardias denúncias contra dois ex-presidentes, Luiz Inácio Lula da Silva e Dilma Rousseff, pelo episódio tido como um modo de atrapalhar a Lava Jato – a desastrosa tentativa de Dilma de nomear Lula ministro da Casa Civil, em 2016, para blindá-lo do risco de eventual prisão.

A posição de reviravolta de Janot, pedindo a anulação da imunidade concedida a Joesley, seria aceita pelo ministro do STF Edson Fachin no dia 8 de setembro e cumprida pela Polícia Federal no dia 11 do mesmo mês, ocasião em que o empresário amanheceu com os agentes à porta de sua casa, em São Paulo. Algo parecido com as cenas vividas por Marcelo Odebrecht dois anos e três meses antes. Joesley foi levado preso para a sede da Polícia Federal e logo transferido para Brasília. Seu irmão Wesley foi preso dois dias depois.

Pronto. As reclamações de Marcelo Odebrecht foram atendidas quatro meses depois. Em maio, ao ser informado sobre o escândalo J&F, Marcelo havia lançado uma questão compartilhada por boa parte da opinião pública: por que os irmãos Batista puderam ficar em liberdade, com Joesley tendo viajado aos Estados Unidos com a família após o acordo com o Ministério Público, referendado pelo STF, se o ex-líder da Odebrecht, condenado, era mantido na cadeia em Curitiba mesmo depois de ter feito delação premiada? Pois bem: agora, em termos de prisão, o jogo ficou empatado. Joesley, que em conversa grampeada havia dito *"nóis num vai ser preso"*, subestimando a Polícia e a Justiça, acabou percebendo que, assim como no futebol, os lances jurídicos e políticos estão sujeitos a reviravoltas. Por mais dinheiro que o réu tenha.

Quanto ao item "dinheiro vivo", foi também na primeira semana de setembro de 2017 que a Polícia Federal da Bahia chegou a um recorde. No dia 5 daquele mês, agentes descobriram em um apartamento de Salvador R$ 51 milhões em espécie, acondicionados em malas e caixas. Era um apartamento frequentado por Geddel Vieira Lima, amigo de Michel Temer e que havia sido ministro de Temer e integrante dos governos Lula e Dilma. Então cumprindo prisão domiciliar por conta de outro escândalo, Geddel foi levado outra vez para a cadeia.

PALOCCI: "PACTO DE SANGUE LULA-ODEBRECHT"

Os noticiários de rádio e TV divulgaram na noite de 6 de setembro a informação que seria manchete de primeira página nos principais jornais brasileiros: "Lula e Odebrecht fizeram 'pacto de sangue' de R$ 300 milhões". O ex-ministro Antonio Palocci, preso em Curitiba desde setembro de 2016, havia finalmente cumprido a promessa de relatar ao juiz Sérgio Moro detalhes de seu envolvimento em possíveis casos de corrupção no governo Luiz Inácio Lula da Silva. Não era uma delação qualquer: Palocci, ex--prefeito de Ribeirão Preto, com um histórico de mais de 30 anos de ativa participação no Partido dos Trabalhadores, havia participado da campanha vitoriosa de Lula nas eleições de 2002, cumprindo a tarefa de buscar aproximação do candidato junto ao empresariado e ao setor financeiro, e tornou-se ministro da Fazenda. A economia estava indo bem, mas ele acabou caindo no escândalo do mensalão, em 2006. Ressurgiu forte, quatro anos depois, e ajudou Dilma Rousseff a ser presidente em 2010, ganhando em troca o cargo de ministro-chefe da Casa Civil. Durou cinco meses no governo; pediu demissão após sofrer denúncias de enriquecimento ilícito.

Em março de 2016, citado pelo ex-senador petista Delcídio do Amaral em delação premiada e, em seguida, pelos marqueteiros João Santana e Mônica Moura, Palocci foi apontado como o homem-chave do governo Lula para a negociação de propina com a Odebrecht e outras empreiteiras. Moro e o Brasil esperavam suas revelações.

E Palocci falou. Falou ao juiz, em Curitiba, com uma surpreendente serenidade, em depoimento reproduzido na televisão. Ele disse que, em 30 de dezembro de 2010, às vésperas da posse de Dilma, o ainda presidente Lula foi procurado em Brasília por Emílio Odebrecht, ocasião em que ocorreu o "pacto de sangue", no qual a Odebrecht se comprometeu a pagar R$ 300 milhões em propinas ao PT. De acordo com o ex-ministro, a empresa teria entrado em pânico após a eleição de Dilma, diante da possibilidade de a sucessora adotar uma política de relacionamento diferente da cordialidade que marcou dois mandatos de Lula, período de numerosos contratos de obras no Brasil e em outros países.

Antonio Palocci disse, textualmente: "Emílio abordou, no final de 2010, não para oferecer alguma coisa. Foi para fazer um pacto que eu chamei de pacto de sangue porque envolvia um presente pessoal, que era o sítio (de Atibaia), envolvia o prédio de um museu pago pela empresa, que envolvia palestras pagas a R$ 200 mil, além de impostos, combinados com a Odebrecht para 2011... Envolvia uma reserva de R$ 300 milhões". Entre outras revelações, Palocci contou que Lula recebeu, com frequência, pacotes de R$ 20 mil a R$ 40 mil em dinheiro, por conta do "Departamento da Propina" da Odebrecht. E mais: "Eu me reuni com o ex-presidente Lula e outras pessoas no sentido de, vamos dizer, criar obstáculos (à Operação Lava Jato)".

Conclusão: gol do grupo Odebrecht, na disputa direta com o grupo J&F pela liderança entre os destaques empresariais dos escândalos na Lava Jato. O nome Odebrecht voltava a dominar as manchetes. E assim prosseguiu na semana seguinte, já que, no dia 13 de setembro, o cidadão a ocupar a cadeira usada por Palocci em Curitiba foi exatamente o ex-presidente Lula, condenado anteriormente por Moro a nove anos e meio de prisão por conta do caso do triplex do Guarujá, imóvel apontado pelo ex-presidente da OAS, Léo

Pinheiro, como objeto de propina. Moro utilizou as palavras de Palocci para questionar Lula, que, extremamente tenso, voltou a se colocar no papel de vítima e chamou seu ex-ministro de "mentiroso". Para o líder petista, "Palocci é frio e calculista". O advogado de Palocci, Adriano Bretas, foi quem tomou as dores: "Quando o Palocci estava em silêncio, ele era inteligente. Dissimulado é ele (Lula), que nega tudo o que contraria ele. Alguém fala contra ele, é mentiroso. Alguém apresenta um documento, o documento não existe".

Antonio Palocci somou-se a outros antigos parceiros de Lula que, uma vez na condição de delatores a seu respeito, foram chamados de mentirosos: Delcídio do Amaral, ex-senador pelo PT; Léo Pinheiro, ex-OAS; Renato Duque, ex-Petrobras; João Santana e Mônica Moura, marqueteiros de campanhas vitoriosas do PT, e dois ex-presidentes da Odebrecht – Emílio e Marcelo. A senadora paranaense Gleisi Hoffmann, nova presidente nacional do PT e também ré na Lava Jato, propôs a expulsão de Palocci do partido, que, diante do rumo dos acontecimentos, ampliou os debates para, mesmo antes da confirmação ou não da primeira condenação de Lula e de nova sentença de Moro, estudar um nome alternativo para concorrer à Presidência em 2018. Apesar de sofrer alta taxa de rejeição, Lula apareceu em todas as sondagens dos institutos de pesquisa no primeiro semestre de 2017 como o possível candidato com maior índice de apoio, em torno de 30%. Políticos de outros partidos também estão na berlinda das investigações e da sucessão presidencial, a começar pelo gigantesco PMDB, do presidente Michel Temer, antigo aliado de presidentes petistas; pelo PSDB, abalado pelo desgaste de Aécio Neves e outros membros, mas bem votado nas últimas eleições municipais, e por legendas menores.

Para as eleições de 2018, nesse momento o Brasil tem menos de um ano pela frente. A economia dá sinais de reação. A política nem tanto. Serão eleições vitais, em que o país da Odebrecht e das demais empreiteiras, dividido e com 14 milhões de desempregados, tentará utilizar a chance de, por meio da democracia, mudar por completo o estilo da política praticado nos últimos anos e passar a contar com integrantes dos Poderes Executivo, Legislativo e Judiciário que sejam honrados, prioritariamente honrados, além de competentes. Lava Jato nunca mais? Depende de nós. E, mais do que nunca, que Deus nos proteja!

BIBLIOGRAFIA

MATERIAL JORNALÍSTICO QUE MERECEU CONSULTAS:

Jornais impressos "O Estado de S. Paulo", "Folha de S. Paulo", "O Globo", "Valor Econômico", "Correio Braziliense", "A Tarde" (Salvador), "Zero Hora" (Porto Alegre), "Diário de Pernambuco" (Recife), "Estado de Minas" (Minas Gerais), "Gazeta do Povo" (Paraná), "The New York Times" (Estados Unidos), "El Comercio" (Peru), "El Tiempo" (Colômbia), "El Universal" (Venezuela), "La Nación" (Argentina), "El Universo" (Equador), "La Estrella de Panamá" (Panamá), "El Sol de México" (México), "Diário de Notícias" (Portugal), "El Pais" (Espanha), "Le Monde" (França) e "The Guardian (Inglaterra) e seus respectivos portais na internet.

Revistas impressas "Veja", "Época", "IstoÉ", "Exame", "Piauí", "Odebrecht Informa" e "The Economist" e seus respectivos portais na internet.

TVs Globo, GloboNews, Band, Record e Cultura.

O PATRIARCA

Emil Odebrecht, que migrou da Prússia para o Brasil em 1856 e deu origem ao clã Odebrecht a partir de Blumenau, em Santa Catarina.

O AUTOR

Luiz Carlos Ramos aos 6 anos de idade (à esquerda na foto), ao lado do irmão Luiz Roberto, diante do pai, Luiz Gonzaga Ramos (à esquerda) e de um amigo do pai, nas obras do Complexo do Anhangabaú, o "Buraco do Adhemar", no Centro de São Paulo, em 1950.

AS OBRAS

1 – Usinas Hidrelétricas no Triângulo Mineiro, 2004
As duas usinas Capim Branco foram construídas na primeira década dos anos 2000 no Rio Araguari, em Minas Gerais. Capim Branco I, grande movimento de terra para a construção da barragem.

2 – Capim Branco I, reforço ao abastecimento de energia no Triângulo Mineiro.

3 – Capim Branco II, construção de túnel junto à barragem.

4 – Capim Branco II, os cuidados com a segurança nas obras.

5 – Usina Hidrelétrica de Santo Antônio, Porto Velho, Rondônia. Uma das maiores usinas do Brasil, construída no Rio Madeira, na Amazônia, a partir de 2008.

FOTOS DE 2009

A obra foi construída no Rio Madeira, um dos maiores afluentes do Rio Amazonas.

Ao fundo, a área de floresta em que passava a antiga Estrada de Ferro Madeira-Mamoré.

Explosão de pedras, com dinamite, para o desvio do Rio Madeira.

Os operários, que chegaram a ser 10 mil, eram levados de ônibus, diariamente, de Porto Velho para o canteiro de obras.

As obras. Ao fundo, a cidade de Porto Velho.

Antônio Cardilli, o "barrageiro", idealizador do Programa Acreditar, de preparação da mão de obra local, lançado em Santo Antônio em 2008 e depois implantado em obras da Odebrecht no Brasil e em outros países.

Usina Hidrelétrica de Teles Pires, na divisa entre Mato Grosso e Pará, na Amazônia. Canteiro de obras perto da cidade de Paranaíta, em Mato Grosso, que abrigou os operários.

Início das obras da barragem.

O Rio Teles Pires, local em que seria erguida a barragem.

Uma das últimas barragens construídas pela Odebrecht no Brasil foi a da Usina Hidrelétrica do Baixo Iguaçu, no extremo Oeste do Paraná, junto às fronteiras com a Argentina e o Paraguai, a partir de 2013.

O CICLO INTERNACIONAL

PERU

O vulcão Misti, em Arequipa, no Peru, onde a Odebrecht levou adiante, a partir de 1979, sua primeira obra internacional, a construção da Usina Hidrelétrica Charcani V.

Sede da Odebrecht peruana no elegante bairro de San Isidro, em Lima, em setembro de 2015, após a prisão de Marcelo Odebrecht, época de depressão, em que o Peru já investigava possíveis propinas aos seus políticos.

Construção do Porto de Melchorita, junto ao Pacífico, 100 km ao sul de Lima, para a exportação de gás procedente de Camisea, no Altiplano, em 2008.

Construção da primeira linha de metrô de Lima, o Trem Elétrico, em 2010.

A linha pioneira do metrô de Lima, em operação, em 2015.

AMÉRICA LATINA

Além do pioneiro Peru, a Odebrecht tem um histórico de obras em vários outros países latino-americanos: Argentina, Chile, Bolívia, Equador, Colômbia, Venezuela, Panamá, Guatemala, México e República Dominicana.

Na Argentina, houve obras de gasodutos, hidrelétricas, adutoras, e uma das principais foi a ampliação da Refinaria de Petróleo da YPF em La Ensenada, cidade de La Plata.

Na pequena cidade de La Candelaria, na região de Salta, Norte da Argentina, a Odebrecht participou de uma experiência inovadora, a montagem de um biodigestor junto ao matadouro municipal para utilizar o sangue dos bois na produção de energia elétrica.

A Odebrecht manteve seis grandes obras simultâneas no Equador no decorrer de 2014. Uma das principais foi o Complexo de Daule Vinces, um conjunto de barragens e canais para beneficiar a agricultura na região de Guaiaquil.

PORTUGAL

Ao comprar a Bento Pedroso, uma tradicional construtora de Lisboa, a Odebrecht passou a ter obras em Portugal, país que se tornou seu maior cliente na Europa.

Por meio da Bento Pedroso, que fez parte de um consórcio, a Odebrecht participou da construção de uma das maiores pontes do mundo, a Vasco da Gama, que cruza o Rio Tejo.

A moderna Estação Ferroviária Oriente, junto ao complexo erguido para a Exposição de 1998, está entre as obras da Bento Pedroso/Odebrecht em Portugal.

A rede de metrô de Lisboa, que nos anos 1970 era uma das menores do mundo, cresceu nas últimas décadas, e a Odebrecht participou de trechos para a sua ampliação.

ANGOLA

Controlado por 38 anos pelo mesmo presidente, José Eduardo dos Santos, que em 2017 fez seu sucessor, Angola recebeu a Odebrecht nos anos 1980 para obras de infraestrutura. O país passou por conflitos pela independência e por uma prolongada guerra civil. Não se livrou da desigualdade social e da corrupção.

Na Exposição Mundial de 2015, em Milão, um dos maiores pavilhões era o de Angola, com propaganda das alegadas realizações do presidente José Eduardo dos Santos, cuja enorme foto estava logo na entrada.

Entre outras tarefas em mais de 30 anos de atuação em Angola, a Odebrecht executou importantes obras de adutoras para reduzir o déficit de fornecimento de água à população das regiões metropolitanas de Luanda e Benguela.

Estação de tratamento de água em Viana, na região de Luanda, para abastecer casas.

Torre de caixa elevada no bairro do Zango, em Viana, região de Luanda, onde a Odebrecht executou projeto ao governo ao construir milhares de casas para abrigar parte da população pobre que havia sofrido as sequelas da guerra civil.

Crianças brincam em torno de um dos fontanários da região de Benguela, segunda maior cidade de Angola.

A movimentada baía, em Luanda, capital de Angola.

Apesar das obras, a maioria dos moradores pobres de Angola continua sem água encanada. Em Luanda, para atenuar o problema, a Odebrecht construiu fontanários, locais em que a população busca a água necessária para o seu dia a dia.

BRASKEM

Foi a partir de 1979 que o grupo Odebrecht diversificou ainda mais suas atividades e passou a trabalhar na petroquímica, inicialmente no polo de Camaçari, na Bahia – ponto de partida para a constituição de uma das maiores companhias dessa especialidade no mundo, a Braskem.

Por meio da construção de novos polos e também pela incorporação de outras empresas, como a Copesul, do Rio Grande do Sul, o braço da Odebrecht na petroquímica foi crescendo, tendo chegado aos Estados Unidos, Alemanha e México. Na foto, o polo de Triunfo, a 50 km de Porto Alegre.

ESTÁDIOS

A Odebrecht, que já havia construído estádios na Flórida, nos Estados Unidos, participou ativamente de obras de arenas e de infraestrutura para a Copa do Mundo de 2014 e para a Olimpíada de 2016.

Dos 12 estádios preparados para a Copa – dos quais mais da metade é alvo de investigação por superfaturamento –, a Odebrecht ficou com quatro: uma completa reformulação do Maracanã, no Rio; a implosão do antigo Estádio da Fonte Nova e a construção da nova arena, em Salvador; a construção da Arena Pernambuco, no centro do que seria a Cidade da Copa, na região de Recife; e a Arena Corinthians, em São Paulo.

Em 2010, houve implosão do antigo estádio de Salvador e logo começaram as obras da Arena Fonte Nova.

Diante das obras da Fonte Nova: contagem regressiva para a Copa, cujo legado foi abaixo do esperado.

O Maracanã, que teve recorde mundial de público na final de 1950, foi completamente remodelado para a Copa de 2014, por meio de um consórcio liderado pela Odebrecht.

As obras do Maracanã englobaram a total demolição do anel inferior das arquibancadas e levariam também à troca da antiga cobertura de concreto por uma de lona. O estádio foi também palco da abertura e do encerramento da Olimpíada de 2016.

O Engenhão, construído às pressas para os Jogos Pan-Americanos de 2007, só ficou pronto em tempo porque a Odebrecht socorreu o antigo consórcio, aceitando ficar com a tarefa de erguer a cobertura metálica. O estádio foi também usado para as competições de atletismo na Olimpíada de 2016. A Odebrecht executou várias obras para a Olimpíada, como o complexo esportivo da Barra, a Vila dos Atletas, a linha 4 do metrô e a reformulação da área do porto.

FONTE: ITC Stone Serif
IMPRESSÃO: Grass

#Novo Século nas redes sociais

novo século®
www.gruponovoseculo.com.br